市场营销实务

主 编 李晓颖 徐广辉 余云晖

SHICHANG
YINGXIAO
SHIWU

·长 沙·

图书在版编目(CIP)数据

市场营销实务 / 李晓颖，徐广辉，余云晖主编.
—长沙：中南大学出版社，2020.4(2025.1 重印)
ISBN 978-7-5487-4019-3

Ⅰ.①市… Ⅱ.①李… ②徐… ③余… Ⅲ.①市场营销学 Ⅳ.①F713.50

中国版本图书馆 CIP 数据核字(2020)第 050192 号

市场营销实务

SHICHANG YINGXIAO SHIWU

主编　李晓颖　徐广辉　余云晖

□出 版 人　林绵优
□责任编辑　胡　炜
□责任印制　唐　曦
□出版发行　中南大学出版社
社址：长沙市麓山南路　　邮编：410083
发行科电话：0731-88876770　　传真：0731-88710482
□印　　装　涿州汇美亿浓印刷有限公司

□开　　本　787 mm×1092 mm 1/16　□印张 15　□字数 365 千字
□版　　次　2020 年 4 月第 1 版　□印次 2025 年 1 月第 3 次印刷
□书　　号　ISBN 978-7-5487-4019-3
□定　　价　46.00 元

前　言

市场营销学是一门建立在经济科学、行为科学和现代管理理论基础上的应用科学，它研究以满足市场需求为中心的企业营销活动的过程及其规律性，具有全程性、综合性、实践性等特点。经过一个多世纪，它经历了由实践上升到理论、再由理论指导实践的过程。党的二十大报告中指出："必须坚持科技是第一生产力、人才是第一资源、创新是第一动力，深入实施科教兴国战略、人才强国战略、创新驱动发展战略，开辟发展新领域新赛道，不断塑造发展新动能新优势。"

本教材以培养学生的营销能力和营销素养为目的，从岗位要求出发，以专业能力和技能培养为核心，体现"以能力为本"的思想，采用项目导向、任务驱动的教学模式重构教材体例，凸显高等教育特色。总而言之，本教材的主要特点体现在一下方面：

第一，理论知识以必须、够用、实用作为标准。按照人才培养目标的要求进行内容的编制，注重对学生基本理论与基本技能的培养，不过分地强调理论的深度，促使学生能够运用所学知识处理市场营销活动中的各种问题。

第二，在内容上强调理论与实践的紧密结合。本教材包含四个项目，且项目下共设十三个任务以将有关理论知识串接起来。这些任务是以营销类工作的典型工作任务为基础且经分析、整合、教学化后得出的，基本上涵盖了市场营销的主要理论知识。本教材从体例到内容的设计都紧密结合营销岗位技能与营销工作过程的实际，体现市场营销的实践性特色，将真实的营销实践融入教学环境，突出"教、学、做"一体化特征，符合营销人才培养的时代要求。

第三，适用于多种教学方法。采用本教材，教师可以使用"项目教学法"、"案例教学法"和其他各种传统的理论教学方法。每种方法所需的、内容均包含在其中，给教师更多的自主选择权。每个项目都有明确的教学目标，增加学生学习的主动性。每个教学模块中都设计了案例分析环节，使学生达到理论学习与技能应用的高度统一。

在本书的编写过程中，我们参考了相关教材及论著的研究成果，在此，谨向市场营销界的师友、同仁及作者表示忠心的感谢！

由于编写时间仓促，编者知识水平和能力有限，疏漏之处在所难免，敬请广大读者批评指正，以便修订完善。此外，编者还为广大一线教师提供了服务于本教材的教学资源库，有需要者可致电 13810085723 或发送邮件至 3806909879@ qq. com。

编　者

目　录

项目一　认识市场营销

项目目标

【知识目标】了解市场营销学发展历程；掌握市场营销基本含义和相关核心概念；掌握现代市场营销观念。

【能力目标】能够运用现代营销观念分析企业的营销活动，善于运用新的市场营销观念进行营销活动的创新。

【核心能力】初步具备针对企业具体情况分析营销活动的能力。

引导案例

把梳子卖给和尚

有四个营销员接受任务，到庙里推销梳子。

第一个营销员空手而归，说到了庙里，和尚说没头发不需要梳子，所以一把都没有销掉。

第二个营销员销了十多把，他介绍经验说，我告诉和尚，头发要经常梳梳，可以止痒，头不痒也要梳，可以活络血脉，有益健康。念经念累了，梳梳头，头脑清醒。这样就销掉了十多把。

第三个营销员销了百十把，他说，我到庙里去，跟老和尚说，您看这些香客多虔诚呀，在那里烧香磕头，磕了几个头起来头发就乱了，香灰也落在他们头上。您在每个庙堂的前堂放一些梳子，他们磕完头后可以梳梳头，会感到这个庙关心香客，下次还会再来。这一来就销掉百十把。

第四个营销员不仅销掉好几千把，而且还有订货。他说我到庙里跟老和尚说，庙里经常接受人家的捐赠，得有回报给人家，梳子是很便宜的礼品。您在梳子上写上庙的名字，再写上三个字“积善梳”，说可以保佑对方，这样可以作为礼品储备在那里，谁来了就送，保证庙里香火更旺。这一下就销掉好几千把。

（案例来源：https：//wenda. so. com/q/1369076023066487）

任务一　理解市场营销的含义

任务目标

【知识目标】了解市场营销学的产生与发展历程；掌握市场营销的含义和核心概念。
【能力目标】能够区分传统营销观念与现代营销观念。
【核心能力】能够运用市场营销理论对企业进行市场分析。

引导案例

奥运是如何变成“摇钱树”的？

1984 年以前的奥运会主办国，几乎是指定的。对举办国而言，往往是喜忧参半。能举办奥运会，不仅是国家的荣誉，还可以宣传本国形象，但是以建设新场馆为主的巨大投入，又将使该国政府承担巨大的财政赤字。1976 年加拿大奥运会亏损 10 亿美元，1980 年莫斯科奥运会总支出达 90 亿美元，具体债务更是一个天文数字。

直到 1984 年洛杉矶奥运会，美国商业奇才尤伯罗斯接手举办奥运会事宜，才改写了奥运营销的历史。他不仅创下了奥运会历史上首次盈利的记录，更重要的是建立了一套“奥运营销学”模式，为以后的主办城市如何运作提供了样板。

为了避免政府财政的亏损，洛杉矶政府在得到主办权后做出了一项决议：不动用任何公用资金。因此开创了民办奥运的先河。

尤伯罗斯接手奥运后，一切从零开始，他以 1060 万美元的价格将自己旅游公司的股份卖掉，将奥运商业化，进行市场化运作。

第一步：开源节流。首先，他用了数万名不领薪水的义工；其次，利用了洛杉矶现成的体育场；第三，把当地的三所大学宿舍作为奥运村。仅后两项就节省了数十亿美金。

第二步，“圣火传递”活动。即在美国举行横贯美国本土的 1.5 万公里圣火接力跑。捐出钱就可以举着火炬跑一程，3000 美元每公里，这实际上是在卖百年奥运的历史和荣誉等巨大的无形资产。

第三步，抓赞助、转播和门票三大主要收入。赞助金额不得低于 500 万美元，并且不许在场内（包括其高空）做商业广告。尤伯罗斯最终从 150 家赞助商中选出 30 家，此举共筹到 1.17 亿美元。最大的收益来自独家电视转播权的转让。尤伯罗斯采取了美国三大电视网竞投的方式，结果，美国广播公司以 2.25 亿美元夺得电视转播权；尤伯罗斯又首次打破奥运会广播电台免费转播比赛的惯例，以 7000 万美元把广播转播权卖给美国、欧洲及澳大利亚的广播公司。另外，通过强大的广告宣传和新闻炒作，也使门票收入达到了历史最高水平。

第四步，出售吉祥物，即以山姆鹰为主的标志及相关纪念品。

结果，在短短的十几天内，第 23 届奥运会总支出 5.1 亿美元，盈利是 2.5 亿美元。

在闭幕式上，国际奥委会主席萨马兰奇向尤伯罗斯颁发了一枚特别的金牌，报界称此为“本届奥运最大的一枚金牌”。

（资料来源：赖声丹．谁能把斧头卖给总统[M]．深圳：海天出版社，2002）

一、市场营销学的产生与发展

市场营销学是一门综合性的学科，它涉及经济学、行为学、管理学、数学、哲学和心理学等学科。正如营销大师菲利普·科特勒在 1987 年美国市场营销协会成立 50 周年纪念大会上所言：营销学之父为经济学，其母为行为学，哲学和数学分别为其祖父、祖母。

（一）市场营销学在美国的产生和发展

1. 初创阶段

市场营销学于 20 世纪初创建于美国，后来流传到欧洲、日本和其他国家及地区。从 1902 年开始，美国的几所大学正式开设了市场营销学课程；1912 年，哈佛大学教授赫杰特齐（J E Hegertg）调查研究了一些大企业主的经营活动，总结了他们的经验，编写了第一本以“Marketing”命名的教科书。但当时的市场营销学仅局限于产品推销和广告方面的研究，尚未形成自己的理论体系。

2. 形成阶段

第一次世界大战后，特别是 1937 年美国市场营销协会的成立，标志着市场营销已经引起社会的关注，走出大学讲坛，成为一门应用型管理学科。

到第二次世界大战（简称二战）结束时，市场营销学取得了长足发展，并在企业经营实践中得到了广泛应用。

3. 发展阶段

二战后至 20 世纪 70 年代，是市场营销学的发展阶段。此阶段中，许多营销学者提出了大量新概念（表 1-1-1）。

表 1-1-1　市场营销学部分重要概念（一）

时间	重要概念	提出者
1950 年	市场营销组合	尼尔·鲍顿
1950 年	产品生命周期	齐尔·迪安
1955 年	品牌形象	西德尼·莱维
1956 年	市场细分	温德尔·史密斯
1957 年	市场营销观念	约翰·麦克特瑞克
1957 年	职能主义	奥德逊
1958 年	市场营销管理	霍德华

续表1-1-1

时间	重要概念	提出者
20 世纪 60 年代	目标市场	麦卡锡
20 世纪 60 年代	4P 组合	麦卡锡
1961 年	营销近视	西奥多·莱维特
1963 年	生活方式	威廉·莱泽

4. 完善阶段

20 世纪 70 年代后，市场营销学从概念到内容都发生了深刻的变化。许多市场营销学者经过潜心研究，提出了一系列新的观念（表 1-1-2）。

表 1-1-2　市场营销学部分重要概念（二）

时间	重要概念	提出者
1969 年	广义市场营销	西德尼·莱维
1971 年	社会营销	杰拉尔德·泽尔曼和菲利普·科特勒
1972 年	定位	阿尔·赖斯
1972 年	战略计划	波士顿咨询公司
1979 年	服务营销	林思·休斯塔克
1981 年	营销战	雷维·辛格
1983 年	全球营销	西奥多·莱维特
1985 年	关系营销学	巴巴拉·本德·杰克逊
1986 年	大市场营销	菲利普·科特勒

（二）市场营销学在中国的传播和应用

1. 引进阶段（1978—1982 年）

20 世纪 30—40 年代，市场营销学在中国曾有一轮传播。现存最早的教材，是丁馨伯编译的《市场学》，由复旦大学于 1933 年出版。

党的十一届三中全会后，《市场学》一书为我国重新引进和研究市场营销学创造了良好条件。主要通过翻译、考察及邀请专家的形式，系统介绍和引进了国外的市场营销理论。这是营销中国化非常重要的基础性工作，但由于当时社会条件的限制，参与研究者少，研究内容比较局限，对西方营销理论的认识也相对较浅。

2. 传播阶段（1983—1985 年）

1984 年 1 月，全国高等院校市场学教学研究会成立，大大促进了营销理论在全国范围内的传播，营销学开始得到高校的重视，有关营销学的著作和论文在数量和质量上都有很大的提高。

3. 应用阶段（1985—1992 年）

中国经济体制改革步伐的加快和市场环境的改善，为企业应用现代营销原理指导自身经营创造了条件，但在应用过程中出现了较大的不均衡：不同地区、行业及机制中的企业在应用营销原理的自觉性和水平上表现出较大的差距，同时应用本身也存在一定的片面性。

4. 扩展阶段（1992 年以后）

在此期间，无论是市场营销的研究队伍，还是市场营销的教学、研究和应用内容，都有了极大的发展。研究重点也从过去的单纯教学与研究，改变为结合企业营销实践的研究，且取得了一定的成效。

二、市场营销的含义

（一）市场的含义

市场是商品经济发展的产物，市场的概念也是随着商品经济的发展而发展的。最初的市场，主要指商品交换的场所。因为在人类社会初期，生产力水平低下，能进入交换的产品极少，交换关系也十分简单，生产者的产品有剩余时，就需要寻找一个适当的地点来进行交换，这样就逐渐形成了市场。随着生产和社会分工的发展，商品交换日益频繁，交换关系更加复杂化，市场便成为不同生产者通过买卖方式实现产品相互转让的商品交换关系的总和。因此，市场的概念虽有多种含义，但通常可归纳为三种：

1. 传统的市场概念：市场是商品交换的场所

市场是商品交换的场所，这是进行商品交换的必要条件，没有一定的场所，交换就无法进行。这是对市场本意的解释，也是最传统的、狭义的概念。它强调买主和卖主发生交换关系的地点和区域，很显然，任何一个企业都要考虑其产品销向哪些地区，在何种场所出售。

2. 经济学的市场概念：市场是商品交换关系的总和

市场是一切商品交换关系的总和，这是经济学上对市场广义的解释，即市场是由那些从事商品生产和交换的生产者、经营者、消费者在进行交换行为和活动时所体现的经济关系的总和，它强调的是商品的供求关系、竞争关系、利益关系等。

3. 营销学的市场概念：市场是指某项产品或劳务现实或潜在购买者的集合

这是从企业或者卖方角度对市场的解释。所谓的购买者可分为两类：现实的既有支付能力又有购买兴趣的购买者；潜在的即可能具有购买能力和欲望的购买者。明确自己产品的市场规模、消费者及用户构成，是企业进行营销战略决策、制定策略、组织营销活动的基本出发点。所谓面向市场，实际上就是面向消费需求，面向自己的顾客。

从企业或卖方角度来看，市场由三个要素构成：有某种需要的人、购买力和购买欲望。只有当三个要素都同时具备时，企业才拥有市场，或者说拥有顾客。

市场 = 人口 + 购买力 + 购买欲望

上述三个要素，构成了企业的整个市场，缺少其中任何一个要素都不能成为企业的市场，这三个要素构成市场的矛盾运动，制约市场规模，即市场容量的大小，决定市场的基本状况及其发展趋向。

（二）市场营销的基本含义

1. 营销是否等于推销

国内外都有普遍的误解，就是把“市场营销”（marketing）等同于“推销”（selling）。针对这种情况，美国市场营销学权威菲利普·科特勒指出：“市场营销最重要的部分不是推销！推销仅仅是市场营销‘冰山’的顶端，推销仅仅是市场营销几个职能中的一个，而且往往不是最重要的一个。因为，如果营销人员能做好识别消费者需要的工作，发展适销对路的产品，并且搞好定价、分销和实行有效的促销，这些货物将会很容易地销售出去。”这也正如美国企业管理学权威彼得·德鲁克指出的：“市场营销的目的在于使推销成为多余的”。至此，我们可以将市场营销理解为与市场有关的人类活动，即以满足人类各种需要和欲望为目的，通过市场变潜在交换为现实交换的活动。现代市场营销活动包括市场营销研究、市场需求预测、新产品开发、定价、分销、物流、广告、人员推销、销售促进和售后服务等。

（1）营销始于产品未生产之前。在开发、生产产品前，企业就必须回答下列问题：

- 市场是什么？如何对市场进行细分？
- 每个细分市场的需要、欲望和需求是什么？
- 竞争对手是谁？
- 如何确定目标市场？
- 哪种产品能满足目标市场需求？

有许多企业，在产品开发与市场开发上存在着极不协调的现象：产品开发人员热衷于“闭门造车”，销售人员对新产品却不感兴趣。原因很简单：产品开发人员按照“我能开发什么就开发什么”的思路去开发，而开发出来的产品，市场却不需要；销路不好，销售人员付出了双倍努力却拿不到相应报酬，当然也就没有积极性。

（2）产品销售后市场营销并未结束

从传统意义上说，企业与顾客的关系仅仅是买和卖的关系。然而，美国盖洛普组织于1986年对美国企业8项经营要素的重要性进行的调查，发现服务质量的重要性超过产品质量而居榜首。售后管理是企业营销的一个环节，是企业对消费者应尽的义务，而不是额外的赐予；现代企业竞争不仅仅是产品的竞争，也是各种售后服务质量的竞争。要赢得消费者的“青睐”，则必须为消费者解除一切后顾之忧；企业能否生存和发展，客观上也取决于售后管理的质量。因此，对售后服务的质量，任何企业都不能等闲视之。

2. 市场营销的含义

对于市场营销的含义，国内外学者曾给过上百种不同的定义。

营销学界的权威、美国西北大学教授菲利普·科特勒的观点是，“市场营销是个人或群体通过创造，并同他人交换有价值的产品，以满足各自的需要和欲望的一种社会活动和管理过程”。

美国市场营销协会对市场营销的定义是，“市场营销是为了创造思想、产品、服务的交换（该交换能满足个人和组织的目标）而进行的计划和创意、定价、促销、分销、服务的过程。”

三、市场营销核心理论和核心概念

了解市场营销的核心理论和核心概念，不仅有助于我们把握市场营销学的实质、理论体系和核心内容，使我们在从事市场营销活动时不偏离方向，而且还会给我们提供一个观察市场活动的新视角。

（一）需要、欲望和需求

需要：人类的需要是市场营销的出发点。所谓需要是指没有得到某些基本满足的感受状态。人们不仅需要赖以生存的食品、空气、水、衣服和住所，也需要娱乐、教育和医疗保健服务。这些需要是人最基本的生活和生存要求，存在于每个人自身的生理结构和情感生活中，不是社会和营销者所能创造的。美国心理学家马斯洛认为，人们的需要是多层次的，由低级到高级按一定的顺序排列的（见表 1-1-3）。

表 1-1-3 马斯洛需要层次理论

第五层	自我需要	想要取得事业上的成功，实现自我发展目标	心理需要
第四层	被尊重需要	要求受到尊重，获取名誉	
第三层	社会需要	希望得到友谊	
第二层	安全需要	从长远生存利益考虑，希望有安全、稳定环境	生理需要
第一层	生存需要	满足起码的生存条件	

马斯洛认为，随着收入和环境的变化，人们的需要也会发生变化，只有当较低层次的需要得到部分满足后才会向往高一级的需要。但当较低级的需要受到威胁时，也会向相反的方向发展，如遇到灾荒时，就可能牺牲较高级的需要去追求衣食等。

欲望：对具体满足物的愿望。不同背景下，消费者满足欲望的方式不同，比如需要食物时中国人想要大米饭，法国人想要面包。再如有些有钱人，想成为社会名流，受到社会的尊重；还有些人想住别墅、开高档车，这些都是他们的具体欲望。人的需要是有限的，但欲望是无限的。市场营销人员虽然无法创造人的基本需要，但却可以采用各种营销手段来创造人们的欲望，并开发及销售特定的服务或产品来满足这种欲望。

需求：有购买能力并且愿意购买某个具体产品的欲望。当具有了购买力，欲望才能转化为需求。如，很多人想住别墅，但只有少数人买得起。对于企业来讲，有支付能力的欲望才能形成现实的需求。

案例 1-1-1

一元钱满足喝水的需要

炎热的夏天，刚打完一场篮球赛的李明，飞奔向校内的超市：

- 我感觉口渴了——需要
- A 我想喝可乐，B 我想喝果汁，C 我想喝……——欲望
- 口袋只有一元钱，我愿意而且能买一瓶矿泉水——需求

案例 1-1-2

消费者的真正需求

有一个消费者在市场上寻找钻头时，以一般人的眼光来看，这个人的“需要”就是钻头。但是，以市场营销者的眼光去看，这个人需要的并不是钻头，这个人的需要是打一个“洞”，他是为了满足打洞的需要才购买钻头的。那么，这同前者的看法有什么本质的区别呢？作为企业，持有前者看法者充其量只能在提供更多更好的钻头上去动脑筋，这样并不能保证企业在市场上占有绝对的竞争优势；而持有后者看法的企业，也许能创造出一种比钻头更好、更便宜的打洞工具，从而有可能使企业在市场上占据更有利的竞争地位。总之，消费者购买的是对某种需要、欲望和需求的“满足”，而不仅仅是产品。

（二）产品（商品、服务、品牌）

一个产品由三个因素组成：实体商品、服务与品牌。例如，一家快餐店供应商品（汉堡包、软饮料、鸡块）、服务（环境、安全、清洁）及品牌（麦当劳或肯德基）。其中，商品实体不仅仅指商品的形态、式样、品质等，更主要在于它能提供基本效能与益处：买自行车是为了代步，买洗衣粉是为了去污，买微波炉是为了更方便地煮食。因而，实体商品只是基本效能与益处的载体和具体物质外形。当然，商品实体也很重要，一件商品的基本效能与益处只有通过实体才能体现出来。

理解产品整体概念，仅仅从以上两个层次来认识是不够的，还必须提供售前、售中、售后服务，注重树立品牌形象。

（三）价值、成本和满意

如今我国经济已经全面进入“过剩经济”时代，据统计，消费者要从200多种冰箱中选择冰箱，从400多种啤酒中选择啤酒，从400多种化妆品中选择化妆品，从500多种衬衫中选择衬衫，且产品的价格、质量、款式都日渐趋同。

当一种可能满足消费者某一特定需要的产品被制造出来后，是不是就会被消费者所接受呢？消费者是如何选择的？选择时消费者要考虑哪些因素呢？

显然，价值、成本、满意是消费者进行选择时必须考虑的因素，即消费者会综合这三方面因素，选择“最低成本之下最大限度地满意”。

为了科学地比较、反映这三者的关系，专家们归纳出“顾客让渡价值”理论。顾客让渡价值是指顾客从市场提供的商品中发现和感受到的总价值与为获得这些利益所付出的总成本之差（表1-1-4）。

具体来说，顾客总价值是指顾客购买某一产品所期望获得的全部利益，包括产品价值、服务价值、人员价值、形象价值等。顾客总成本指顾客为购买此产品所需耗费的各种支出，包括货币成本、时间成本、精神成本、体力成本等。

表 1-1-4 顾客让渡价值的决定因素

总价值	决定因素	总成本	决定因素
产品价值	品质、功能、款式、特色等	货币成本	商品价格、交通费、安装维修费等
服务价值	售前、售中、售后服务	时间成本	咨询收集信息的时间、交通时间、交货等待时间
人员价值	员工的经营作风、思想、业务能力、工作效率、质量等	精神和体力成本	收集信息、谈判交易条件、购买、安装、使用、维修等方面的精神和体力的支出
形象价值	企业的品牌、声誉等		

销售者必须在总顾客价值和总顾客成本之间估算并考虑它们与竞争者的差别。企业的竞争优势就在于扩大总价值，减少顾客总成本，八个因素中的任何一个都有可能增加企业的市场优势。总顾客价值要求强化或扩大应该提供的产品功能、产品服务、人员和形象利益；总顾客成本则要求降低价格，简化订购和送货程序，或者提供担保以减少顾客风险等。

不同的消费者对八个因素的重视程度是不同的，企业应针对不同顾客有针对性地设计营销方案。

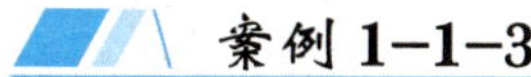

案例 1-1-3

麦当劳的顾客让渡价值

自创办以来，麦当劳一直坚持 QSCV（质量、服务、清洁、价值）的经营理念，不仅提供高质量的产品、方便快捷的服务、清洁的就餐环境，同时还使顾客投入尽可能低的时间成本和货币成本，获得身心愉悦的感受。这些方面使得麦当劳赢得了大批顾客。

［注：麦当劳（中国）有限公司于 2017 年 10 月 12 日正式更名为金拱门（中国）有限公司。为方便起见，全书中依然简称麦当劳。］

（四）交换和交易

人们决定以交换的方式来满足需要或欲望时，就存在市场营销了。

交换和交易是两个既有联系又有区别的概念，前者是以提供某物作回报而与他人换取所需产品的行为，而后者是指买卖双方在自愿让渡的前提下，比较双方彼此提供的让渡的商品或货币，并在双方达成完全一致意见的基础上进行的交换活动。

在市场经济条件下，人们要获得产品，主要通过交换方式。为此，交换成了市场营销的核心，研究需求、开发产品都是为了促使市场潜在交换的实现。

为了促使交换成功，营销者必须分析参与交换各方各自希望给予什么和得到什么，而交易则是通过谈判寻找一个各方均满意的方案。

（五）关系和网络

在现代市场活动中，交换和交易是复杂的，往往涉及制造商、供应商、中间商、顾客以及社区、广告商、政府、大众传媒等。市场营销活动实际上就是在这样的关系网络中进行的，建立一个和谐、长期、稳定的关系网络，对企业是至关重要的。

（六）市场

交易活动客观上需要一个场所和载体，同时容纳商品交易过程中的各种经济关系，这就是市场。

（七）营销者与预期顾客

市场营销是一种积极的市场交易活动，在交易中一方是市场营销者，而另一方则是营销者的目标市场（预期顾客）。

传统的市场营销理论认为，在市场交易中，营销者往往是主动的、积极的，而相对被动的一面则是营销者的目标市场。可是，现代市场交易实践却表明，顾客变得越来越主动，尤其是进入电子商务时代后，消费者可以直接通过因特网对所需商品款式、价格、功能等提出要求，并在网上还价。正因为如此，人们称电子商务是“直接经济”，营销者也可通过这种途径更容易地掌握市场需求。

因此，市场营销者应该采取积极有效的策略与手段来促进市场交换的实现。营销活动的有效性既取决于营销人员的素质，也取决于营销的组织与管理。

四、市场营销学的研究对象

市场营销学的研究对象是市场营销活动及其规律，即研究企业如何识别、分析评价、选择和利用市场机会，从满足目标市场顾客需求出发，有计划地组织企业的整体活动，通过交换，将产品从生产者手中转向消费者手中，以实现企业的营销目标。

五、市场营销学的研究内容

市场营销学以消费者为中心展开对整个市场营销活动的研究，主要包括四个方面的内容，即产品、定价、渠道、促销，简称“4P”。市场营销以企业为出发点，研究市场营销问题。市场营销学的研究从消费者开始，也以消费者为终结，形成市场营销的研究循环。

任务二　树立现代市场营销观念

任务目标

【知识目标】 了解各种市场营销观念的区别与联系。

【能力目标】 能够针对具体企业的情况进行分析，初步具备适应现阶段市场的营销理念。

【核心能力】 具备针对具体情况分析营销观念的能力。

引导案例

迪士尼乐园的市场营销观念

在美国的迪士尼乐园，欢乐如同空气一般无所不在。它使得每一位来自世界各地的儿童的美梦得以实现，给各种肤色的成年人带来快乐。迪士尼乐园成立之时便明确了它的目标：它的产品不是米老鼠、唐老鸭，而是快乐。人们来到这里是享受快乐的。乐园提供的全是快乐。公司的每一个人都要成为快乐的灵魂。游人无论向谁提出问题，他都必须用“迪士尼礼节”回答，决不能说“不知道”。因此游人们一次又一次地重返这里，享受快乐。而我国的一些娱乐城、民俗村、世界风光城等，那单调的节目、空洞的解说、爱理不理的面孔，使人只感到寒意，哪有快乐可言？由此可见在我国消费市场树立市场营销观念之迫切性。

一、市场营销观念的发展

企业的营销活动，同人的活动一样，总是受一定的思想支配，在不同的思想支配下，企业活动大相径庭，这种指导企业的市场营销活动的思想我们称为营销观念。所谓营销观念，也称市场营销哲学，就是企业在开展市场营销的过程中，在处理企业、顾客和社会三者利益方面所持的态度、思想和观念。

目前为止，企业的经营观念可归纳为五种，即生产观念、产品观念、推销观念、市场营销观念和社会市场营销观念。其中，前三者称为传统观念，后两者是新型观念。企业和其他组织无一不是在其中某一个观念的指导下从事其营销活动的。

（一）生产观念

1. 生产观念的含义

生产观念是以生产为中心的企业经营指导思想，是指导销售者行为的最古老的观念之一。它是 20 世纪 20 年代以前，西方发达国家占支配地位的企业经营思想。

生产观念认为，消费者喜欢那些可以随处买得到且价格低廉的产品。企业主要以提高劳动生产率，扩大生产规模，并以此降低产品价格来吸引顾客，从而获得自己的市场地位；它们很少关注其他市场因素，甚至不注意对产品的更新和改良。显然，生产观念是一种重生产、轻市场营销的商业哲学。

2. 以生产观念为导向的企业有三个显著特点：

（1）整个市场处于严重供不应求的状况；

（2）是生产中心论，是典型的以产定销的思想；

（3）企业管理的中心是提高劳动生产率。

案例 1-2-1

T 型车为什么会退出市场？

为了满足市场对汽车的大量需求，福特汽车在 20 世纪之初采用了当时颇具竞争力的营销战略——只生产一种车型，即只生产T型车，且只有一种颜色可供选择，那就是黑色。黑色的T型车甚至就是汽车的代名词。这样做的好处就是福特能以最低成本生产、用最低价格向消费者提供汽车。T型车改变了美国人的生活方式，使美国变成了汽车王国。1908年冬天开始，美国人便能以825美元的价格买到一辆轻巧、有力、两级变速、容易驾驶的T型车。这种简单、坚固、实用的小汽车推出后，它的创造者——福特欣喜若狂。这大大增强了广大中产阶级对汽车的需求，而福特也因此成了美国最大的汽车制造商，到1914年时，福特汽车已占有美国一半的市场份额。然而，到1927年，福特不得不关闭了T型车生产线，因为汽车多样化时代开始了。

在20世纪20年代以前的西方，20世纪80年代以前的中国，大多数企业奉行的是"生产观念"。当时中国的许多消费品，比如手表、缝纫机、自行车都要凭票凭证供应，所以生产企业只需扩大生产，提高产量，而根本没有必要去考虑市场销售问题。但在市场经济条件下，当产品供过于求时，生产观念的弊端就明显显露出来。

（资料来源：https：//www.jinchutou.com/p-103351166.html）

（二）产品观念

随着企业生产效率的提高，供不应求的市场逐渐缓和，产品观念应运而生。

1. 产品观念含义

产品观念认为，消费者喜欢高质量、多功能和具有某些特色的产品，企业应致力于生产优质产品，并不断加以改进。

2. 特点

（1）产品仍然供不应求，但得到一定程度的缓解。

（2）强调产品质量和特色。

（3）企业的中心是精心制造。

最容易滋生产品观念的场合，莫过于企业发明一项新产品时。此时，企业最容易产生"市场营销近视症"（marketing myopia，它是美国哈佛大学管理学院西奥多·莱维特教授提出的），即不适当地把主要精力放在产品和技术上，而不是放在市场需要上，在市场营销管理中缺乏远见，只看到自己的产品质量好，看不到市场需求在变化，致使企业经营陷入困境。如胶卷生产企业只是想方设法提高产品质量，开发新的胶卷与对手竞争，却看不到不需要胶卷的数码技术带来的挑战。

案例1-2-2

王麻子剪刀：老字号申请破产

"北有王麻子，南有张小泉。"在中国刀剪行业中，王麻子剪刀厂声名远播。历史悠久的王麻子剪刀，于（清）顺治八年（1651年）在京城菜市口成立，是著名的中华老字号。数百年来，王麻子剪刀产品以刃口锋利、经久耐用而享誉民间。即使中华人民共和国成立后，王麻子剪刀仍很"火"，在生意最好的20世纪80年代末，王麻子一个月曾创造过卖

7 万把菜刀、40 万把剪子的最佳纪录。

但从 1995 年开始，王麻子的好日子一去不复返，陷入连年亏损的地步，甚至落魄到借钱发工资的境地。审计资料显示，截至 2002 年 5 月 31 日，北京王麻子剪刀厂资产总额 1283 万元，负债总额 2779 万元，资产负债率高达 216.6%，积重难返的王麻子，只能向法院申请破产。

曾经是领导品牌的王麻子为什么会走到破产的境地呢？作为国有企业，王麻子沿袭计划经济体制下的管理模式，缺乏市场竞争思想和创新意识，这是其破产的根本原因。

长期以来，王麻子剪刀厂的主要产品一直延续传统的铁夹钢工艺，尽管它比不锈钢要耐磨好用，但工艺复杂，产品容易生锈且外观档次低，故渐渐失去了竞争优势。而王麻子剪刀却没能采取措施，及时引进新设备、新工艺；数十年来王麻子剪刀的外形没有任何变化。固步自封、安于现状，王麻子剪刀终于被消费者抛弃。

（资料来源：https：//www.doc88.com/p-3935945404970.html）

案例 1-2-3

吉列的教训

自美国人吉列发明了以“安全、质量上乘”而闻名的剃须刀后，吉列公司迅速占领 90%的美国市场，其销售额与利润都很理想。吉列的接任者错误地认为：“只要世界上的男人还长胡子，吉列公司的生意就会永远辉煌。”故他对一些新产品的问世毫不重视。特别是当不锈钢刀片投放市场后，吉列公司仍然无动于衷，以致一再错失良机。虽然之后吉列公司也推出了“不锈钢刀片”“超级不锈钢刀片”“自动安全刮须刀”等新产品，但独霸市场的时代却一去不复返。仅仅一年半时间，其国内市场占有率就从 90%下跌到 45%，同时也失去了大量的国外市场，损失惨重。

（三）推销观念（销售观念）

推销观念是许多企业采用的另一种观念。

1. 推销观念含义

推销观念认为：消费者通常表现出一种购买惰性或抗衡心理，如果任其自然的话，消费者一般不会足量购买某一企业的产品。因此，企业必须积极推销和大力促销，以刺激消费者大量购买本企业产品。

2. 特点

（1）供不应求得到根本缓解；

（2）企业开始注重销售队伍的建设；

（3）企业的中心是改进销售制度。

在 1920—1945 年，由于科学技术的进步，科学管理和大规模生产的推广，产品产量迅速增加，逐渐出现产品供过于求，卖主之间激烈竞争的新形势。许多企业家感到：即使有物美价廉的产品，也未必能卖得出去；企业要在日益激烈的市场竞争中求得生存和发展，就必须重视推销工作。

20 世纪 80 年代初，中国广东、福建等南方省市的一些乡镇企业和民营企业迫于不具有国有企业那样的市场地位，只能靠大量的推销活动来开拓自己的市场，结果反而使其产品很快在全国打开了销路，确立了市场地位。

3. 推销观念的主要应用

（1）非渴求物品，即购买者一般不会想到要去购买的商品。如保险。

（2）一些非营利领域。如医院。

（3）某些公司在产品过剩时，也奉行推销观念。

推销观念同生产观念和产品观念相比，具有明显的进步，其主要表现为企业经营者开始将眼光从生产领域转向了流通领域。但是推销观念仍然是以企业为中心，没有把消费者放在企业经营的中心地位；此种情况下，再好的推销手段也不能使消费者接受他所不需要或不喜欢的产品。

案例 1-2-4

秦池酒厂的兴衰

秦池酒厂成立于 1990 年 3 月，是白酒行业的一个小企业，年产白酒 1 万多吨，销售区域只局限在潍坊。1995 年，秦池酒厂以 6660 万元中标央视黄金广告时段，成为“标王”。根据秦池酒厂对外通报的数据，当年秦池酒厂实现销售收入 9.8 亿元，利税 2.2 亿元。1996 年，秦池酒厂又以 3.2 亿元的天价再次成为央视“标王”。但是，巨额的资金投入也使得秦池的发展捉襟见肘。为了满足市场需求，秦池酒厂盲目增加生产线，扩大生产规模。1997 年年初秦池各项指标开始大幅度下滑，随后由于不堪 3.2 亿元广告费用的重负，秦池中途被迫转卖广告时段，对产品的整体营销和品牌形象造成了不良影响。

秦池酒厂惊天动地的广告行为，自然引来媒体的关注。1997 年，《北京参考报》报道，秦池酒厂的原酒生产能力只有 3000 吨左右，它从四川等地收购大量的散酒，再加上他们的原酒，勾兑成低度酒然后销往全国。而秦池酒厂的罐装线基本上是手工操作，酒瓶的内盖是专门由一个人用木榔头敲进去的……这篇报道给沉浸在喜悦中的秦池酒厂以猝不及防的一击。当年，秦池销售额持续下滑，只完成 6.5 亿元销售额，而不是预期的 15 亿元。1998 年销售额下滑至 3 亿元，该厂从此一蹶不振。2000 年 7 月，一家酒瓶盖供应商指控秦池酒厂拖欠 300 万元货款，地区中级人民法院判决秦池酒厂败诉，并裁定拍卖“秦池”注册商标抵债。

（案例来源：https：//www.renrendoc.com/p-18829768.html）

（四）市场营销观念

1. 市场营销观念含义

市场营销观念是作为对上述诸观念的挑战而出现的一种新型的企业经营哲学。市场营销观念认为，实现企业各项目标的关键，在于正确确定目标市场的需要和欲望，并且比竞争对手更有效、更有利地传送目标市场所期望满足的东西。

2. 营销观念的基本特征

（1）企业的经营以消费者的需求满足为中心

在市场竞争日趋激烈的情况下，以企业为中心的推销活动必然会受阻，经营者们最终会发现，真正成功的销售并不主要取决于推销的力度，而主要取决于企业满足消费需求的程度，当消费者有可能在大量的商品面前从容选择的时候，他们一定会对那些最符合其需求的商品产生兴趣。

案例 1-2-5

海尔洗衣机“无所不洗”

1996 年，山东有些农民反映海尔洗衣机质量不好，这让海尔业务员感到奇怪，因为海尔产品都是经过严格质量把关才出厂的，怎么会有这种反映。之后，海尔派人去调查，发现这些农民用洗衣机洗地瓜，泥沙堵塞了出水管。从这件小事上，海尔设计人员得到启发——改变海尔洗衣机的出水管，将洗衣服的洗衣机适应市场要求，使其具备洗地瓜的功能。这种类型的洗衣机于 1998 年 4 月投入批量生产，首次生产的 1 万台洗衣机在投放农村市场后，很快被一抢而空。

一般来讲，每年的 6—8 月是洗衣机销售的淡季。根据调查了解到，不是老百姓不洗衣服，而是夏天传统的洗衣机不实用，既浪费水又浪费电。于是，海尔的科研人员设计出洗衣量只有 1.5 kg 的洗衣机——小小神童。这种世界上最小的洗衣机很快风靡全国。

在西藏，海尔洗衣机甚至可以打酥油。2000 年 7 月，海尔集团研制开发的一种既可洗衣又可打酥油的高原型“小小神童”洗衣机，在西藏市场一上市，就受到消费者欢迎，从而开辟出自己独有的市场。

在 2002 年举办的第一届合肥“龙虾节”上，海尔推出的一款“洗虾机”引发了难得一见的抢购热潮，上百台“洗虾机”不到一天就被消费者抢购一空，更有许多龙虾店经营者纷纷交定金预约购买。

专家指出，目前洗衣机市场已进入更新换代、需求快速增长期。世界第四种洗衣机——海尔“双动力”，是海尔根据用户需求，为解决用户对波轮式、滚筒式、搅拌式洗衣机的不满意而创新推出的一款全新洗衣机。该款洗衣机集合了洗得净、磨损低、不缠绕、15 分钟洗好大件衣物、“省水省时各一半”等优点于一身，满足了人们新的洗衣需求。该产品上市一个月就创造了国内高端洗衣机销量、零售额第一名的非凡业绩，成为国内市场上销量、零售额上升得最快的洗衣机新品。

自 2002 年以来，海尔品牌价值连续五年蝉联中国最有价值品牌榜首。2006 年，海尔品牌价值高达 749 亿元，现已成为享誉海内外的大型国际化企业集团。

海尔，不断发现消费者的需求，满足消费者的需求，使自己在二十多年的持续发展中不断壮大。

（资料来源：http：//www. tup. tsinghua. edu. cn/Resource/tsyz/028429-01. doc）

（2）企业注重于长远和战略目标的实现

持有营销观念的经营者认为，不顾及企业的长远发展目标而进行的盲目生产或倾力推销的企业可能不仅无利可图，而且有害。因此，一些营销学者认为，对于企业来说，稳定的市场份额可能比高额的短期利润更为重要。20 世纪 70 年代初，当环境污染还没有像现在那样受到广泛关注的情况下，日本本田公司就已经从其对市场环境分析中预测到了未来污染环境的严重性，于是他们专门请联合国有关专家到公司做报告，并投资开发能减少废气污染和节约能源的汽车，结果在 20 世纪 80 年代汽车废气开始引起人们高度重视的情况下，本田的少污染、低能耗的汽车就成为畅销货。

（3）企业通过各种营销战略的组合来实现自己的目标

市场营销组合是现代市场营销学理论的一个重要概念，是 20 世纪 50 年代由美国哈佛大学教授尼尔·鲍顿首先提出来的。市场营销组合指的是企业针对选定的目标市场综合运用各种可能的市场营销策略和手段，组合成一个系统化的整体策略，以达到企业的经营目标，并取得最佳的经济效益。20 世纪 60 年代，麦卡锡提出了著名的 4P 组合，包含四个可控因素：产品策略、价格策略、分销策略、促销策略。

1P：产品策略，企业提供给目标市场的货物和劳务的组合，包括产品质量、式样、包装、型号等。

2P：价格策略，顾客购买商品时的价格。

3P：分销策略，企业使其产品可进入和到达目标市场（目标顾客）所进行的种种活动，其中包括渠道选择、仓储、运输等。

4P：促销策略，企业宣传介绍其产品的优点和说服目标顾客来购买其产品所进行的种种活动，包括广告、宣传、销售促进、人员推销等。

案例 1-2-6

麦当劳公司的市场营销组合策略

美国麦当劳公司是举世公认发展迅速的快餐连锁企业。麦当劳的巨大成功，关键在于采用了结构良好的市场营销组合，其组合情况如表 1-2-1 所示。

表 1-2-1　麦当劳公司的市场营销组合

策略	内容
产品策略	标准的、稳定的、高质量的产品，服务时间长，服务速度快
价格策略	低价策略
分销策略	营业场所选择在顾客密集区域——不论城市或郊区，组织特许连锁经营，扩展新店
促销策略	强有力的广告宣传，广告媒体以电视为主，内容针对年轻人的喜好

案例 1-2-7

英国航空公司的市场营销观念

英国航空公司的一架波音 747 客机在东京起飞前，因机械故障，不得不向购买该机票飞往伦敦的 191 位乘客发出通知：008 号班机将迟 20 小时才能起飞，请各位旅客换乘其他航班。随后，其中 190 位乘客经劝说都乘别的航班走了，唯有一位叫大竹秀子的日本乘客对 008 号"情有独钟"，非 008 号班机不乘。在此情况下，008 号班机在排除故障后，有 353 个座位的 008 号班机载着大竹秀子一人开始了从东京到伦敦的 13000 多公里、13 个小时的长途飞行。大竹秀子被请到头等舱，6 部电影和各式精美食品供她挑选，15 名客舱服务员和 6 名机组工作人员热忱为她服务。英国航空公司在这件事情上所表现的"顾客至上"的经营观念被媒体报道后，一夜之间在航空界传为美谈，使千千万万乘客为之惊讶、赞叹，并视能有机会乘上该班机为自豪。

（五）社会市场营销观念、绿色营销观念

1. 社会市场营销观念的提出

社会市场营销观念是对市场营销观念的补充和完善。它产生于 20 世纪 70 年代西方资本主义国家出现环境污染严重、失业增加的形势下。

如有人指出汉堡包等快餐行业提供了可口的然而是不营养的食品，汉堡包脂肪含量太高，餐馆出售的油煎食品含有过多的淀粉和脂肪……这些食品在出售时采用了方便包装，还产生了过多的包装废弃物。在满足消费者需求方面，它们不仅会损害消费者的健康，还污染了环境。

这种情况下，则要求有一些新的观念来修正或取代市场营销观念，于是便产生了诸如"明智的消费观念""生态准则"等新观念，所有这些都是从不同的角度来探讨一个问题。对此，我们称为"社会市场营销观念"。

社会市场营销观念提出，企业的任务是确定各个目标市场的需要、欲望和利益，并以保护消费者或提供社会福利的方式，提供比竞争者更有效、更有利地能满足目标市场的需要、欲望和利益的物品或服务。社会市场营销观念要求兼顾三方面的利益，即企业利润、消费者需要的满足和社会利益。所以说营销是企业利益、社会利益、消费者利益的结合点，必须在满足社会、消费者利益的情况下，再满足企业利益。

2. 绿色市场营销观念的兴起

绿色市场营销观念是指企业在市场营销中要重视生态环境的保护，防治污染、充分利用并回收可再生资源以造福后代。绿色市场营销的实质，就是强调企业在进行市场营销活动时，要努力把经济效益与环境效益结合起来，尽量保持人与环境的和谐，不断改善人类的生存环境。

二、传统营销观念与现代营销观念的对比

企业市场营销指导思想的发展过程表明，营销思想的不同发展阶段都是在一定的市场

环境条件下产生和发展起来的。

以上这些不同的企业经营观念，实际上将企业经营思想的发展分为两个阶段，即以企业需求为导向的阶段和以市场需求为导向的阶段。从生产观念到推销观念，其本质都是以企业需求为导向，而从营销观念开始，则转为以市场需求为导向，所以说以市场需求为导向是各种营销观念的本质特征。

（一）企业经营观念的变化和市场变化息息相关

在供不应求的市场形势下，企业把产品制造出来后不愁销售，生产什么销售什么，生产多少销售多少。在市场经济发展比较成熟、市场竞争十分激烈的环境条件下，供大于求的态势已形成，企业只能以顾客为中心，市场需要什么就生产什么、销售什么，只能“以销定产”，而不是“以产定销”。并且，在产品售出后还要了解顾客的意见，据此改进产品和经营方式。

（二）从生产导向转变为营销导向是企业经营观念的一场革命

生产导向和营销导向的区别见表 1-2-2。

表 1-2-2　生产导向和营销导向的区别

	中心	起点	手段	促销重点	终点
生产导向	企业销售能够生产的产品	企业	推销与促销	产品的特征和质量	通过销售获得利润
营销导向	企业生产可以销售的产品	目标市场需求	营销组合	产品提供给顾客的价值	通过满足顾客需求获利

在这场革命面前，哪个企业能尽快觉悟，摆脱生产导向的束缚，就能获得主动权。改革开放以来，福建、广东等地因较早接受市场导向观念，故工业产品在全国市场的占有份额不断扩大；而受计划经济影响较深地区，其产品市场占有率却不断下降。

（三）现代营销必须兼顾企业、顾客、社会三者利益

市场营销发展到近几年来，由于部分企业在经营活动中不顾社会利益，其行为造成环境恶化和资源短缺，影响了整个社会的发展。人们开始思考一个问题，企业在满足个体消费者需要时，是否也应考虑广大消费者和整个社会的长期利益呢？社会营销观念也就在这样的背景下产生并逐渐被企业接受。

若企业所获利益是以对社会利益、消费者利益的损害为代价的，则其表现形式有环境污染、偷税漏税以及假冒伪劣、暴利斩客等。在现代的法制社会，这样的企业可能得逞于一时，但必然会受到社会压力而影响企业的进一步发展，迫使企业把对利润的追求建立在兼顾社会利益和顾客利益的基础上。

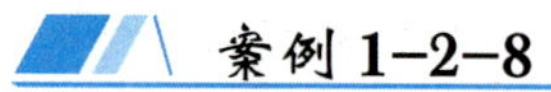

“南孚”的社会营销

南孚公司在我国享有很高的知名度。电池本来是快速消费品，其更换周期应该是较短

的。但南孚却反其道而行之，推出了“聚能环”的理念，以节能耐用来吸引消费者眼球，尽管其科学性有待考证，但还是体现了“南孚”为推销者着想的营销理念，而这样做的结果是赢得了众多消费者的好评。同时，“南孚”还推出了多种无汞、无镉、无铅绿色环保电池，充分迎合了当今的环保趋势。“南孚”用实际行动展现了其社会营销观念，兼顾了消费者和社会的整体利益，也获得了自身长远发展的社会基础。

（资料来源：百度百科）

（四）满足需要——创造需要

传统的市场营销理论认为，需求源于消费者自身心理、生理的需要，企业以发展和满足市场需求为营销活动的核心。但随着现代市场经济的迅猛发展，市场需求从形式到内容愈来愈复杂多变，企业若仅仅停留在满足市场需求上，不仅会使其局限于静态市场和原有市场，而且还会使企业疲于应付不断变化的需求。有时还会因某种消费热潮而形成误导，造成社会资源的浪费。因此，现代企业欲领先市场，不仅要满足市场需求，还应致力于创造市场需要，主动引导市场消费潮流（表 1-2-3）。

表 1-2-3　新旧两种营销观念比较

营销观念		营销程序	重点	手段	营销目标
传统观念	生产观念	产品→市场	产品	提高生产效率	通过扩大产量、降低成本取得利润
	产品观念	产品→市场	产品	生产优质产品	通过提高质量、扩大销量取得利润
	推销观念	产品→市场	产品	促进销售策略	加强销售促进活动，扩大销量，取得利润
现代观念	市场营销观念	市场→产品→市场	消费者需求	整体市场营销活动	通过满足消费者需求和欲望，取得利润
	社会市场营销观念	市场→产品→市场	消费者需求、社会利益	协调性市场营销活动	通过满足消费者的欲望和需求，增进社会长期利益，使企业获得利益

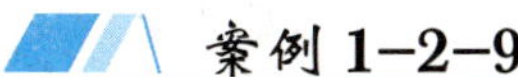
案例 1-2-9

免费的花生米和柠檬冰水

创造新的市场需求，需要在充分尊重并考虑消费者本能的基础上发挥创新思维。第一次世界大战时期，美国有一位叫哈利的大富翁，是个做生意的奇才。

15 岁时，他在一个马戏团当童工，主要为工作室叫卖柠檬冰水。为此，哈利动起了小脑筋。令人不解的是，在马戏开始前，他却站在门口大声喊：“来，来，顶好吃的花生米，看马戏的人每人赠送一大包，不要钱。”听到叫喊声，观众被吸引了过去。高兴地拿走不要钱的花生米，进入戏场看马戏。

可哈利在炒这些花生米时，特地多加了一些盐，不仅吃起来味道更好，而且越吃口越干。就在这时，哈利又出现了。他提着爽口的柠檬冰水挨座叫卖，几乎所有拿过免费花生米的观众都要买他的柠檬冰水。花生米是刺激冰水需求的“强心针”！

（资料来源：http://hi.baidu.com/djzhaoran/blog/item/98dfad18ef8c69b74bedbc95.html）

复习思考题

1. 谈谈你对市场营销的理解。
2. 传统营销观念和现代营销观念的根本区别是什么？
3. 为什么要牢固树立以顾客为中心的市场营销观念？

案例分析

雀巢咖啡

20 世纪 80 年代初，瑞士的“雀巢”与美国的“麦氏”咖啡在中国的电视媒体上展开了一场势均力敌的广告战，以期进入并占领中国市场。经过三个回合的较量，“雀巢”咖啡取得了广告的成功，占有了中国大部分的咖啡市场，并影响着许多消费者对“提神醒脑”饮料的消费习惯。“雀巢”咖啡推出的第一则广告以中国人的“好客”心理作为市场难题的突破点，以执行“热情与敬客得体”作为主导，以通俗的“味道好极了”使受众得到感情共鸣。第二则广告抓住了中国人重礼尚往来的习俗，以礼品盒为主要产品，抓住礼品市场。第三则广告以家庭主妇和办公室白领为突破口，以时尚休闲及家庭的“爱与温馨”为表白求得市场销量的增加。这三则电视广告一环扣一环，唤起了消费者的情感共鸣与消费欲望。“麦氏”咖啡的第一则广告强调的是“注重健康”，以健康为诉求点；第二则广告突出美国名牌咖啡，广告投放后虽有较高知名度，却未能获得和“雀巢”一样的品牌购买率；“麦氏”的第三则广告通过改变产品形态，推出礼品包装，注重中国大众文化心理，以“款款皆精品，浓情由此生”的广告也使产品在中国市场上占有一部分份额。经过两个品牌的广告宣传，上海市“雀巢”咖啡年销量均在 5000 吨以上，成为绝大多数家庭都享用过的饮料，而“麦氏”落后于“雀巢”，只占领部分市场。正因为两个外国品牌的竞争，上海咖啡厂被逼得年销量从辉煌时期的 600 万吨下降到不足 100 万吨。

（资料来源：http：//www. nescafe. com. cn/）

讨论：

1. “雀巢”和“麦氏”的广告宣传是否体现了现代市场营销的基本观念？
2. “雀巢”咖啡在中国的成功营销说明了什么？

实训操作

1. 自我介绍

【实训目标】通过个人自我介绍，培养学生的语言表达能力及创造性思维能力。

【实训组织】详细并有特色的进行自我介绍，时间三分钟。

【实训提示】教师提出活动前准备及注意事项，同时随队指导。

【实训成果】个人汇报，教师点评。

2. 走访当地某企业，了解其经营理念、营销策略及其运作方针。

【实训目标】通过深入实地认知与体验市场营销，加深对本项目内容的理解。

【实训组织】学生每 3~5 人分为一组，选择不同的企业调查。

【实训提示】教师提出活动前准备及注意事项，同时随队指导。

【实训成果】各组汇报，教师讲评。

项目二　市场分析

项目目标

【知识目标】了解市场调查的过程、方法与技巧；掌握市场营销宏观环境、市场营销微观环境的内容，掌握SWOT分析方法；了解顾客购买行为模式；掌握影响顾客购买行为的因素；掌握顾客购买决策过程；了解如何从行业角度和市场角度来识别竞争者；熟悉市场竞争分析的内容和方法。

【能力目标】能够对企业市场营销环境进行分析；能够分析顾客的购买行为，掌握顾客的心理活动；能针对顾客制定不同的营销方案；能针对处于不同市场地位的企业，分析制定相应的竞争策略。

【核心能力】运用各种市场调查与分析方法研究相关企业，培养分析营销环境、市场行为的能力；针对具体情况分析顾客购买行为的能力；针对具体情况分析竞争对手反应模式和采取相应预防行为的能力。

引导案例

甜心方便通心粉的成功

当甜心公司推出新的产品系列甜心方便通心粉时，管理层普遍认为这会是一次成功的尝试。毕竟这种新产品是该品牌的拓展，而甜心通心粉和奶酪曾风靡一时，在整个美国饮食文化中占有重要地位。甜心通心粉作为该传统品牌的微波专用产品，在速度和便利性方面满足了消费者的需求。但甜心方便通心粉投放市场后，并没有达到预期的效果（5%的市场份额），实际份额只是该数字的一半。品牌管理人员大伤脑筋，他们确信甜心方便通心粉是一种优良产品，因为它在微博炉中仍然能够保留原有的味道。那到底是什么原因抑制了该产品的发展呢？管理人员对2000多名消费者进行了详细的调查，结果显示，人们曾经关注过甜心方便通心粉，但对该产品的感觉要比期望差一些。所以尽管有些人留意过甜心方便通心粉，但却没有购买。

这种情况揭示出人们对甜心方便通心粉的口味和质量还持怀疑态度。该发现令管理人员极度震惊，他们曾经认为甜心品牌效应一定能保证消费者相信甜心方便通心粉的质量和口味。此外，甜心公司管理人员在仔细研究了市场调查结果以后，发现那些品尝过甜心方便通心粉的消费者的反馈存在很大的差异：55%的食用者说该产品的口味不错，而20%的人认为不佳；而且那些没有食用过甜心方便通心粉的人，在品尝和知道其食用方法之后，他们的想法也会和食用者一样。管理人员由此预测，出现问题的原因不在于产品本身，而在于和消费者的沟通。

一系列的调查显示，母亲们喜欢甜心方便通心粉是因为年纪大一些的孩子可以自己吃，从而培养孩子的自立意识，并减轻母亲家庭劳务的负担。鉴于此，甜心公司决定修改其广告方案，重点不是快捷、方便，而是集中在“年纪大一点的孩子可以自己动手做”。广告播出后，调查显示，甜心方便通心粉在品牌和广告知名度方面都有提升，而且销售量也上升了30%，成为甜心通心粉和奶酪拓展业务中最成功的产品。

在市场营销活动中，为了在瞬息万变的市场上求得生存，寻找新的市场机会并回避风险，企业必须具有较强的应变能力，能够及时应对变化的市场环境，做出正确的决策。在上述案例中，重视市场信息收集的甜心公司借助其掌握的全面、可靠的市场营销信息，以及对市场营销信息的及时处理和分析，正确制定了市场营销策略，最终获得了成功。

（资料来源：http：//www. doc88. com，经编者整理而成）

任务一 市场调查

【知识目标】 了解市场调查概念、作用、内容；熟悉市场调查的分类；掌握市场调查的程序与步骤及方法；掌握市场调查数据的整理与分析；

【能力目标】 能够灵活运用市场调查相关知识对市场调查方案进行设计，对市场调查数据进行处理，并能针对项目撰写符合要求的市场调查报告；

【核心能力】 能灵活运用所调查的数据撰写市场调查报告。

引导案例

麦加地毯

范德维格是比利时地毯商人，他的地毯在欧洲卖得不是很好，于是准备把地毯销往海湾地区。经过对海湾地区广泛的市场调研分析，他发现由于海湾地区国家主要信奉伊斯兰教，伊斯兰教徒无论是居家、旅行或工作在外，每天都要向圣地麦加方向祈祷五次。而全世界有十几亿伊斯兰教教徒，市场巨大。于是范德维格灵机一动，将扁平的指南针嵌入祈祷地毯。这种特殊指南针直接指向圣城麦加，因此起名为“麦加地毯”。拥有麦加地毯的伊斯兰教教徒不管走到哪里，只要把地毯往地上一铺，就能准确辨别麦加的方位而不再担心搞错。地毯一上市即成为抢手商品，几个月内，范德维格在中东和非洲一下子就卖掉25000块“麦加地毯”，大发其财。

（资料来源：车慈慧主编，市场营销，高等教育出版社，2018. 03）

一、市场调查的概念和内容

（一）市场调查概念

市场调查是指运用科学的方法，有目的、有计划、有步骤、系统而客观地收集、记录、整理、分析有关市场营销方面的各类情报资料，从而了解市场的现状及其发展趋势，为市场预测和决策提供客观的有依据的经济活动。

（二）市场调查的内容

1. 市场环境调查

市场环境指作用于企业生产与经营的一切外界力量的总和。市场环境调查包括间接环境调查和直接环境调查两大类。间接环境调查的主要内容包括：政治法律环境调查、经济环境调查、社会文化环境调查、科学技术环境调查、地理气候环境调查等。直接环境调查包括：竞争者、顾客、供应者、营销中介等。

2. 市场需求调查

市场需求指在一定的支付能力下市场上对生产出来的供应最终消费与使用的物质产品和劳务的总和。这是对市场总体规模的调查，是营销调查的中心。市场需求调查的内容包括：社会购买力调查、市场商品需求结构调查、消费人口结构调查、消费者购买动机调查、消费者购买行为调查等。

3. 消费者行为调查

运用心理学、社会学等方法从质的方面分析消费者的需求，即了解购买本企业产品的消费者人数、消费者的类型、消费者的购买习惯及其变化、消费者对企业营销策略的反应、消费者对企业竞争者的产品及提供的服务所持的态度。

4. 营销组合因素调查

目的是掌握企业营销策略及其组合的使用效果。包括：

①产品调查。主要了解消费者对产品质量、性能、售后服务等的评价和要求，消费者对研制新产品有何要求，对拟推出的新产品的评估，产品正处于市场生命周期的哪一阶段等。

②价格调查。了解消费者和中间商对现有产品价格的反应，他们认为适宜的售价是多少，新产品如何定价，老产品如何调整，应采取什么样的价格策略等。

③分销调查。了解目前采用的分销渠道的效果，确认是否需要调整；结合目前企业的产品和市场特点，确认是运用直接渠道还是间接渠道，宽渠道还是窄渠道；消费者对销售网点的分布要求等。

④促销调查。了解人员推销与非人员推销这两种方法中哪种方法更有效，消费者对广告的评价，营业推广是否有新意，公共关系是否持续开展，能否达到预期效果等。

除此之外，还有广告效果调查；消费群体调查，主要包括消费者类别分布、收入水平、消费动机和心理、消费习惯和行为等；新技术、新产品开发调查，包括技术含量、发展趋势、投资前景等。

（三）市场调查的分类

1. 按照调查的目的分类

（1）探测性调查

探测性调查通常是最无结构和最不正式的调查，进行探测性调查的目的是为了获得有关调研问题大体性质的背景资料。探测性调查通常在项目开始的阶段进行。

探测性调查的用途：获取背景资料；定义术语与概念；阐明问题和假设；确定调研的优先次序。

实施探测性调查的方法主要有：①第二手资料的分析，指通过各种途径收集有关二手资料；②经验调查，指从经验丰富的人员处获得有用信息；③案例分析，指回顾和分析与该问题相似的可用信息；④焦点（小组）访谈，包含座谈会、头脑风暴法；⑤投射技术，要求参加者投射于特定环境回答问题。

（2）描述性调查

当调研的目的只是要了解现状时，可以实施描述性调查。描述性调查通常通过对谁、什么、哪里、何时、怎样等问题的回答来进行。

描述性调查可以分为横向研究与纵向研究两大类型。所谓横向研究是指仅在一个时间点上对研究总体进行测定。纵向研究则通过对相同样本的重复测定来完成。

（3）因果关系调查

因果关系调查是为了了解市场出现的有关现象之间的因果关系而进行的市场调查。因果关系调查的主要目的是解决“为什么”。其目的是在两个以上的变量中寻找原因与结果关系，确定自变量与因变量，明确变化方向，并建立变化函数。

（4）预测性调查

预测性调查是为了预测未来市场的变化趋势而进行的调查，它着眼于对未来市场状况的调查研究。预测性调查是预测的一个重要步骤，并建立在描述性调查、因果关系调查的基础之上。

2. 按照调查对象包括的范围分类

（1）全面调查

全面调查是对调查对象中所有单位全部进行调查的一种市场调查方法，其目的在于要获得研究总体的全面、系统的总量资料。一般而言，全面调查仅限于调查对象有限的情形下使用，当调查对象太多时，全面调查需要花费大量的调研费用。仅当全面调查非常必要时，可以进行全面调查。

全面调查的使用情况：①普查，全国性的普查是最常见的一种全面调查方式；②新产品试销的跟踪调查。

（2）非全面调查

非全面调查是对调查对象中的一部分样本所进行的调查，非全面调查一般按照代表性原则以抽样的方式挑选出被调查单位。常见的市场调查多为非全面调查。

非全面调查的优点：更容易实施，费用低廉。

3. 按照调查的连续性与否分类

（1）经常性调查

经常性调查是在选定市场调查的样本之后，组织长时间的不间断的调查，以收集有时间序列的信息资料。经常性调查常用于对销售网点产品销售量的调查。

（2）定期调查

定期调查是在确定市场调查的内容后，每隔一定时期进行一次调查，每次调查间隔的时间大致相等。通过定期调查可以掌握调查对象的发展变化规律和在不同环境下的具体状况。常见的定期调查有月度调查、季度调查与年度调查。

（3）一次性调查

一次性调查是为了某一特定目的，只对调查对象做一次临时性的了解而进行的调查。大多数情况下，企业所进行的调查都是一次性调查。

二、市场调查的程序与步骤

一般来说，市场调查步骤可以分为四个阶段：

（一）准备阶段

1. 情况分析及提出问题

调查人员根据企业已经拥有的各项资料（如企业历史、产品、竞争者、消费者、经营策略等），对企业面临的现状进行分析，为发现其因果关系提供线索和条件，提出确实需要解决的问题，并形成文字，以便深入分析。

2. 明确调查目标

要明确市场调查的目标，企业的需要不同，其市场调查的目标会有所不同；企业制定经营战略时，必须调查宏观市场环境的发展变化趋势，尤其要调查所处行业未来的发展状况；企业制定市场营销策略时，要调查市场需求状况、市场竞争状况、消费者购买行为和营销要素情况；当企业在经营中遇到了问题，这时应针对存在的问题及其产生的原因进行市场调查。

（二）调查计划制订阶段

1. 制订调查计划及调查进度表

调查计划包括对调查人员的选拔、培训、管理计划，调查工作安排和调查经费开支计划。其中调查工作安排计划是调查工作按时完成的依据。调查进度可以分为如下阶段：策划确定调查目标；查找文字资料；进行实地调查；对资料进行整理分析；撰写市场调查报告初稿并征求意见；报告的修改与定稿；将调查报告提交给有关部门；根据进度计划编制调查进度表。

2. 确定调查方法，设计调查表格和问卷

市场调查是获取信息、收集资料的过程。信息资料的来源有原始资料（第一手资料）和现存资料（第二手资料），如何取得这些资料，要取决于调查方法。在采用适当方法进行调查时，为了详细地记录信息资料，必须使用设计好了的调查表格和调查问卷。

3. 非正式调查

即进行试验调查，也称试控调查，主要以收集第二手资料为主，目的是验证调查目标、调查计划等的确定是否正确；若不正确，则需重新修改。

4. 撰写调查项目建议书

当非正式调查的结果说明调查目标、调查计划等的确定是正确的时候，就应该着手撰写调查项目建议书。经主管部门批准后，便可组织实地调查。

(三) 正式实施阶段

进行实地调查。使用各种调查表和调查问卷，收集第一手资料和第二手资料。

(四) 结果处理阶段

1. 整理分析资料

调查得到的信息资料往往杂乱无章，必须经过整理分析，才能加以利用。其一般步骤为：首先，审核资料的正确性、完整性与真实性，对不正确、不完整、不真实的资料加以剔除；其次，对审核过的资料按一定标准加以分类，采用卡片式、表格式、数字统计及文字说明等方式，结合计算机加以整理，得出调查结论；最后，运用时间序列、回归等方法对整理好的资料进行分析，判断误差，加以修正。

2. 撰写调查报告

调查分析的最终目的是对调查需要解决的问题做出判断性结论，拟出建设性调查报告。调查报告一般有专题报告和基本报告两种。其内容包括调查的目的和范围、调查方法、调查结果、提出建议、必要附件等。

(1) 报告题目

报告题目应该简明准确地表达报告的主要内容，一般是通过扼要地突出本次市场调研全过程中最有特色的环节的方式，揭示本报告所要论述的内容。其格式可以只有正标题，也可以采用正副标题形式。例如《关于某城市居民黄金饰品消费状况与趋势的调查报告》，或者《黄金饰品不再是保值的货币——某城市居民黄金饰品消费状况与趋势的调查报告》。调查报告题目的下方，要注明报告人或单位、报告日期，然后另起一行，注明报告呈交的对象。这些内容编排在调查报告的第一页上。

(2) 目录与摘要

当市场调研报告的页数较多时，应使用目录或索引的形式列出主要纲目及页码；报告应提供“报告摘要”，摘要上应说明本次调查的基本情况和主要结论，并将重点放在调查的主要发现和对策、措施上。

(3) 正文

正文是指完整的市场调研报告，应依据调查内容充分展开。一般来说，一篇报告至少应包含四个部分：第一部分是调查方案，包括整体方案和技术方案的执行结果评价，特别是对关于调查对象选择、问题的设计与依据、收集资料方式及调查时间等内容给予评价；第二部分需要指出分析问题的角度或出发点，包括对一些测量方法的解释以及调查误差的估计；第三部分是提炼分析的结论性意见；第四部分是提出建议对策，或依据资料对发展趋势进行估计等。

(4) 附件

附件指调查报告正文包含不了的或对正文结论的说明，是对正文的补充或更为详细的专题性说明。例如，数据的汇总表、统计公式或统计参数选择的依据，与本调查题目相关的整体环境资料或有直接对比意义的完整数据等，均可单独成为报告的附件。

3. 追踪调查

写完调查报告后，还要进行追踪调查，即了解调查报告中提出的方案是否已经被采纳，实际效果如何，采取了哪些具体措施。还有，对关键问题的调查，是不可能一劳永逸的，还应进行经常性的追踪调查，以便了解调查对象的变化情况。

三、市场调查的基本方法

案例 2-1-1

收集竞争对手情报的 18 种方法

分析竞争对手的情况时，需要掌握大量的有关竞争对手的信息。收集的关于竞争对手的信息越多越准确，就越有可能制定出正确的战略，从而战胜竞争对手。国外企业收集竞争对手情报时经常会用的 18 种方法如下：

(1) 收购竞争对手的垃圾。

(2) 购买竞争对手的产品，然后加以剖析。

(3) 匿名参观竞争对手的工厂。

(4) 在港口或火车站记录竞争对手的货运数量。

(5) 从空中对竞争对手进行拍照，然后加以研究。

(6) 分析竞争对手的用工合同。

(7) 分析竞争对手的招工广告。

(8) 询问顾客或经销商关于竞争对手的销售状况。

(9) 派人参加竞争对手的经营或其主要客户的经营。

(10) 了解竞争对手的供应商，以了解其产量。

(11) 以顾客的身份了解竞争对手的价格水平。

(12) 与竞争对手的顾客交谈，以获得情报。

(13) 收买竞争对手以前的管理人员。

(14) 通过咨询人员参观竞争对手的工厂来了解情况。

(15) 收买竞争对手的职工。

(16) 用假招工的办法接触竞争对手的职工。

(17) 派技术人员参加行业技术会议，了解竞争对手的技术情报。

(18) 收买那些在竞争对手处没有得到善待或与其主要领导有矛盾的人。

以上方法的采用，有的涉及企业的竞争观念和职业道德，因此，企业在进行竞争对手调查时，应当采取正当的方法和策略。

（资料来源：张世恒．企业战略管理[M]．成都：四川大学出版社，1997.）

（一）按市场营销调查搜集资料的方法和形式分类

根据搜集资料的方法和形式的不同，市场营销调查可分为访问调查法、市场观察法和市场实验法。

1. 访问调查法

访问调查法也称为采访法，这是市场营销调查人员向被调查者提问，根据被调查者的答复取得信息资料的一种调查方法，它又可以分为个别访问法、集体座谈法等方法。

访问调查法最适合于收集描述性信息，如果企业需要了解人们的知识水平、信仰、偏好、满足程度以及购买者行为，可采用访问调查法。访问调查法按提问是直接性的还是间接性的，可分为直接访问法和间接访问法；按调查的具体形式不同，又可分为面谈、电话询问、邮寄问卷和日记调查等方式。

访问调查法是收集原始资料最主要的方法，营销调查人员可根据需要灵活采用。另外，需要指出的是，营销调查人员常用的专家调查法和学校调查法也都是访问调查法的特例。前者是指采用专家会议或专家函信调查的形式，听取专家的意见和判断的调查方法；后者是指利用学校学生的代表性和集中性进行调查的方法。

2. 市场观察法

这是由市场调查人员亲自到现场对调查对象进行观察和计量以取得资料的一种调查方法。由于调查者未意识到自己被调查，故其心理状况比较自然，表现出来的行为、反应比较真实。市场观察可分为直接观察和测量观察两种。

直接观察就是派人到商店、家庭、街道等处对调查对象进行实地观察。这种方法一般用来观察顾客选购时的表现、消费者的家庭消费需要和他们的购买动机及爱好等。但缺点是观察不到消费者的内在心理因素，有时调查时间较长。

测量观察就是运用电子仪器和机械工具进行观察记录和测量，以了解消费者的购买行为及其对商品广告的关注点。

3. 市场实验法

这是指在一定范围的市场内，对于市场营销的某个因素，如产品的质量、设计、包装、价格、广告、陈列等以实验的方式来测定顾客的反应，取得市场信息的方法。通常的市场实验有包装实验、新产品销售实验、价格实验等。经过实验法可以取得可靠的市场信息，对企业营销决策有重大参考价值，等实验成功后，才决定大规模采用。此外，实验法还是收集因果关系反面信息最恰当的方法之一。

（二）按营销调查目标和对象范围分类

按营销调查目标和对象范围的不同，市场营销调查可分为全面调查和非全面调查。

全面调查是对构成调查对象总体的所有个体进行全面的调查。有时受条件的限制，不可能进行全面调查，可采用多种不同形式的非全面调查。

在调查方法中，由于非全面调查省时、省事、省钱，因而成为调查的主要方法。它包括重点调查、抽样调查、典型调查三种形式。

1. 重点调查

就是根据调查主体，选择其中一部分重点调查对象所进行的调查。重点调查选择的调查对象数目可能不多，但其标志值一般在总体中占很大比例，能够反映市场现象的基本情况。

2. 抽样调查

就是从调查对象的总体中，随机地抽取一部分单位作为总体的调查方法。抽样调查能从局部的调查中得出总体的结论，因而在一定意义上可以起到全面调查的作用。进行抽样调查前，必须根据调查目的和要求做好抽样设计，即确定好抽样调查的对象、样本个数和抽样方法等。

抽样的方法主要分为两大类：一类是随机抽样；另一类是非随机抽样。

随机抽样是指按随机的原则抽取样本。进行随机抽样时，整体中每一个体都有被选作样本的机会。根据抽样方式的不同，它可分为四种：一是简单随机抽样，即整体中所有个体都有均等机会被选作样本；二是等距随机抽样，它是事先将整体各单位按某一标志排列，然后依固定顺序和间隔来抽选调查单位的抽样组织形式，但其第一个样本单位位置的确定是随机的；三是分层随机抽样，即把总体按某种标志（如年龄、性别、职业等）分组（层），然后从各组（层）中按一定比例随机抽取一定数量的样本；四是分群（部分），然后以群为单位随机抽取其中一些群为样本。

非随机抽样是指整体中不是每一个体都有机会被选作样本。根据抽样方的不同，非随机抽样也可分成三种：一是任意抽样，它是根据调查人员的方便任意选取样本；二是根据判断或自己的经验来选择样本；三是配额抽样，这是非随机抽样中最常见的一种，它首先对总体进行分组，热后由调查人员根据一定的比例从各组中任意抽取一定数量的样本。

3. 典型调查

就是根据调查的目标和要求以及对调查者的分析，有意识地选择一些典型作为调查对象。它与抽样调查不同，其样本的选择是主观的。

四、调查问卷的设计

调查问卷的设计，是市场调查的重要方法和手段。调查表可分为一览表和单一表。一览表是在一张表上登记若干个单位的调查结果，一般用于调查项目比较简单、调查者可以亲自上门登记的访问式调查。单一表是将一个调查项目登记在一张表上，用于调查单位少、调查项目比较多的情况。调查项目要求被调查所涉及的问题分为开放式问题和封闭式问题，其中开放式问题是由调查者自由作答的问题，封闭式问题要求被调查者在已经编排好的几个答案中选出一个或几个现成的答案。

调查表是市场调查的工具，是调查者和调查对象之间进行信息交流的纽带，是通过提出问题、收集问题的回答来取得第一手资料的一种主要的市场调查方法。在正式开展调查之前，要设计好调查表。

（一）调查表的结构

1. 被调查者的基本情况

被调查者的基本情况是指被调查者的一些特征情况。例如，在居民商品调查中，被调查者的基本情况有姓名、性别、年龄、文化程度、职业、工作单位、住址、家庭人口等。如被调查者是企业，其基本情况有所有制、经营范围、职工人数、经营数额、资金总额、利税总额等。列入这些项目，便于对收集到的资料进行分类和具体分析。调查表中要列明调查者的哪些基本情况，这要根据调查的目的和要求来确定。不必要的和无法取得的不宜列入。

2. 调查内容

它是调查表最基本、最主要的组成部分，是调查表的主体，是所需调查的具体项目。设计调查表的关键就是要合理地确定调查的项目，拟订各种提问命题。提问的方式可以是开放式的，也可以是封闭式的。在同一张表中，开放式和封闭式可以结合使用。

3. 调查表的填表说明

填表说明是指填写调查表的要求和方法，它包括项目的要求、项目的含义、调查时间、被调查者在填写时应注意的事项、调查者应遵守的原则等。某些内容简明的调查表，填表说明可以省掉。

4. 编号

有些调查表须加编号，以便分类归档，或用计算机处理。有的要列明有关机关（或统计机关等）批准调查的文件字号。

（二）设计调查表应注意的问题

（1）设计一张调查表，从确定主题、选定提问方式、编写提问命题和填表说明，到制成一张表，应当集思广益、细心推敲，力求完善。

（2）调查的问题应尽可能减轻被调查者的负担，问题不宜过多或过于分散，应按照被调查者心理反应顺序编排，由简到繁。

（3）问题力求简明扼要、通俗易懂，避免使用含糊不清的字句或专业术语。避免提出引起反感或带有暗示性的问题。语言要讲究艺术趣味，使被调查者乐于回答。

案例 2-1-2

巧克力市场调查计划

某食品公司研究所开发的一种巧克力食品，在投放某地市场前，需要进行充分的市场调查，以确定推销方案。下面是该研究所的市场调查计划表。

项目	内容	
调查目的	掌握该地区消费者使用和购买巧克力的情形	
调查项目	详见问卷与访谈纲要（略）	
调查方法	抽样调查，问卷式，与年轻父母、经销商访谈	
调查对象	城区内年轻父母，食品商店及超市的经营者	
调查地域	某市 5 区县	
费用预估	15 800 元	
调查进度	8 月 1—10 日	分 10 组在各区内进行问卷调查
	8 月 10—15 日	分 5 组在各区内进行经销商访谈
	8 月 15—20 日	统计分析，撰写报告

任务二　市场营销环境分析

任务目标

【知识目标】了解营销环境的含义，掌握市场营销宏观环境、市场营销微观环境，掌握 SWOT 分析方法。

【能力目标】能够对企业市场营销环境进行分析。

【核心能力】能够对企业市场营销环境进行分析。

引导案例

杭州“狗不理”包子店为何无人理？

杭州“狗不理”包子店是天津狗不理包子集团在杭州开设的分店，地处商业黄金地段。正宗的“狗不理”以其鲜明的特色（皮薄、水馅、味道鲜美、咬一口汁水横流）享誉神州。但正当杭州南方大酒店创下日销包子万余个的记录时，杭州“狗不理”包子店却将楼下 1/3 的营业面积租让给服装企业。

当“狗不理”一再强调其鲜明的产品特色时，却忽视了消费者是否接受这一“特色”，那么受挫于杭州也是必然了。其原因如下：

（1）“狗不理”包子馅比较油腻，不合喜爱清淡食物的杭州市民的口味。

（2）“狗不理”包子不符合杭州人的生活习惯。杭州市民将包子作为便捷快餐对待，往往边走边吃。而“狗不理”包子由于皮薄、水馅、容易流汁，故不便于拿在手里吃，最好是坐下用筷子慢慢享用。

（3）“狗不理”包子馅多半是蒜一类的辛辣刺激物，这与杭州这个南方城市的传统口味也相悖。

由于消费者市场具有地区性、复杂性、易变性、替代性和发展性等特点，天津“狗不理”包子在进入杭州市场前，需要进行市场调研，了解消费者、竞争对手的状况、企业自身优缺点等因素。只有这样，才能有的放矢，从而采取相应的营销策略。

（案例来源：https://wenku.baidu.com/view/3ec527c65fbfc77da269b128.html）

一、市场营销环境分析

英国著名生物学家达尔文在 1831—1836 年做了历时五年的环球旅行，在动植物等方面进行了大量的研究。经过综合研讨，形成了生物进化的概念，于 1859 年出版了轰动当时学术界的《物种起源》一书。达尔文认为，生物经常发生的细微的不定变异，通过累代的选择作用后，比较适合环境条件的个体可以生存，并逐渐积累有利的变异而发展成新种；比较不适合的就不能生存或不能传种。恩格斯认为，达尔文“适者生存”进化论是 19 世纪自然科学三大发现之一。那么，达尔文的进化论能给市场营销什么启示？

市场营销和世界上任何事物一样，其存在和发展离不开环境的影响。

（一）市场营销环境的内涵

企业的市场营销环境指的是与企业市场营销活动相关的所有外部因素和条件。这些因素和条件由企业营销管理机构外部的行动者与力量组成，它们影响着企业管理当局发展和维持为目标顾客提供令其满意的产品或服务的能力。

（二）市场营销环境的分类

根据环境对企业营销活动影响的直接程度的不同，可将其区分为微观环境和宏观环境。

微观环境是企业在营销过程中与企业发生直接联系的对象，包括公司、供应商、中间商、顾客、竞争者和公众。这些对象直接影响和制约着企业的市场营销活动，多半与企业具有或多或少的经济联系，也称直接营销环境，又称作业环境。

宏观环境，是指影响企业微观环境的各种因素和力量的总和，包括人口统计环境、经济环境、自然环境、政治法律环境和文化环境。宏观环境主要以微观营销环境为媒介，间接影响和制约企业的市场营销活动，也称为间接营销环境。

案例 2-2-1

巨人集团的盛衰

史玉柱 1962 年生于安徽怀远，1984 年毕业于浙江大学，1989 年研制 M-6401 桌面排版印刷系统。以 4000 元起家，打了 8400 元的广告（当时打广告是后付款），两个星期，收到 15820 元定金，用这些钱再做广告，4 个月后赚回 100 万元。

1990 年，开发新产品，换代为 M-6402。

1991 年，成立巨人集团，再获成功，销售额超过千万元，第三年销售额过亿元。销售增长率 500%。

1993 年，多角度经营，涉及房地产、保健食品、金融、纺织……

1994 年，发展到 228 个子公司，并建立全国销售网络，目标是成为中国的 IBM。开始建造珠海巨人大厦，将计划的建 18 层改为建 38 层，直至 70 层，号称当时中国第一高楼，所需资金超过 10 亿元人民币，以集资和卖花的方式筹资达 1 亿元人民币，后因无资金而停工。

在企业内部管理体制上，实行军、师、团建制，将促销称为战役、会战。同年，史玉柱被评为“中国改革十大风云人物”。

1995 年因推出 12 种保健品，投放广告 1 亿元，史玉柱被《福布斯》列为中国内地富豪榜第八位。1996 年又将保健品资金全部调往巨人大厦，保健品业务盛极而衰。1997 年巨人大厦未按期完工，名存实亡。1998 年开始参与脑白金项目。

2002 年 11 月，准备转让脑白金商标权和制作技术。

通过这个案例，我们可以看出企业的成败与环境之间的关系。首先是社会因素，我国的经济改革以及良好的政策环境为企业的发展提供了机会；同时，政治因素也是尤为重要的，邓小平同志的南方谈话，为当时企业的发展提供了动力。其次是经济因素，1994 年全国房地产市场火爆，巨人大厦层层上升，随后银行紧缩银根，贷款困难，使企业融资受到一定程度的影响。再次是行业因素，20 世纪 90 年代初期，我国计算机市场刚刚起步，国外计算机产品进口受到限制。最后，企业的内部环境也很重要，广告、促销、销售网络能促使企业在市场上获得成功，管理上的失误也可能导致投资失误。

（资料来源：http：//www. docin. com/p-740166245. html）

二、市场营销宏观环境分析

市场营销间接环境也称宏观环境，是某一国家、某一地区所有企业都面临的环境因素。一般情况下，间接环境以直接营销环境为媒介去影响与制约企业的营销活动；在某些场合，它也可以直接影响企业的营销活动，如某企业在产品生产过程中造成对环境的污染，法律对其实施制裁就是一例。

宏观环境包括那些影响公司微观环境中所有行动者的较大的社会力量，即人口的、经济的、自然的、技术的、政治的、法律的和社会及文化的力量。

（一）人口环境

市场是由有购买愿望并且具备购买能力的人构成的，人的需求正是企业营销活动的基础。所以，对人口环境的考察是企业把握市场需求的关键。人口环境对企业营销的影响主要体现在以下几个方面：

1. 世界人口数量迅速增长

随着科学技术进步、生产力发展和人民生活条件的改善，世界人口平均寿命延长，死亡率下降，全球人口数量持续增长。

同时，世界人口的增长呈现出极端不平衡现象。发达国家的人口出生率下降，有些国家人口甚至出现负增长。人口增长最快的是发展中国家，世界人口的 80%在发展中国家，而且人口增长最快的往往是那些落后、欠发达的国家。

人口的急剧增长，对企业营销有重大意义。人口增长意味着市场需求的增长，如果人们有足够的购买力，则人口增长表示市场的扩大。另外，如果人口的增长对各种资源的供应形成过大的压力，则生产成本会上升，利润会下降；发达国家出生率下降，则导致儿童市场的萎缩，而旅游、娱乐、餐饮、休闲等市场则相应扩大。

2. 人口结构

人口结构对企业营销工作极其重要，因为不同的人口结构状况，相应的收入水平、生理需要、生活方式、价值观念等都不同，需求也就不同。人口结构可从自然结构（性别、年龄）和社会结构（文化素质、职业、民族和家庭）两方面进行分析。

（1）人口的自然结构

人口的性别构成相当程度上影响着市场需求。男性和女性在生理、心理和社会角色上的差异决定了他们不同的消费内容和特点。例如，女性比男性更喜欢打扮、逛商场，上街采购日用品、化妆品、服装等，而男性则在购买大件物品方面表现出积极性。

人口年龄结构是企业分析市场环境的主要内容之一，人口年龄通常分为六个阶段：学龄前儿童、学龄儿童、青少年、25～40 岁青年人、40～60 岁中年人和 60 岁以上老年人。不同年龄层次的消费者因为生理和心理特征、人生经历、收入水平和负担状况的不同，有着不同的消费需要和消费模式。目前，世界人口呈老龄化上升趋势，发达国家 65 岁以上老人占总人口比例已达 13%以上，预测到 2025 年将达到 23.6%。

（2）人口的社会结构

随着国民教育水平的提高，人的文化素质对市场消费需求的影响也愈加明显。

一般来说，随着受教育人数和受教育水平的提高，市场将增加对文化消费品的需求，而且人们的需求会更加个性化和多样化。

职业往往和收入水平一起直接制约消费者的购买能力。特定的职业常常和一定的生活方式联系，进而影响消费方式、消费习惯。

即使收入水平相同，个体户和大学教授的消费兴趣也不会相同。

不同民族的消费者在传统文化的影响下，其消费行为、消费内容呈现出鲜明的民族性。

我国是一个多民族的国家，除汉族外，还有 50 多个民族。每个民族都有特殊的消费需求和消费习惯。以不同民族消费者为目标顾客的营销者必须尊重民族文化，理解民族文化间的差异。

家庭是社会的细胞，也是某些商品的基本消费单位，例如住房、成套家具、电视机、厨房用品等商品的消费数量就和家庭单位的数量密切相关。有些商品不是以个人为销售对象，而是以家庭为销售对象的，譬如电冰箱、洗衣机、电视机、微波炉、家具等。据美国人口理事会的一项调查表明，进入 20 世纪 90 年代中期，世界普遍呈现家庭规模缩小的趋势，这意味着家庭单位数量在不断增加。调查还表明，越是经济发达的地区，家庭规模也越小，如欧洲、北美国家的家庭规模基本上维持在 3 人左右，亚非拉地区的发展中国家每户家庭人口平均在 5 人左右。这一趋势一方面会引起对家庭用品总需求的增加，另一方面，产品的规格、结构也不同于几世同堂家庭对产品的要求，企业应对此做出积极的响应。

3. 人口分布

人口的地理分布指人口在不同的地理区域的密集程度，任何一个国家和地区的人口分布绝不是均匀的，我国的人口分布主要集中在东南沿海一带，占全国总人口的比例约为 94%，人口密度向西北逐渐递减。

不同区域的人口具有不同的需求特点和消费习惯。

人口密度是反映人口分布状况的重要指标。受到人口流动的影响，人口的地理分布往往不均匀，各区域的人口密度大小不一。人口密度越大，意味着该地区人口越密集、市场需求越集中。我国上海、北京、重庆等城市的人口数量超过 1000 万人。

当前，我国正处于城市化进程中，人口流动的主要表现就是农村人口向城市或工矿地区流动；内地人口向沿海经济开放地区流动。对于人口流入较多的地方而言，一方面由于劳动力增多，就业问题会更加突出，从而加剧行业竞争；另一方面，人口增多也使当地基本需求量增加，消费结构发生一定的变化，继而给当地企业带来较多的市场份额和营销机会。

（二）经济环境

经济环境指企业营销活动所面临的外部经济条件，其运行状况及发展趋势会直接或间接地对企业营销活动产生影响。它包括经济发展阶段、地区发展状况、消费者的储蓄和信贷、消费者的支出模式变化等因素。其中地区发展状况、消费者的支出模式变化对企业营销活动的影响较为直接。

人的需求只有在具备经济能力时才是现实的市场需求。在人口因素既定的情况下，市场需求规模与社会购买力水平成正相关关系。所以，企业必须密切注意经济环境的动向，尤其要着重分析影响社会购买力及其支出结构变化的因素。

1. 经济发展阶段

企业的市场营销活动受本国或本地区的经济发展水平的影响和制约，不同的经济发展阶段，其居民收入不同，导致社会购买力有差别，从而购买产品的需求就不同。就消费者市场而言，处于经济发展水平较低的国家和地区，市场营销活动侧重于产品的功能及实用性，价格竞争多于品质竞争；处于经济发展水平较高的国家和地区，市场营销活动侧重于产品的款式、性能及特色，品质竞争多于价格竞争。在生产市场方面，处于经济发展水平较低的国家和地区，以发展劳动力密集型产业为主，侧重于使用节约资金而多用劳动力的生产设备；处于经济发展水平较高的国家和地区，以发展资本密集型产业为主。可见，对于不同的经济发展水平，企业应采取不同的营销策略。

2. 地区发展状况

我国地区经济发展不平衡，在东部、中部、西部三大地带之间，其经济发展水平客观上存在着东高西低、中部塌陷的总体区域态势。这种地区间的不平衡发展，给企业的投资方向、目标市场以及营销战略的制定等都带来了巨大影响。

3. 消费者收入水平

消费者收入水平决定了购买力的大小，这是分析市场规模的一个不可忽视的因素。与实际购买力相关的因素主要有：

（1）国民生产总值。这是一个国家某一时期内（通常为一年）所生产的产品和劳务的总和，是目前很多国家用来衡量其总体经济发展水平的重要指标。

（2）人均国民收入。这是一个国家物资生产部门新创造的价值，即国民收入总量除以总人口数量，其比例客观上反映了一个国家经济发展的水平。一般来说，人均国民收入增加，对消费品的需求和购买力就越大，反之则小。

（3）个人总收入。它指个人从各种收入来源得到的总收入，包括工资、奖金、津贴、股息、利息、红利、租金等一切货币收入。用一个国家或地区的个人总收入除以总人口，为人均总收入，它可以衡量一个国家或地区的消费市场容量大小和消费者购买力的高低。

（4）个人可支配收入。个人总收入中扣除税金后的剩余部分。

（5）个人可任意支配收入。个人可支配收入中减去用以购买生活必需品（食品、衣服、水电费）支出和固定支出（房租、保险、分期付款等）后的剩余部分。

显然，个人可任意支出越多，购买非必需品（如奢侈品、旅游、文化娱乐、智力投资等）的支出就会增加。

（6）货币收入和实际收入

在现实生活中，货币收入和实际收入总是不一致的。货币收入只是一种名义收入，并不代表消费者可购买到实际商品的价值。由于受到物价水平等因素的制约，有时还会出现货币收入增加而实际收入下降的情况。

4. 消费者支出模式

消费者支出模式指消费者各种消费支出的比例关系，也就是常说的消费结构。社会经济的发展、产业结构的转变和收入水平的变化等因素直接影响社会消费支出模式，而消费者个人收入则是单个消费者或家庭消费结构的决定性因素。

德国经济学家和统计学家恩斯特·恩格尔在1857年通过对英国、法国、德国、比利时等国不同收入家庭的调查，发现了关于家庭收入变化与各种支出之间比例关系的规律性，提出了著名的恩格尔定律。

恩格尔定律：如果需求函数中的其他因素不变，随着收入的提高，食品支出占收入的比重会不断减小。

恩格尔系数：食物消费支出占总收入的比例。

按照恩格尔定律，食物支出占家庭总收入的比重是衡量一个国家、一个地区、一个城市、一个家庭生活水平高低的标准。恩格尔系数越小表明生活越富裕，越大则表示生活水平越低。

联合国为了衡量世界各国富裕程度，曾规定：恩格尔系数在59%以上为绝对贫困；50%~59%为勉强度日；40%~50%为小康水平；20%~40%为富裕；20%以下为最富裕。

消费者支出模式除了主要受消费者收入的影响外，家庭生命周期阶段和家庭所在地点的不同也会造成不同的消费结构。

一个家庭的新婚阶段是家用电器、家具等耐用品的需求旺盛期；家庭中有了孩子，消费支出的重心便转移到孩子的需求上，家庭收入的很大比重都用于孩子的食品、服装、教育和文娱等方面；待到孩子长大成人、独立生活后，父母的消费多用于医疗、保健、旅游等方面。家庭由于所在地点不同，其开支也不一样，比较居住在城市中心和郊区的家庭，会发现他们在交通、住房和食品等方面有不同的支出比例。

5. 消费者储蓄和信贷

消费者的储蓄额占总收入的比重也影响实际购买力。一般说来，储蓄意味着推迟了的购买力，当收入一定时，储蓄量越大，现实支出数量就越小，但潜在购买力越强；储蓄量越小，现实支出数量就越大，现实购买力就越强，给企业提供的市场机会就越多，但潜在购买力越小。

企业营销人员应当全面了解消费者的储蓄情况，尤其是要了解消费者储蓄目的的差异。储蓄目的不同，往往影响到潜在需求量、消费模式、消费内容、消费发展方向。这就要求企业营销人员在调查、了解储蓄动机与目的的基础上，制定不同的营销策略，为消费者提供有效的产品和劳务。

消费信贷是一个经济杠杆，可以调节积累与消费、供给与需求之间的矛盾。当生活资料供大于求时，可以发放消费信贷，刺激需求；当生活资料供不应求时，收缩消费信贷，适当抑制、减少需求。消费信贷也把资金投向需要发展的产业，刺激这些产业的生产，从而带动相关产业和产品的发展。

（三）政治法律环境

政治法律环境是指一个国家或地区的政治制度、体制、方针政策、法律法规等方面。这些因素常常制约、影响企业的经营行为，尤其是影响企业较长期的投资行为。

1. 政治环境分析

政治环境是指企业市场营销活动的外部政治形势。一个国家的政局稳定与否，会给企业营销活动带来重大的影响。如果政局稳定，人民安居乐业，就会给企业营销营造良好的环境。相反，政局不稳，社会矛盾尖锐，秩序混乱，就会影响经济发展和市场的稳定。企业在市场营销中，特别是在对外贸易活动中，一定要考虑社会稳定情况可能造成的影响。

政治环境对企业营销活动的影响主要表现为国家或政府所制定的方针政策，如人口政策、能源政策、物价政策、财政政策、货币政策等，都会对企业营销活动带来影响。

国家通过降低利率来刺激消费的增长；通过征收个人收入所得税来调节消费者收入的差异；通过增加产品税等来抑制人们的消费需求。

案例 2-2-2

海门市皇冠婚姻介绍所利用军徽和军人形象开展婚介服务广告案

南通市海门区市场监管局根据市局广告监测线索发现，海门市皇冠婚姻介绍所涉嫌在网站中，利用军人形象和军徽，开展婚介服务商业广告宣传。海门区市场监管局前往涉事营业场所进一步检查发现，当事人在其婚介网站中，发布涉及海、陆、空军军人形象，以及配有全国军人婚恋义务服务站字样和图形为“八一”的涉军徽图样内容。因当事人的行为违反了《广告法》第九条第一项规定，2021 年 6 月，南通市海门区市场监管局责令其停止发布违法广告，并处罚款 1 万元。

军徽是中国人民解放军的象征和标志。军人是国家的武装力量，代表着国家的形象。在中国，广大群众对军队和军人群体有着深厚感情和充分信任。利用军人这个特殊群体开展商业营销宣传，既有损军队整体形象，更容易误导消费者，理应受到法律惩治。

（资料来源：中国质量新闻网）

案例 2-2-3

节能补贴政策引发的消费热潮

中国之声“新闻纵横”今日关注，本月底节能补贴政策即将到期。这周末，各大家电卖场异常火爆。“巅峰时刻，见证奇迹仅此一天”，“厂家补贴+国家政策补贴+卖场补贴，三重优惠补贴，最高优惠力度达到 30%。”各大卖场使出浑身解数宣传。

卖场宣传力度空前，吸引了很多消费者赶搭政策的末班车。同时，这是继家电下乡、家电以旧换新政策之后，家电市场再次迎来周期性政策的消费热潮。那么，给市场带来巨大活力的家电补贴政策能否延续？

“高效节能补贴末班车，价格跌破……”在北京某大型家电卖场，各种品牌的冰箱、洗衣机、空调、平板电视等节能电器都贴有优惠补贴的标签。商场负责人说，虽然距离传统消费旺季还有一段时间，但是家电销量已经提前进入高峰。彩电和空调的环比增长幅度比较大，尤其是彩电。但是还是能够明显地感觉出来，环比增长幅度都是在50%以上。引爆消费热情的是节能补贴政策即将结束。从去年6月开始，国家启动惠民补贴政策，消费者购买包括电冰箱、洗衣机、空调等在内的五大类节能产品，将获得最高400元的财政补贴。

补贴政策进入倒计时，卖场、厂家也搭上了节能惠民的末班车。各种配套优惠政策，赚足了眼球。“国家政策补贴+厂家补贴+卖场补贴”，是很多卖场推出的组合套餐，最优惠力度达到30%。个别产品甚至累计补贴近2000元。在美菱电器的柜台前，相关人员正在介绍节能产品的优点：“这款产品的能效是一级，一个制冷季下来，其耗电量约是376度；与普通空调相比，能节省约1/3电量，也就是130度电。按照目前的市场价（每度电是0.55元）来计算，电费大概是70元人民币，而且购买这款空调的时候还可以享受到300元补贴。”

相关统计数据显示，2012年节能惠民补贴政策带动3270多万台高效节能家电的推广，拉动了消费者需求（超过1100亿元）。在政策导向下，国内大型家电企业纷纷抢占节能环保市场的新高地。如美菱在环保节能冰箱领域进行60万台的产能扩张，进一步扩大了美菱在绿色环保产品上的影响力；长虹空调全面停产三级能效产品，保证一级能效产品的充足供应。

（资料来源：http：//news.enorth.com.cn/system/2013/05/19/010971678.shtml）

2. 法律环境分析

法律环境是指国家或地方政府所颁布的各项法规、法令和条例等，它是企业营销活动的准则，企业只有依法进行各种营销活动，才能得到国家法律的有效保护。近年来，为适应经济体制改革和对外开放的需要，我国陆续制定和颁布了一系列法律法规，例如《中华人民共和国产品质量法》《中华人民共和国合伙企业法》《中华人民共和国合同法》《中华人民共和国商标法》《中华人民共和国专利法》《中华人民共和国广告法》《中华人民共和国食品安全法》《中华人民共和国环境保护法》《中华人民共和国反不正当竞争法》《中华人民共和国消费者权益保护法》《中华人民共和国进出口商品检验法实施条例》等。企业的营销管理者必须熟知有关的法律条文，才能保证企业经营的合法性，运用法律武器来保护企业与消费者的合法权益。

市场经济是法制经济，我国政府非常重视法制建设，法令、法规、条例特别是有关经济的立法不断出台。

案例 2-2-4

百事公司进入印度

20世纪70年代后期，可口可乐公司和百事可乐公司相继去印度开拓市场。最初，印度政府拒绝两大公司的进入，以保护本国的饮料市场。之后，印度政府提出，若要进入，就必须接受一些附加条件，如规定产品的出口份额。可口可乐公司毫不犹豫地拒绝了这些条件，给印度人民留下了极坏印象。

百事可乐公司态度好，他们答应了印度政府的三个条件：①保证生产产品就地取材，如所需的水果和蔬菜等，以扶持当地的农副产业；②工厂建好后，将全部雇佣当地的工人，为印度人民提供就业机会；③50%的产品用来出口，为印度创造外汇收入。

（资料来源：http：//www. docin. com/p-852855304. html）

（四）自然环境

案例 2-2-5

康师傅：国内首推无标签 PET 瓶包装

2022 年 2 月，康师傅推出了国内首款主打低碳概念的无标签饮品，康师傅冰红茶和康师傅无糖冰红茶这两种产品的瓶身采用的是无标签瓶身，其售价与传统款产品一致，但仅按箱销售，为了让消费者方便单瓶饮用，其瓶身采用了激光打印技术标识了产品名称以及保质期等信息，无标签包装可以减少 PVC 垃圾的产生，是相对环保的方式，这种低碳环保生活理念获得了消费者的认同。

（资料来源：百度生活中有哪些绿色营销例子？-8848SEO）

自然环境主要指营销者所需要的或受营销活动所影响的自然资源，如阳光、空气、水、森林、土地等。人类只有一个地球，自然环境的破坏往往是不可弥补的。

1. 自然环境的主要动向

（1）某些自然资源短缺或即将短缺。

（2）环境污染程度日益增加。

（3）许多国家政府对自然资源管理的干预日益加强。

2. 自然资源短缺条件下企业的营销对策

（1）寻找代用品

当某种资源供给远未耗尽之前，通过进步的科学技术将人们的需求引到新的替代资源上，这是解决问题的重要途径。在钢铁生产上，钴的使用在某种程度上已被镍取代；在输电方面，以铝代铜越来越普遍。

（2）节约能源和降低原材料消耗以降低产品成本

目前，为节约用水，我国一些大城市已关闭许多洗车行业或用替代品洗车；为节约能源，使用天然气替代传统的汽油来作为新的汽车燃料。

（3）加强“三废”的综合利用

我国虽是一个化工生产大国，但却不是化工技术强国。由于工艺技术及装备等仍落后于国际先进水平，我国的化工行业不仅是耗能大户，也是污染大户。据初步统计，我国石油和化学工业“三废”综合利用年产值目前已达 62 亿元，其中固体废弃物年综合利用量为 5975 万吨（达 75%以上）。

（4）利用价格机制促进资源的合理利用

在商品经济中，如果某种特定资源供不应求，它的价格就要上涨。一方面，刺激资源开发，增加供给；另一方面，鼓励节约用料或寻找代用原料。

在资源利用上一定要把价格作为反映资源稀缺的灵敏信号，使企业在价值规律的作用下合理开发和利用资源。我国能源和其他资源的严重浪费，与价格机制不灵的关系极大。

（5）材料的利用可向轻质、高强度、多功能的目标发展

为满足人们对住宅建筑多功能的需要，就要大力发展轻质、隔热、隔音、保温、节能的新兴建材及多功能的复合材料。

为改变把玻璃作为单一采光材料的状况，就要发展中空、夹层、镀膜、吸热、光致变色等多功能玻璃，这些都为企业提供了良好的营销机会。

3. 绿色营销

绿色营销的兴起源于生态环境的不断恶化和消费者环保意识的不断增强。企业开展绿色营销，使产品从生产到消费的全过程实现无污染，不仅会因此树立良好的社会形象，而且会取得一定的竞争优势。因此，现代企业开展绿色营销是一个双赢的决策。

所谓绿色营销，是指企业在生产经营过程中，将企业自身利益、消费者利益和环境保护三者统一起来，以此为中心，对产品和服务进行构思、设计、销售和制造。

从世界范围看，环保意识与营销观念结合所形成的绿色市场营销观念，正成为 21 世纪市场营销的主流。开发绿色产品、争取绿色标志、传播绿色文明将成为企业绿色营销活动的主要内容。

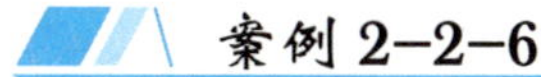

案例 2-2-6

德尔菲气象定律

德尔菲气象定律指出，气象投入与产出比为 1：98，即企业在气象预测上每投资 1 元，可以得到 98 元的经济回报。气象资料的搜集和利用已成为世界上很多企业不可或缺的经营依据。精明的日本人做过天气对超市客流量影响的统计后，总是将内部调整工作安排在阴雨天，并提前做好换季商品的抛售。而在我国，气象信息蕴涵的商业价值还没有引起足够的重视。

据国家气象中心介绍，从 2001 年 10 月份开始我国已有数百家企业在该台接受了专业的气象服务，其中包括海尔、格力等知名企业。1997 年，全球发生百年来最强的“厄尔尼诺”现象，当年夏天，我国北方遭遇几十年来不遇的高温，市场出现空调供不应求的局面。在其他公司还未来得及准备的情况下，海尔却提前开足马力生产空调，一举拿下北方的空调市场。

（资料来源：https：//baike. so. com/doc/7547811-7821904. html）

案例 2-2-7

海尔“整套低碳精品，引领绿色生活潮流”

绿色、健康、低碳、节能成了当代家电消费的高频词。海尔在上海世博会期间全面推

出的50多款低碳精品，都“贴”上了绿色的标签：卡萨帝复式大滚筒，真正实现了静音洗衣；变频空调不用氟利昂，攻占无氟变频空调能效之巅；采用无极变频技术的卡萨帝冰箱，日耗电量仅为0.78度，是目前唯一达到新1级能效标准的多门冰箱，同时也是世界上最节能的冰箱；3D电热水器可以按用水量加热；还有太阳能热水器……海尔不仅仅局限于生产某一款绿色产品，而且通过打造整套的绿色产品理念，为全球消费者提供了超值的绿色物联生活解决方案。“贴近用户进行创新”，以解决方案满足消费者需求的理念，全方位践行绿色世博的宗旨。

（资料来源：百度文库，海尔绿色营销案例，摘录。）

（五）技术环境

1. 新技术带来新的市场机会

科学技术是社会生产力的新的和最活跃的因素，作为营销环境的一部分，科技环境不仅直接影响企业内部的生产和经营，还同时与其他环境因素相互依赖、相互作用。

新技术革命，既给企业市场营销造就了机会，又带来了威胁。企业的机会在于寻找或利用新的技术，满足新的需求，而它面临的威胁则可能来自两个方面：一方面，新技术的出现，使企业现有产品变得陈旧；另一方面，新技术改变了企业人员原有的价值观。

电视机的出现，对收音机产业造成威胁，对电影院的冲击则更为明显。据美国《设计新闻》报道，由于国内大量启用自动化设备和采用新技术，将出现许多新的行业，包括技术培训、工具维修、电脑教育、信息处理、自动化控制等。

2. 新技术引起企业市场营销策略的变化

（1）产品策略——由于科技迅速发展，新产品开发周期大大缩短，产品更新换代速度加快。因此，开发新产品是企业开拓市场和发展的根本条件。

激光唱盘技术夺走了磁带市场；复印机伤害了复写纸行业。

（2）分销策略——科技的进步，使得人们的生活方式、兴趣、思想等的差异性日益扩大，自我意识的观念日益加强。

在分销渠道的选择上，大量特色商店和自我服务的商店不断涌现（个性空间）；从传统的人员推销方式演变为自我服务方式（超市、自助餐）；现代企业的实体分配已不是以工厂为出发点，而是以市场为出发点（消费者需求）。

（3）价格策略——新科技的发展，一方面降低了产品生产成本，使产品价格下降；另一方面可通过信息技术，运用价值规律、供求规律、竞争规律来制定和修改价格策略。

（4）促销策略——科技发展引起了促销方式的多样化，尤其是广告媒体的多样化和广告宣传方式的复杂化。

人造卫星成为全球范围内的信息沟通手段；传真电视电话成为企业与顾客接触的有效广告媒体；电视购物与网上购物正在发展与普及。

案例 2-2-8

海尔环保双动力洗衣机

由海尔集团自主研究开发的首台不用洗衣粉的环保双动力洗衣机，以高质量、性能优越和低污染排放、保护生态环境、不损害人体健康等特点，使海尔集团成了在家电行业首家也是唯一一家通过中国环境保护产业协会《绿色之星》产品验证，并获得中国环境保护专用标识使用权的企业。这款洗衣机的洗净比例比普通洗衣机高25%，同时，还有杀菌作用。因为不用洗衣粉，海尔环保双动力使洗完后的衣服无洗衣粉残留，尤其适合皮肤娇嫩的宝宝的衣物洗涤。由于集合了不污染水体、健康、环保、经济等优点，海尔环保双动力洗衣机上市后，便受到了消费者的青睐。业内人士和环保专家也认为该产品非常具有推广价值。

（资料来源：https：//www. docin. com/p-2153229163. html）

3. 现代技术的发展趋势

（1）技术变革加速。许多新技术、新发明层出不穷并迅速普及，使得产品生命周期缩短。

（2）创新机会无穷。科学家们所从事的技术研究范围极广，凡是人们所需要的产品和劳务，总有源源不断的构思出现，并很快在技术上取得进步。

（3）研究与开发预算剧增。研发费用与盈利关系密切。

（4）技术革新的法规不断增多。如美国联邦食品与药物管理局颁布了新药试验的详细规定，结果使企业的研究成本上升，产品从构思到推出的时间间隔由5年延长到10年。

案例 2-2-9

互联网的发展与应用

互联网的普及改变了市场运作方法。人们可以通过互联网足不出户选购商品，进行协同工作，体验虚拟的网络生活。

精明的商家利用互联网络宣传自己的公司和产品，提供在线销售，技术支持和服务。利用互联网进行商务活动的电子商务昭示了未来商务的无限机遇，同时也对企业的经营模式提出了前所未有的挑战。垄断、分别定价、大规模广告攻势等传统的经营模式已经不能适应开放、平等、自由的网络空间乃至实现空间。企业必须迅速做出调整，适应电子商务时代的要求，才能在这场席卷全球的革命中求得生存和发展。

电子商务，是指在互联网上进行的商务活动。从狭义上看，电子商务也就是电子交易，主要指利用Web提供的通信手段在网上进行交易活动，包括通过Internet买卖产品和提供服务。而从广义上讲，电子商务还包括企业内部商务活动，如生产、管理、财务等以及企业间的商务活动，它不仅是硬件和软件的结合，更是把买家、卖家、厂家和合作伙伴在Internet和Extranet上利用Internet技术与现有的系统结合起来进行业条的活动。在数字化、网络化与信息化的时代中，电子商务正以不可抵挡的势头在全世界范围内普及和发展。预示了国际市场营销的十大新趋势。

1. 互联网成为消费者搜索商品信息的主要途径。

2. 消费者购买商品过程更多的是一种“体验”过程。

3. 大多数公司已经利用建立起的专门客户的基本材料库向个别客户提供“大批按要求定做的”商品。

4. 出色的服务是赢得顾客最重要的竞争手段。

5. 公司更加专注于关键客户的营销。

6. 许多公司已经开始具有为客户终生服务的思想，网络作为一种低成本，快捷，双向式的沟通与跟踪方式，成为这种思想的具体实践。

7. 大多数公司通过合作联盟等策略分享资源，从中获得最大收益。

8. 越来越多的销售人员完全通过计算机屏幕等电子方式与顾客交流沟通。

9. 互联网广告大行其道。

从以上变化趋势可以看出，在网络全球化的热潮一浪高过一浪的今天，企业市场营销并不是一成不变，而是与时俱进，不断推陈出新。利用网络信息的技术优势开拓市场已成了企业电子商务活动中最具有创新活力的领域。

（资料来源：http：//www. taodocs. com）

（六）社会文化环境

社会文化环境，主要是指一个国家、地区或民族的传统文化，如风俗习惯、伦理道德观念、价值观念等。

社会文化作为人们的一种适合本民族、本地区、本阶层的是非观念，强烈影响着消费者的购买行为，使生活在同一社会文化范围内的各成员的个性具有相同的方面，它使购买行为具有习惯性和相对稳定性。企业的市场营销人员应分析和了解社会文化环境，以针对不同的文化环境制定不同的营销策略。

例如，中国人的春节和西方人的圣诞节是有着两种不同文化背景的消费高峰期，不同的节日风俗使他们的节日消费各具特色。另外，营销者本身也深受文化的影响，表现出不同的经商习惯和风格。

任何企业都处于一定的社会文化环境中，企业营销活动必然受所在社会文化环境的影响和制约。为此，企业应分析和了解社会文化环境，针对不同的文化环境制定不同的营销策略，组织不同的营销活动。

企业营销对社会文化环境的研究一般从以下几个方面入手：

1. 教育状况

受教育程度的高低，影响到消费者对商品功能、款式、包装和服务要求的差异性。通常，文化教育水平高的国家或地区的消费者要求商品包装典雅华贵，且具有一定的附加功能。因此，企业在营销时开展的市场开发、产品定价和促销等活动都要考虑消费者所受教育程度的高低，以采取不同的策略。

2. 宗教信仰

宗教信仰对市场营销活动也有一定影响，特别是在一些信仰宗教的国家和地区，其影响更是不可低估。每一种宗教都有自己的教义，每一个教徒都有自己的信仰和禁忌。市场营销必须尊重教徒的信仰，不能触犯其宗教禁忌。

案例 2-2-10

麦当劳在印度的遭遇

麦当劳因为被指控其出售的薯条在炸制的过程中使用了牛油，在印度被告上了法庭。在印度教中，牛是湿婆大神的坐骑，神圣无比。牛被印度教徒当作“母亲”。杀牛、吃牛都是对印度教徒的亵渎。在法庭辩论时，麦当劳公司承认的确在炸制薯条时用了一点点牛油。消息传出，立刻在印度引起了强烈的抗议。示威者包围了麦当劳在新德里的总部，向麦当劳餐厅投掷牛粪，并洗劫了一家麦当劳连锁店，要求关闭印度国内所有的麦当劳连锁店。

（资料来源：https：//news. sohu. com/10/75/news145097510. shtml）

3. 价值观念

价值观念是指生活在某一社会环境下的多数人对事物的普遍态度、看法或评价。一般而言，生活在相同的社会环境中，人们的价值观念就相近；相反，生活在不同的环境中，人们的价值观念就不同。消费者对商品的需求和购买行为深受价值观念的影响，对于不同价值观念的消费群体，市场营销就应该采取不同的策略。如对于乐于变革、喜欢猎奇、富有冒险精神的消费者，应重点强调产品的新颖和奇特；而对一些注重传统、喜欢沿袭传统消费方式的消费者，企业在制定促销策略时最好把产品和目标市场的文化传统联系起来。

4. 消费习俗

消费习俗是指人们在长期的经济与社会活动中形成的一种消费方式与习惯。不同的消费习俗，具有不同的商品要求。研究消费习俗，不仅有利于组织好消费用品的生产与销售，而且有利于正确、主动地引导健康的消费。了解目标市场消费者的禁忌、习惯、避讳等是企业进行市场营销的重要前提。

在一定的文化传统影响下，人们形成一定的风俗习惯。它在饮食、服饰、居住、婚丧、节日、人际关系等方面，都表现出独特的心理特征、道德伦理、行为方式和生活习惯。例如，我国壮族（偏僻山区）忌吃牛肉，土家族（如湖北西部）忌吃狗肉，回族忌吃猪肉，羌族（产妇）禁食马肉，蒙古族忌吃虾、蟹、鱼、海产品等。中国有句古语：“入境而问禁，入国而问俗，入门而问讳。”了解目标市场消费者的禁忌、习俗、避讳、信仰、伦理等，是企业开展市场营销活动的重要前提。所以，营销人员必须分析和了解目标市场的历史传统和风俗习惯，因为这是市场定位和营销策略组合的基础。

案例 2-2-11

可口可乐的文化融合

“可口可乐”已连续多年高居世界最有价值品牌榜首，其成功之处就是善于把当地文化融合到公司的经营管理中，使产品创新、品牌创立、市场营销等方面更加本土化，从而消除文化障碍，实现消费认同与市场开拓。可口可乐进入我国市场时，起初将名字翻译成“可渴可蜡”，后来改为“可口可乐”，仅从字面上，“可口可乐”就赢得了我国消费者的好感，使它在我国市场的销售如日中天。例如，可口可乐在我国推出的十二生肖产品包装、“大阿福”贺岁包装、“阿福”小姐妹贺岁广告等营销方式完全符合我国文化风情，产品自然深受消费者喜爱。

（资料来源：https：//wenku. baidu. com/view/c4aa1c5daaea998fcc220ef0. html）

5. 审美观念

审美观念指人们对事物的好坏、美丑、善恶的评价。不同的国家、民族、宗教、阶层和个人，往往因为社会文化背景不同，其审美标准也不尽一致。如中国妇女喜欢把装饰物品佩戴在耳朵、脖子、手指上，而印度妇女却喜欢在鼻子上、脚踝上佩戴各种饰物。人们在市场上挑选、购买商品的过程，实际上也就是一次审美活动过程。近年来，我国人民的审美观念随着物质文化水平的提高，发生了明显的变化。

追求健康的美。体育用品和运动服装的需求量呈上升趋势。

追求形式的美。服装市场的异军突起，不仅美化了人们的生活，更重要的是迎合了消费者的求美心愿。在服装样式上，青年人摒弃了过去那种多层次、多线条、重叠反复的造型，追求强烈的时代感，由对称转为不对称，由灰暗色调转为鲜艳、明快、富有活力的色调。

追求环境美。消费者对环境的美感体验，在购买活动中表现得最为明显。

在研究社会文化环境时，还要重视亚文化群对消费需求的影响。每一种社会文化的内部都包含若干亚文化群。因此，企业市场营销人员在进行社会和文化环境分析时，可以把每一个亚文化群视为一个细分市场，生产经营适销对路的产品，满足顾客需求。

6. 语言文字

语言文字是文化构成的要素之一，是人类进行交流的基本工具。不同国家、不同地区、不同民族往往有自己独特的语言文字，即使是同一个国家或地区，其语言文字也不可能完全相同。所以企业在进入一个新的市场时，必须考虑语言文字的运用。

案例 2-2-12

语言文字的艺术

把一种语言准确无误地翻译成另一种语言，这是语言转换的基本要求。但如果广告文案人员不了解别国的文化背景，也容易引起误解和嘲弄。可口可乐进入中国市场时，先根据 CocaCola 的英文发音，译成中文为“可渴可蜡”。产品投放中国市场后，销量很低，因为谁也不愿意“口渴时喝一口蜡”。在精通英文的中国专家的帮助下，改译为“可口可乐”，这种翻译音准意佳，博得人们的喜爱。另外，像日本的佳能（Canon）相机、德国的奔驰（Mercedes）轿车等都是绝妙的译法。

（资料来源：https：//www. jinchutou. com/p-127454755. html）

三、市场营销微观环境分析

市场营销微观环境指对企业服务其目标市场的营销能力构成直接影响的各种力量，包括企业内部环境及其营销渠道企业、目标顾客、竞争者和公众等与企业具体业务密切相关的个人和组织。它是企业与宏观营销环境的中间环境。市场营销微观环境对企业的影响虽然不像宏观环境那样全面和广泛，但它的影响却是更迅速和直接的。一般来讲，在一定范围内，任何企业的宏观营销环境是相同的，而微观营销环境则是不完全相同的。

"供应商—企业—营销中介—顾客"是企业核心营销环境系统。同时，企业营销是否成功，还受政府、大众传媒、竞争者等的影响，它们共同构成企业营销直接环境的全部内容。

（一）企业内部环境

企业是组织生产和经营的经济单位，是一个复杂的整体，内部除市场营销部门外，还包括最高管理层和其他职能部门，如生产制造部门、采购供应部门、研究开发部门及财务部门等。这些部门各自独立完成自己的工作，但又与其他部门发生联系，他们一同在最高管理层的领导下，为实现企业目标共同努力着，体现了企业的整体性、系统性和相关性。正是企业内部的这些力量，才构成了企业内部营销环境。而市场营销部门在制定营销计划和决策时，不仅要考虑到企业外部的环境力量，而且要考虑到企业内部其他部门的意见，处理好同其他部门的关系。

在现代市场经济条件下，营销部门的作用十分重要，它的工作顺利与否可以左右整个企业。但在实际工作中，营销部门经常会与一些部门发生矛盾，由于各自的工作重点不同，这种矛盾往往难以协调。一般说来，财务部门负责解决实施营销计划所需的资金来源，并将资金在各产品、各品牌或各种营销活动中进行分配；会计部门则负责成本与收益的核算，帮助营销部门了解企业利润目标实现的状况；研究开发部门在研究和开发新产品方面给营销部门以有力支持；采购部门则在获得足够的和合适的原料或其他生产性投入方面担当重要责任；而制造部门的批量生产则保证了适时地向市场提供产品。因此，企业在营销中，必须处理好企业内部各种关系和矛盾。根据国内外经验，处理好企业内部各种关系和矛盾，可以有两个基本途径：一是通过建立独立的现代销售公司，全面负责协调企业营销出现的一切矛盾，如江苏春兰集团在企业发展到一定阶段后，把原来的销售部门分离出来，成立了专门的销售公司，全面处理营销中出现的问题，不仅提高了效率，还促进了企业的全面发展；二是企业委派具有强烈市场信息观念和竞争意识的厂长或经理分管销售工作，全权负责处理和协调企业内部销售和其他部门之间的关系。一个企业如果能处理好上述关系，则企业营销活动必然会获得成功。

（二）供应商

供应商是向企业提供生产产品和服务所需资源的企业或个人，包括提供原材料、零配件、设备、能源、劳务及其他用品。

1. 供应商对企业营销活动的影响

企业要从事生产和经营活动，没有原材料、资金、能源、人力、设备等资源的输入是无法正常运转的。所以，供应商是营销直接环境的重要因素。供应商对企业营销活动的影响主要体现在以下几个方面：

（1）供货的及时性和稳定性。现代市场经济中，市场需求千变万化且变化迅速，企业必须针对瞬息万变的市场及时调整计划，而这一调整又需要及时地提供相应的生产资料，否则，这一调整只是一句空话。企业为了在时间上和连续性上保证得到适当的货源，就应该和供应商保持良好的关系。例如，非典中的板蓝根。

（2）供货的质量水平。任何企业生产的产品质量，除了要实行严格的管理外，与供应商供应的生产资料本身的质量好坏也有密切的关系。当然，供货的质量还包括各种服务，尤其是一些机器设备的供应，如果没有配套的服务（如装备、调试、零部件供应等），供货的质量就成了空话。

（3）供货的价格水平。供货的价格直接影响到产品的成本，最终会影响到产品在市场上的竞争能力。企业在营销中应密切注意供货价格的变动趋势，特别是要密切注意构成产品重要部分的原材料和零部件的变化。

2. 企业对供应商的协调

（1）树立“非零博弈”观念。现代社会经济交往的主要原则是“双赢原则”，即通过互惠互利的交往，交易双方均是胜利者。企业和供应商虽有竞争的关系，但更应该是合作伙伴，更应注意建立长期的稳定的伙伴关系和供应链，使外部交易成本下降，避免两败俱伤。

（2）加强双向信息沟通。处理与供应商关系的重要手段是加强信息沟通。企业应及时将自身经营状况、产品调整情况、对供应货物的要求（价格、供货期限、质量要求等）等信息告诉供应商，以便协调双方立场。

（3）对供应商进行分类管理。根据供应商供应货物的重要程度、稀缺程度、供应量大小等标准划分等级，以便重点协调，兼顾一般。

（4）使供应商多样化。企业过分依赖一个或几个供应商，不仅会影响企业的正常经营运作，也会加大供应商的砍价能力。为此，企业应使供应商多样化，使企业始终处在一个有利的位置。当然，在确定这一原则时还必须与一些主要供应商保持良好关系，处理好多样化和特殊性的关系。

（三）营销中介

营销中介是指为企业营销活动提供各种服务的企业的总称。任何企业的营销活动都离不开营销中介。有了营销中介提供的服务，企业的产品才能顺利地到达目标消费者手中，所以营销中介对企业营销活动产生直接的影响。

1. 中间商

包括商人中间商和代理中间商。

商人中间商又称经销商，如批发商、零售商。他们购买产品，拥有商品所有权，然后再出售商品。

代理中间商，也叫经纪人、代理商和生产商代表。他们专门介绍客户，和客户磋商交易合同，但并不拥有商品所有权。

中间商是联系生产者和消费者的桥梁，他们直接和消费者打交道，协调生产厂商与消费者之间存在的有关数量、地点、时间、品种以及持有方式之间的矛盾。因此，他们的工作效率和服务质量就直接影响到企业产品的销售状况。

2. 实体分配公司

主要指协助厂商储存并把货物运送至目的地的仓储公司、汽车运输公司等。

实体分配单位的作用在于使市场营销渠道中的物流畅通无阻，为企业创造时间和空间效益。近年来，随着仓储和运输手段的现代化，实体分配单位的功能越发明显和重要。

3. 营销服务机构

指协助生产企业开拓产品的市场与销售推广的服务公司。如广告代理、营销咨询等。

尽管有些企业自己设有相关的部门或配备了专业人员，但大部分企业还是与专业的营销服务机构以合同委托的方式获得这些服务。企业往往通过比较各服务机构的服务特色、质量和价格，来选择最适合自己的有效服务。

4. 财务中间机构

协助厂商融资或分担货物购销储运风险的机构，如银行、保险公司等。在现代社会，几乎每一个企业都与金融机构有一定的业务往来。企业的信贷来源、银行的贷款利率和保险公司的保费变动无一不对企业市场营销活动产生直接的影响。

（四）目标顾客

顾客在这里不仅仅指生活资料消费者，也包括生产资料消费者；既包括物质产品消费者，也包括精神产品的消费者；不仅仅指个体消费者，也包括集体消费者。因而，我们可以把“顾客”定义为：使用进入消费领域产品和服务的消费者和生产者。对于一个企业而言，顾客就是营销活动的目标市场，其影响程度远超过前两个方面，因为失去了顾客就意味着失去了市场，赢得了顾客就赢得了市场。

顾客关系是企业与本企业产品或服务的购买者、消费者之间的关系。在现代社会，顾客关系的对象是广义的，包括一切物质产品、文化产品及服务的购买者、消费者。处理好与顾客的关系是重要的，因为在商品经济条件下，顾客就是企业的市场，市场导向实质上就是顾客导向。只有在顾客心目中树立良好的形象，企业的生存和发展才有了保证。正是从这个意义上，我们才讲“顾客是上帝”。

（五）竞争者

小故事：两个人在森林里，突然，一只猛虎呼啸而来。甲赶紧从包里取出一双轻便的运动鞋换上，乙见状，急忙吼道：“赶快想办法逃命，你以为你穿上运动鞋就可以跑过老虎啊？”甲说：“我只要跑得比你快就有希望。”

竞争是商品经济的必然现象。在商品经济条件下，任何企业在目标市场进行营销活动时，不可避免地会遇到竞争对手的挑战。在健全的市场环境中，一个企业不可能长期垄断一个市场。因而，竞争对手的营销策略及营销活动（如价格、广告宣传、促销手段变化、新产品开发、销售服务等）都将直接对企业造成威胁。为此，企业不能放松对竞争对手的观察，并应及时采取对策。

竞争者分析的内容主要包括：行业内竞争企业的数量，竞争企业的规模和能力，竞争企业对竞争产品的依赖程度，竞争企业所采取的营销策略，竞争企业供应渠道及销售渠道等。

竞争者可分为以下四类。

1. 愿望竞争者

愿望竞争者指提供不同产品、满足不同需求的竞争者。对彩电制造商而言，生产家庭音响、个人电脑、家用空调等不同产品的厂家就是愿望竞争者。因为在购买力有限的情况下，消费者不可能同时购买诸多的大件产品。所以这种竞争的关键在于采取积极有效的促销手段，吸引消费者。

2. 平行竞争者

平行竞争指满足同一种需求的不同产品的生产厂商之间的竞争。例如，为满足顾客对交通工具的需求，家用轿车、摩托车、自行车等生产厂家之间就形成了平行竞争的关系。

3. 产品形式竞争者

产品形式竞争者指满足同一种需求的产品的各种形式之间的竞争。以近视镜为例，它的基本功能是使近视患者“恢复”正常视力，但满足这一需求的产品有各种各样的形式，如普通眼镜、高档眼镜、隐形眼镜、特殊材质眼镜等。除了矫正视力的功能外，有些眼镜还有遮阳、装饰、娱乐等特殊功能，这就是产品形式的竞争。

4. 品牌竞争者

品牌竞争是指满足同一种需求的同种形式产品的不同品牌之间的竞争。例如，主打农村市场的 21 英寸彩电品牌有长虹、创维、康佳、海尔、海信等。

案例 2-2-13

真正的竞争者

纳爱斯、奇强等清洁剂制造商对“超声波洗衣机”的研究惶恐不安。如果此项研究成功的话，该类洗衣机将无须清洁剂。可见，对清洁剂行业而言，更大的威胁可能来自超声波洗衣机。

柯达公司，在胶卷业一直担心崛起的竞争者——日本富士公司。但柯达面临的更大威胁是当前广泛使用的数码相机。由佳能和索尼公司销售的数码相机能在电视上展现画面，可转录入软盘。可见，对胶卷业而言，更大的威胁是来自数码相机。

（资料来源：https：//max. book118. com/html/2017/0530/110314908. shtm）

（六）公众

公众指对企业实现其市场营销目标的能力有着实际或潜在影响的群体。

公众可能有助于增强一个企业实现目标的能力，也有可能妨碍这种能力。

有时候公众的态度会直接影响企业的营销。因此，企业成功地处理好与公众的关系是很重要的。

公众包括：

（1）金融公众，即影响企业取得资金能力的任何集团，如银行、投资公司等。

（2）媒体公众，即报纸、杂志、广播、电视、网络等具有广泛影响的大众媒体。

案例 2-2-14

北京长城饭店的成功营销

1984年4月，美国总统里根即将来华访问。刚刚开业不久的北京长城饭店认为这是天赐良机，决定利用这一机会扩大饭店的知名度。他们为此制定了详细的计划：一方面频频邀请美国驻华使馆官员来饭店参观、赴宴，反复向他们介绍饭店的服务及其设施；另一方面，热情接待外国记者的采访，为他们提供材料。经过卓有成效的努力，长城饭店终于争取到了举办里根总统的答谢宴会的机会。

长城饭店为什么这样重视里根总统访华？这不仅是为了想要利用里根的“名人效应”，而且跟随里根访华的美国记者就有300多人。4月28日，里根总统的答谢宴会如期举行，世界各地记者云集长城饭店，一份份电传发往五大洲每一个角落，“今天×时×分，美国总统里根在北京长城饭店举行盛大的访华答谢宴会”。美国三大电视台通过人造卫星向全世界直播招待会的盛况，一时间，长城饭店名扬四海。

（3）政府公众，即负责管理企业业务经营活动的有关政府机构。

（4）群众团体公众，即各种消费者权益保护组织、环境保护组织、少数民族组织等。

（5）地方公众，即企业附近的居民群众、地方官员等。

（6）一般公众，即并不购买企业产品，但深刻地影响着消费者对企业及其产品的看法的个人。

（7）内部公众，即企业内部全体员工。包括董事长、经理、管理人员和职工。一般大企业通常发行内部通信，以对员工起到沟通和激励作用。内部公众的态度影响企业的生产与销售，也会影响到外部社会上的公众。

案例 2-2-15

三菱人用三菱

20世纪70年代，日本三菱电器公司与松下、索尼公司几乎同时推出彩电，其价格、质量不相上下，但不久的调查表明三菱彩电市场占有率日趋下降。

公司经理为此十分忧虑。一次，公司经理在走访员工时找到了答案——原来员工家庭所用的彩电并非三菱牌，而是其他公司的。公司经理这才醒悟到，本公司有十几万员工，如果每位员工家有10位亲友来访，那么将影响上百万人。这些来访者看见三菱职工自己都不用三菱牌彩电，那谁还会有信心购买这种产品。

为扭转局面，公司在员工中开展“做三菱人，用三菱货”的宣传活动。渐渐地，由于多数职工换用了三菱牌彩电，公司状况也有了明显好转。

（资料来源：http：//www. ycwb. com/gb/content/2004-08/03/content_ 734973. htm）

四、营销环境分析

外部环境变化对任何一个企业产生的影响都可以从三个方面进行分析：一是对企业市场营销有利的因素，即它对企业市场营销来说是环境机会；二是对企业市场营销不利的因素，它是对企业市场营销的环境威胁；三是对该企业市场营销无影响的因素，企业可以把它视为中性因素。对机会和威胁，企业必须采取适当的应对措施，才能在环境变化中生存下来。

SWOT 分析法又称为态势分析法，它是由旧金山大学的管理学教授于 20 世纪 80 年代初提出来的，是一种能够较客观而准确地分析和研究一个单位现实情况的方法。SWOT 的四个英文字母分别代表：优势（strength）、劣势（weakness）、机会（opportunity）、威胁（threat）。

从整体上看，SWOT 可以分为两部分：第一部分为 SW，主要用来分析内部条件；第二部分为 OT，主要用来分析外部条件。利用这种方法可以从中找出对自己有利的、值得发扬的因素以及对自己不利的、要避开的东西，发现存在的问题，找出解决办法，并明确以后的发展方向。根据这个分析，可以将问题按轻重缓急分类，明确哪些是目前急需解决的问题，哪些是可以稍微拖后一点儿的事情，哪些属于战略目标上的障碍，哪些属于战术上的问题，并将这些研究对象列举出来，依照矩阵形式排列，然后用系统分析的思想，把各种因素相互匹配起来加以分析，从中得出一系列结论，而结论通常带有一定的决策性，有利于领导者和管理者做出较正确的决策和规划。

SWOT 分析法常常被用于制定集团发展战略和分析竞争对手情况，在战略分析中，它是最常用的方法之一。进行 SWOT 分析时，主要考虑以下几个方面的内容：

（一）分析环境因素

运用各种调查研究方法，分析影响公司的各种环境因素，即外部环境因素和内部能力因素。外部环境因素包括机会因素和威胁因素，它们是外部环境对公司的发展有直接影响的有利和不利因素，属于客观因素；内部环境因素包括优势因素和弱点因素，它们是公司在其发展中自身存在的积极和消极因素，属于主动因素，在调查分析这些因素时，不仅要考虑历史与现状，而且要考虑未来发展问题。

1. 竞争优势

竞争优势是一个企业超越其竞争对手的能力，或者指公司所特有的能提高公司竞争力的东西。可能的竞争优势体现在以下一些方面：

（1）技术技能优势，包括独特的生产技术、低成本生产方法、领先的革新能力、雄厚的技术实力、完善的质量控制体系、丰富的营销经验、上乘的客户服务、卓越的大规模采购技能。

（2）有形资产优势，包括先进的生产流水线、现代化车间和设备、丰富的自然资源储存、吸引人的不动产地点、充足的资金、完备的资料信息。

（3）无形资产优势，包括优秀的品牌形象、良好的商业信用、积极向上的公司文化。

（4）人力资源优势，包括在关键领域拥有专长的、积极上进的、有很强的组织学习能力、丰富的经验的职员。

（5）组织体系优势，包括高质量的控制体系、完善的信息管理系统、忠诚的顾客群、强大的融资能力。

（6）竞争能力优势，包括较短的产品开发周期、强大的经销商网络、与供应商有良好的伙伴关系、对市场环境变化的灵敏反应、市场份额的领导地位。

2. 竞争劣势

竞争劣势指某公司缺少或做得不好的东西，或指某种会使公司处于劣势的条件。可能导致内部劣势的因素体现在以下一些方面：

（1）缺乏具有竞争意义的技能技术。

（2）缺乏有竞争力的有形资产、无形资产、人力资源、组织资产。

（3）关键领域里的竞争能力正在丧失。

3. 公司面临的潜在机会

（1）客户群扩大或产品市场细分。

（2）技能技术向新产品、新业务转移，为更大的客户群服务。

（3）前向或后向整合。

（4）市场进入壁垒降低。

（5）获得购并竞争对手的能力。

（6）市场需求增长强劲，可快速扩张。

（7）出现向其他地理区域扩张、扩大市场份额的机会。

4. 危及公司的外部威胁

（1）出现将进入市场的强大的新竞争对手。

（2）替代品抢占公司销售额。

（3）主要产品的市场增长率下降。

（4）汇率和外贸政策的不利变动。

（5）人口特征、社会消费方式的不利变动。

（6）客户或供应商的谈判能力提高。

（7）市场需求减少。

（8）容易受到经济萧条和业务周期的冲击。

SWOT方法的优点在于考虑问题全面，是一种系统思维。另外，它可以把对问题的“诊断”和“开处方”紧密结合在一起，条理清楚，便于检验。

（二）构造SWOT矩阵

将调查得出的各种因素根据轻重缓急或影响程度等来排序，构造SWOT矩阵。在此过程中，将那些对公司发展有直接的、重要的、大量的、迫切的、久远的影响因素优先排列出来，而将那些间接的、次要的、少许的、不急的、短暂的影响因素排列在后面。

（三）制定行动计划

在完成环境因素分析和SWOT矩阵的构造后，便可以制定出相应的行动计划。制定计划的基本思路是：发挥优势因素，克服弱点因素；利用机会因素，化解威胁因素；考虑过去，立足当前，着眼未来。运用系统分析的综合分析方法，将排列与考虑的各种环境因素相互匹配起来，得出一系列可供公司选择的未来发展对策。

1. 优势–机会组合（SO）

代表企业自身优势多、市场机会大。这种组合应该是企业的最佳选择，应通过发挥自身优势，最大限度地利用外部环境所提供的机会，实现企业的快速发展。企业适宜采用扩张策略，即企业在该业务上重点扩张，筹集资金，招聘人员，积极准备扩大经营。

2. 劣势–机会组合（WO）

代表企业虽遇到的市场机会大，但自身劣势多，缺少竞争优势。企业虽然识别出外部环境中存在的机会，但企业自身存在的不足可能会限制企业对机会的把握。对于这样的情况，最现实的问题就是如何弥补自身资源或能力的不足，以抓住机会，如果自身资源、能力得不到改进，机会只能让给竞争对手；企业适宜采用防卫战略，即应克服自身弱点，招商引资，寻求外援协助，共同抓住市场机会。

3. 劣势–威胁组合（WT）

代表企业自身缺少竞争优势，劣势明显，且市场威胁较大，在这种情况下，企业根本难以抵抗环境威胁对企业的不利影响。如果企业一旦处于这样的状况，在制定战略时就要设法降低环境中的不利因素对企业的冲击，使损失减到最小；企业适宜采用推出策略，即该业务既无机会也无优势可言，及早撤离，比如缩小生产规模、抽资转向、剥离等。

4. 优势–威胁组合（ST）

代表企业自身虽有竞争优势，但缺少市场机会。企业可以通过利用自身优势来对付环境中的威胁，降低威胁可能产生的不利影响，但这种做法会使企业的优势资源不能得到更好地利用；在严重的市场威胁环境下，企业适宜采用分散战略，即多角化经营，分散经营风险。

案例 2–2–16

沃尔玛 SWOT 分析

1. 优势 strength

沃尔玛是著名的零售业品牌，它以物美价廉、货物品种多和一站式购物而闻名。沃尔玛的销售额在近年内有明显增长，并且不断在全球范围内扩张（例如，它收购了美国的零售商 ASDA）。

沃尔玛的一个核心竞争力即是由先进的信息技术所支持的国际化物流系统。在该系统的支持下，每一件商品在全国范围内每一间卖场的运输、销售、储存等物流信息都可以被清晰地看到。信息技术同时也提高了沃尔玛的采购效率。

沃尔玛的一个焦点战略即是人力资源的开发和管理。拥有优秀的人才是沃尔玛在商业上成功的关键因素。为此沃尔玛投入时间和金钱对优秀员工进行培训，并帮助他们建立对企业的忠诚度。

2. 劣势 weakness

沃尔玛打造了世界上最大的食品零售帝国。尽管它在信息技术上拥有优势，但因为巨大的业务拓展，可能导致其对某些领域的控制力不够强。

因为沃尔玛的商品涵盖服装、食品等多个领域，因此它在适应性上可能比专注于某一领域的竞争对手要差。

该公司是全球化的，但是目前只开拓了少数几个国家的市场。

3. 机会 opportunity

沃尔玛采取收购、合并或者战略联盟的方式与其他国际零售商合作，且专注于欧洲或者大中华区等特定市场。

当前沃尔玛的卖场只开设在少数几个国家内。因此，拓展市场（如中国，印度）可以带来大量的机会。

沃尔玛可以通过新的商场形式来获得市场开发的机会。更接近消费者的商场和建立在购物中心内部的商店可以使过去仅仅是大型超市的经营方式变得多样化。

沃尔玛的机会存在于对现有大型超市战略的坚持。

4. 威胁 threat

沃尔玛在零售业的领先地位使其成为所有竞争对手的赶超目标。

沃尔玛的全球化战略使其可能在其开展业务的国家遇到政治上的问题。

多种消费品的成本趋向下降，原因是制造成本的降低。造成制造成本降低的主要原因是生产外包转向了世界上的低成本地区。这导致了价格竞争，并在一些领域内造成了通货紧缩。恶性价格竞争是一个威胁。

（资料来源：https：//wenda. so. com/q/1387308326064724）

任务三 市场购买者行为分析

任务目标

【知识目标】了解顾客购买行为模式；掌握影响顾客购买行为的因素；掌握顾客购买决策过程。

【能力目标】学习者能够分析顾客的购买行为，掌握顾客的心理活动；能针对顾客制定不同的营销方案。

【核心能力】针对具体情况分析顾客购买行为的能力。

引导案例

日本促销妙招

日本汽车公司推出极具古典浪漫色彩的“费加洛”车时宣布全部汽车生产数量只有两

万台，并保证之后绝不再加量生产。消息传出，在广大消费者中造成“轰动效应”。这种“限量销售”的魅力在于：一是抓住了消费者讲求商品个性化的心理，俗话说“物以稀为贵”，那些来得容易，唾手可得的东西，既无珍藏价值，又很难引人注目；二是抓住了消费者的求高质量的心理，限量销售，限量生产，那就能充分保证产品的质量；三是抓住了消费者惧怕假冒伪劣产品的心理，因为一旦有新产品问世，就会有不法之徒伪造、仿制，限量销售，在产品上烙印编码，短期内把产品销售出去，能在一定程度上避免假冒伪劣。

一、消费者市场

（一）消费者市场的含义

消费者市场也称消费品市场、最终产品市场或者生活资料市场，指为了个人生活消费需要而购买或取得商品和劳务的全部个人和家庭。

（二）消费者购买行为的特点

了解消费者行为，要先理解消费者行为模型“刺激—反应模型”。营销和其他环境刺激进入购买者的意识，然后购买者的个性和决策过程导致特定的购买决定。营销者的任务就是要了解在受到外部刺激和做出购买决策之间，购买者的意识发生了怎样的变化（见图2-3-1）。

外界刺激	
营销因素	环境因素
产品 价格 渠道 促销	经济 技术 政治 文化

→

消费者黑箱	
消费者特征	消费者的购买决策过程
文化 社会 个人 心理	认识需要 收集信息 评估 购后评价

→

消费者决策
产品选择 品牌选择 经销商选择 时间选择 数量选择

图 2-3-1　消费者购买行为模式

从这一模式中可以看到，具有一定潜在需要的消费者首先是受到企业营销活动的刺激和各种外部环境因素的影响而产生购买意向的，而不同特征的消费者对于外界的各种刺激和影响又会基于其特定的内在因素和决策方式做出不同的反应，从而形成不同的购买意向和购买行为。这就是消费者购买行为的一般规律。

案例 2-3-1

老太太买李子

一条街上有三家水果店。一天，有位老太太要买李子，她到了第一家店，问：“有李子卖吗?”店主马上迎上前说：“我这里的李子又大又甜，刚进的货，新鲜的很呢!”没想到老太太一听，竟扭头就走了，店主很纳闷：奇怪啊，我哪里得罪老太太了?

老太太来到第二家水果店。店主马上迎上前说：“老太太，买李子啊?我这里的李子有酸的也有甜的，您想买哪一种?”“酸的。”于是老太太买了一斤酸李子回去了。

第二天，老太太又来买李子，第三家的店主看见了，主动迎了上去：“老太太又要买酸李子吗？我这里有又酸又大的，您要多少？”“我想要一斤”老太太说。

一切仿佛和前一天的情景一样，但第三位店主一边称赞酸李子，一边搭讪道：“一般人都喜欢甜的李子，可您为什么要买酸的呢？”

老太太回答说：“儿媳妇怀上孙子了，特别喜欢吃酸的。”“恭喜您老人家了！您儿媳妇有这样的好婆婆真是福气。不过孕期的营养也很关键，经常补充些猕猴桃等维生素丰富的水果，对宝宝会更好！”

这样，老太太不仅买了李子，还买了一斤进口猕猴桃，而且以后经常来这家水果店里买各种水果。

（资料来源：百度文库）

（三）消费者市场的特点

消费者市场是人们为了满足个人或家庭生活的需要而购买产品或服务的市场。它是市场体系的基础，是起决定作用的市场。

1. 非营利性

消费者购买商品是为了获得某种使用价值，满足自身生活消费的需要，而不是为了营利去转手销售。

2. 非专业性

消费者一般缺乏专门的商品知识和市场知识。消费者在购买商品时，往往容易受厂家、商家广告宣传、商品外观和他人态度的影响。

3. 层次性

由于消费者的收入水平不同，所处社会阶层不同，消费者的需求会表现出一定的层次性。一般来说，消费者总是先满足最基本的生存需要和安全需要，购买衣、食、住、行等生活必需品，而后才能视情况逐步满足较高层次的需要，购买享受型和发展型商品。

4. 替代性

消费品中除了少数商品不可替代外，大多数商品都可找到替代品或可以互换使用的商品。因此，消费者市场中的商品有较强的替代性。如可乐、矿泉水和饮料等可以相互替代。

5. 广泛性

消费者市场上，不仅购买者人数众多，而且购买者地域分布广。从城市到乡村，从国内到国外，消费者市场无处不在。

6. 流行性

消费需求不仅受消费者内在因素的影响，还会受环境、时尚、价值观等外在因素的影响。不同的时代，消费者的需求也会随之不同，流行性是消费者市场的重要特点。消费者市场是最终市场。而其他市场，如生产者市场、中间商市场，虽然购买量很大，但其最终还是为消费者市场服务的，他们的需求最终还是由消费者市场的需求决定的。

（四）影响消费者购买行为的因素

消费者生活在纷繁复杂的社会之中，购买行为受到诸多因素的影响。消费者的购买行为主要受社会、文化、个人和心理因素的影响，如图2-3-2所示，且每种因素对消费者购买行为的影响程度又有所不同。下面分别阐述这四方面因素的具体内容及其对消费者购买行为的影响。

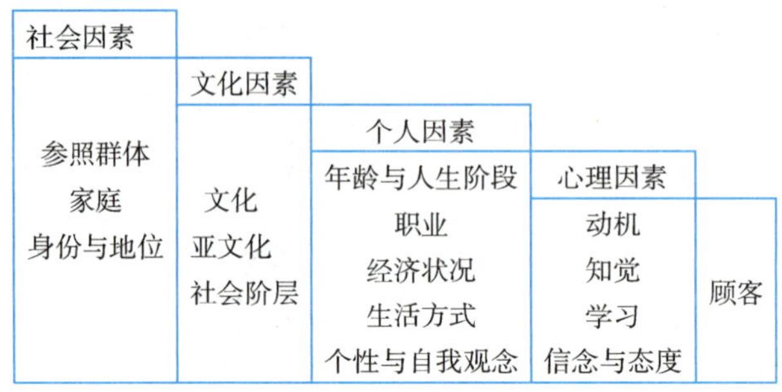

图2-3-2　影响消费者行为的因素

1. 社会因素

影响消费者购买行为的社会因素主要包括消费者的相关群体、家庭、角色与地位等。

（1）相关群体

相关群体又称参照群体，是指能够直接或间接影响消费者的消费态度、价值观念和购买行为的个人或集体。一个人的消费习惯、生活方式、对产品品牌的选择，都在不同程度上受相关群体的影响。相关群体对消费者购买行为的影响，主要表现在：一是示范性，二是仿效性，三是一致性。因此，企业在市场营销中，应充分利用社会群体的影响，尤其是相关群体的意见领导者的影响，要注意研究意见领导者的特点，提供其爱好的商品，并有针对性的做广告，以发挥其“导向”和“引导”作用。

（2）家庭

家庭是社会组织的一个基本单位，是社会中最重要的消费品购买单位，大部分的消费行为是以家庭为单位进行的。对消费者购买行为的影响，在不同类型的家庭中是有区别的。家庭购买决策的方式对于购买行为的研究同样十分重要，其涉及对购买组织和营销对象的认识。①妻子主导型。在决定购买什么的问题上，妻子起主导作用。②丈夫主导型。在决定购买什么的问题上，丈夫起主导作用。③自主型。对于不太重要的购买，可由丈夫或妻子独立做出决定。④联合型。丈夫和妻子共同做出购买决策。研究发现，人寿保险的购买通常属丈夫主导型决策；度假、孩子上学、购买和装修住宅则多由夫妻共同做出决定；清洁用品、厨房用具和食品的购买基本上是妻子做主，而像饮料、手提包等产品的购买一般是由夫妻各自自主做出决定。研究还发现，越是进入购买决策的后期，家庭成员越倾向于联合做决定。换言之，家庭成员在具体产品购买上确有分工，某个家庭成员可能负责收集信息和进行评价、比较，而最终的选择则尽可能由大家一起做出。分析这个问题，有助于企业抓住关键人物开展营销活动，提高营销效率。

（3）身份和地位

每个人的一生会加入许多群体，如家庭、公司、俱乐部及其他各类组织。一个人在群体中的位置可用身份和地位来确定。身份是周围的人对一个人的要求或一个人在各种不同场合起的作用。比如，某人在女儿面前是父亲，在妻子面前是丈夫，在公司是经理。每种身份都伴随着一种地位，反映了社会对他的总评价。消费者做出购买选择时往往会考虑自己的身份和地位，企业把自己的产品或品牌变成某种身份或地位的标志或象征，将会吸引特定目标市场的顾客。当然，人们以何种产品或品牌来表明身份和地位会因社会阶层和地理区域的不同而不同。

2. 文化因素

文化因素对消费者的行为具有广泛和深远的影响，是造成不同区域、不同阶层消费者需求差异的重要因素。文化因素主要包括文化与亚文化、社会阶层等方面的内容。

（1）文化与亚文化

文化是植根在一定的物质、社会、历史传统的基础上形成的特定的价值观念、信仰、思维方式、习俗的总称。在每一种文化中，往往还存在着许多在一定范围内具有文化同一性的群体，他们被称为亚文化群，如民族亚文化群、种族亚文化群、地域亚文化群等。同一亚文化群的成员具有更明确的认同感和集体感，许多亚文化构成了重要的细分市场，营销人员就根据这些亚文化成员的需要设计产品、制定营销策略。

案例 2-3-2

唐装

2005 年上海 APEC 会议，与会的各国领导人，一律身着中国传统唐装，给会议增添了色彩，中国借此显示了海纳百川的宽广胸怀，中国人也由此领略了一种自尊和豪迈。由此，在很短的时间内，形成了一股唐装热。

唐装是一种中式服装，对开襟，布纽扣，具有传统中装的古朴风韵。中装也称唐装，乃是华夏子孙对大唐盛世的怀念和向往。如同海外华侨、华裔称中国为“唐山”，海外华侨自称是“唐人”，欧美各国华侨或中国血统居民聚居的城市街区被称为“唐人区”或“唐人街”。因此，唐装是中国的象征，穿唐装是中国人的骄傲，是一种文化回归的潮流。

（资料来源：https://www.zybang.com/question/fd5d69e781539b1e40c5c93712cfcfa2.html）

（2）社会阶层

社会阶层是指一个社会中具有相对的同质性和持久性的群体，它们是按等级排列的，每个阶层的成员具有相似的价值观、兴趣爱好和行为方式。不同社会阶层的人，在购买行为和购买种类上具有明显的差异性。例如：成功人士在个人用品、房屋、汽车等消费品上追求名牌。而工薪阶层更关心的是它的经济性、实用性。

案例 2-3-3

社会阶层

美国将社会分为七个阶层：①上上层。占 1%，出身豪门望族，靠继承遗产过着极其奢侈的生活，挥金如土。他们是珠宝首饰、古玩字画、房产等贵重商品的购买者。②上下层。占2%，是一些具有专业知识和经商才干的高薪人士，他们喜欢购买显示自己身份和地位的商品，追求新奇名牌。③中上层。占12%，是经理、律师、医生、学者等专业技术人才。他们追求与自己身份相称的生活，购买与自己身份相称的产品。④中间阶层。占31%，由具有平均薪金的“白领”和“蓝领”贵族组成，有正当职业，是中档商品和少数高档商品的购买者。⑤劳动层。占38%，蓝领工人，是中低档产品的购买者。⑥下层。占9%，较贫困的蓝领工人，工作不稳定。⑦下下层。占7%，教育水平低，收入很少，失业率高，是旧货市场的购买者。

（资料来源：https：//zhidao. baidu. com/question/693832208565398164. html）

3. 个人因素

消费者购买决策也受个人特性的影响，特别是受其年龄、性别、职业、教育、生活方式、个性等因素的影响。

（1）消费者年龄及家庭生命周期的阶段

不同年龄的消费者的欲望、兴趣和爱好不同，他们购买或消费商品的种类和方式也有区别。例如儿童是糖果和玩具的主要消费者，青少年是文体用品的主要消费群，成年人是家用电器的购买者，而老年人是保健品的主要消费者。不同年龄的消费者的消费方式也不同，年轻人重品牌，跟时尚，常冲动消费；而老年人讲实用性，常根据经验消费。

家庭生命周期是指消费者从年轻时独立生活到老年直至死亡的家庭生活全过程。购买行为受到家庭生命周期不同阶段的影响（如表2-3-1）。

表2-3-1　家庭生命周期的阶段

家庭生命周期的阶段	典型需要以及相应的产品
单身阶段	社交需要，娱乐需要，新消费观念的带头人
新婚阶段	住房需要，各种家具、电器等耐用品消费
满巢1期	家庭用品购买的高峰期，购买较多的儿童用品
满巢2期	注重档次较高的商品及子女的教育投资，文化娱乐消费增加
满巢3期	更新耐用消费品，注重储蓄，购买冷静、理智
空巢阶段	健康需要，娱乐及服务性消费支出增加
孤独阶段	情感、健康需要，安全保障

（2）经济状况

经济状况的好坏直接决定着消费者的购买能力，从而决定他们购买哪些商品以及购买的数量。消费者一般在可支配收入的范围内考虑以合理的方式安排支出，以便更有效地满足自己的需要。收入低的顾客往往比收入高的顾客更关心价格的高低。企业应密切关注居民的个人收入、储蓄率的变化，合理制定价格策略。

（3）生活方式

生活方式反映了人们对花费时间和金钱的态度及其所做的消费抉择的形式。营销人员应设法从多种角度区分不同生活方式的群体，如节俭者、奢华者、守旧者、革新者、高成就者、自我主义者、有社会意识者等。比如，保龄球馆不会向节俭者群体推广保龄球运动，名贵手表制造商应研究高成就者群体的特点以及如何开展有效的营销活动，环保产品的目标市场是社会意识强的消费者。

（4）个性与自我观念

个性指一个人的心理特征。个性特征有若干种类型，如外向与内向、细腻与粗犷、谨慎与急躁、乐观与悲观、领导与追随、独立性与依赖性等。一个人的个性影响着消费需求和对市场营销因素的反应。比如，外向的人爱穿浅色和时髦的衣服，内向的人爱穿深色和庄重的衣服；追随性或依赖性强的人对市场营销因素敏感度高，易于相信广告宣传，易于建立品牌信赖度和渠道忠诚度；独立性强的人对市场营销因素敏感度低，不轻信广告宣传。

4. 心理因素

消费者的动机、知觉、学习、信念和态度是影响消费者购买行为的主要心理因素。

（1）动机

动机是一种升华到足够强度的需要，它能够及时引导人们去探求满足需要的目标。动机的产生必须具备两个条件：一是具有一定强度的需要；二是具有满足需要的目标和诱因。

消费者的动机一般分为三种类型：感情动机、理智动机与惠顾动机。

（2）知觉

按照心理学的说法，当客观事物作用于人的感觉器官时，人脑中就会产生反应。这种反应如果只属于事物的个别属性，称为感觉；如果是对事物各种属性的各个部分及其相互关系的综合反应，则称为知觉。知觉过程是一个有选择性的心理过程，它有三种机制：选择性注意、选择性扭曲和选择性保留。

市场营销人员要了解消费者受产品的哪些信息的刺激影响，分析消费者的特点以提供符合消费者知觉的营销刺激信息，使企业的营销信息成为消费者选择的知觉对象，达到企业扩大产品销售的目的。

（3）学习

学习是指人们经过实践和经历而获得的，能够对行为产生相对永久性改变的过程。学习论者认为，消费者的学习是通过驱动力、刺激物、提示物（诱因）、反应的相互影响而产生的。消费者的学习模式如图 2-3-3 所示。

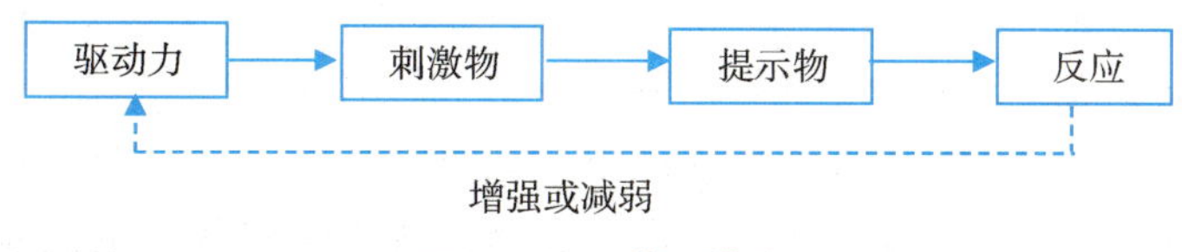

图 2-3-3 学习模式

(4) 信念和态度

信念是指人们对事物所持有的自己认为是可以确信的看法。信念的形成可以基于知识，也可以基于信仰或情感等。顾客的信念决定了企业和产品在顾客心目中的形象，决定了顾客的购买行为。营销人员应当高度重视顾客对本企业或本品牌的信念，如果发现顾客的信念是错误的并阻碍了他的购买行为，就应运用有效的促销活动去予以纠正以促进产品销售。

态度是指个人对某些事物或观念长期持有的好或坏的认识评价、情感感受和行动倾向。态度导致人们对某一事物产生或好或坏、或亲或疏的感情。一般来说，消费者的态度形成主要有三方面的依据：一是消费者本身对某商品或服务的感觉；二是相关群体的影响也就是亲朋好友等；三是自己的经验或学习的知识。消费者态度的形成是一个逐步的过程，而一旦形成，就会呈现为稳定一致的模式影响人们的消费行为，要改变消费者的态度就需要企业在营销策略方面做重大的调整。

综上所述，消费者的购买行为是文化、社会、个人和心理因素之间相互影响和作用的结果。其中很多因素是企业及其市场营销活动无法改变的，但这些因素在识别诸如哪些消费者对产品有兴趣等方面颇有用处。其他因素则受到企业及其市场营销活动的影响，企业借助有效产品、价格、地点和促销管理，可以诱发消费者的强烈反应。

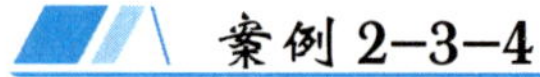
案例 2-3-4

赢得“00后”消费者

与“60后”“70后”“80后”“90后”相比，“00后”成长的环境史无前例：价值观更多元，环境更复杂，迭代更快速。这使得他们的性格、眼界、能力、“三观”与前人有着质的差异。" 00后”已逐渐形成了自己的消费观念和消费行为特点。未来10年，他们将成为各消费领域的核心人群。了解“00后”的特点和喜好，拥抱他们的价值观念，对进一步释放他们的消费势能、做好消费领域的针对性布局具有重要意义。《腾讯“00后”研究报告》显示，“00后”的世界观、人生观、价值观和消费观等属性都表现出明显的不同，呈现出更多元化、

包容化、自主化的特点。“00后”在消费态度上存在六大特点：

1. 更向往专注且有态度的品牌。
2. 愿意为自己的兴趣付费。
3. 在自己的能力范围内付费。
4. KOL（意见领袖）的影响力在降低。
5. 内容=社交工具。
6. 国产品牌不比国外品牌差。

“00后”会比任何一个时代更加理想主义，“00后”在成长的过程中不需要过多考虑经济上的问题，更加放心大胆地追求自己喜欢的事物，有机会体验新鲜事物。同时，他们在思想上更加独立自主、更能做到不被社会同化。准确把握他们的共性和个性才能真正打动这个群体。

（资料来源：黄海琳，严金才主编，《市场营销》，中南大学出版社，2021.07）

（五）消费者购买决策过程

1. 消费者购买决策的参与者

根据购买决策的参与者在购买活动中所起的作用，消费者购买决策的参与者中有以下五种角色：

（1）发起者。第一个建议或想到要购买某种产品或服务的人。

（2）影响者。对最后决策有直接或间接影响的人。

（3）决策者。对是否购买、怎样购买有权进行最终决策的人。

（4）购买者。执行具体购买任务的人。

（5）使用者。实际消费或使用产品或服务的人。

消费者以个人为单位购买时，五种角色可能同时由一人担任；以家庭为购买单位时，五种角色往往由家庭不同成员分别担任。例如，一个家庭要购买一台录音机，发起者可能是孩子，他认为有助于提高自己学习英语的效率。影响者可能是爷爷，他表示赞成。决策者可能是母亲，她认为孩子确实需要，根据家庭目前经济状况也有能力购买。购买者可能是父亲，他有些电器知识，可以带上现金去各商店选购。使用者是孩子。在以上五种角色中，营销人员最关心决策者是谁。

2. 消费者购买行为的类型

根据购买活动中消费者的介入程度和商品品牌间的差异程度，可将消费者的购买行为分为以下四种类型：复杂的购买行为、寻求多样化的购买行为、化解不协调的购买行为和习惯性的购买行为。这四种购买行为之间的比较如表 2-3-2 所示。

表 2-3-2　消费者购买行为类型

品牌差异	介入程度	
	高度介入	低度介入
大	复杂的购买行为	寻求多样化的购买行为
小	化解不协调的购买行为	习惯性购买行为

（1）习惯性购买行为

习惯性购买行为是消费者对价格低廉、经常购买、品牌差异小的产品花最少的时间，就近购买的一种购买行为。它是最简单的购买行为，如购买食盐、鸡精、牙膏等。

针对习惯性购买行为，企业应采取的营销策略：

①产品改良，突出品牌效应。即增加产品新的用途与功能，保质保量，创立名牌。

②价格优惠。

③在居民区和人口流动性大的地区广设销售网点，使消费者随时随地购买。

④加大促销力度。利用销售促进吸引新顾客，回报老顾客；在广告宣传上力争简洁明快，突出视觉符号与视觉形象。如生产绿茶的企业可以针对消费者绿色减肥、补充微量元

素的心理特征，在广告宣传上突出绿茶的减肥功效，促销绿茶。

（2）多样性购买行为

多样性购买行为是指消费者对产品品牌差异大、功效近似的产品，不愿多花时间进行选择，而是随意购买的一种购买行为。

针对多样化购买行为，企业应采取的营销策略：

①采取多品牌策略，突出各种品牌的优势。多品牌决策是指企业在相同产品类别中同时为一种产品设计两种或两种以上互相竞争的品牌决策。此策略为宝洁公司首创，现今宝洁公司的洗发用品品牌众多，如飘柔、海飞丝、潘婷等。飘柔的突出优势是柔顺头发，海飞丝的突出优势是去头屑，潘婷是护理、营养头发。宝洁公司凭借强大的企业实力，多方位的广告宣传，使其品牌深入到消费者心中，创造了骄人业绩。

②价格拉开档次。

③占据有利的货架位置，扩大本企业产品的货架面积，保证供应。

④加大广告投入，树立品牌形象，使消费者形成习惯性购买行为。

（3）协调性购买行为

协调性购买行为是指消费者对品牌差异小，不经常购买的单价高、购买风险大的产品，需要花费大量时间和精力去选购，购后又容易出现不满意等失衡心理状态，需要商家及时化解的购买行为。如购买家用电器、旅游度假等。消费者购买此类产品往往是“货比三家”，谨防上当受骗。

针对协调性购买行为，企业应采取的营销策略：

①价格公道、真诚服务、创名牌，树立企业良好形象。

②选择最佳的销售地点。即与竞争对手同处一地，便于消费者选购。

③采用人员推销策略，及时向消费者介绍产品的优势，化解消费者心中的疑虑，消除消费者的失落感。

（4）复杂性购买行为

复杂性购买行为是指消费者对价格昂贵、品牌差异大、功能复杂的产品，由于缺乏必要的产品知识，需要慎重选择，仔细对比，以求降低风险的购买行为。消费者在购买此类产品过程中，经历了收集信息、产品评价、慎重决策、用后评价等阶段，其购买过程就是一个学习过程，在广泛了解产品功能、特点的基础上，才能做出购买决策。如购买计算机、汽车、商品房等。

针对复杂性购买行为，企业应采取的营销策略：

①制作产品说明书，帮助消费者及时全面了解本企业产品知识、产品优势及其他同类产品的状况，增强消费者对本企业产品的信心。

②实行灵活的定价策略。

③加大广告力度，创名牌产品。

④运用人员推销，聘请训练有素、专业知识丰富的推销员推销产品，简化购买过程。

⑤实行售后跟踪服务策略，向消费者展现企业的亲和力。

3. 消费者购买决策过程的阶段

消费者的购买决策是一个动态发展的过程，西方营销学者将消费者购买决策过程分为五个阶段：确认需要、收集信息、产品评估、购买决策、购后行为。

（1）确认需要

确认需要是消费者购买决策过程的起点。消费者的需要一般由两种刺激引起：一是内部刺激，如饥饿感；二是外部刺激，如广告宣传等。

确认需要阶段的营销任务：

①了解引起与本企业产品有关的现实需求和潜在需求的驱使力，即是什么原因引起消费者购买本企业产品。如了解消费者为什么购买蜂产品，就可以开发出多种蜂产品满足消费者需求，如蜂蜜、蜂王浆等产品。

②设计引起需求的诱因，促使消费者增强刺激，唤起需要，引发购买行为。

（2）收集信息

消费者一般会通过以下几种途径去获取其所需要的信息：个人来源、商业来源、公共来源、经验来源。

收集信息阶段的营销任务：

①了解不同信息来源对消费者购买行为的影响程度。

②注意不同文化背景下收集信息的差异性。

③有针对性设计恰当的信息传播策略。

（3）产品评估

消费者对产品的评价一般会涉及以下几个要素：产品属性、属性权重、品牌信念、效用要求。

产品评估阶段的营销任务：

①增加产品功能，改变消费者对产品属性的认识。同样是蔬菜，由于人们强调绿色环保，需要无污染的绿色蔬菜，增进身体健康质量，因此愿意付出高价购买绿色蔬菜。

②重新进行心理定位，树立新的品牌信念。

（4）购买决策

消费者经过产品评估后会形成一种购买意向，但不一定会导致实际购买，从购买意向到实际购买还有一些因素介入其间：他人态度、意外因素、可觉察风险。

购买决策阶段的营销任务：

①消除或减少引起可觉察风险的因素。

②向消费者提供真实可靠的产品信息，增强其购买自信心。

（5）购后行为

购后行为是指消费者在购买产品以后产生的某种程度的满意或不满意所带来的一系列行为表现，如图 2-3-4 所示。

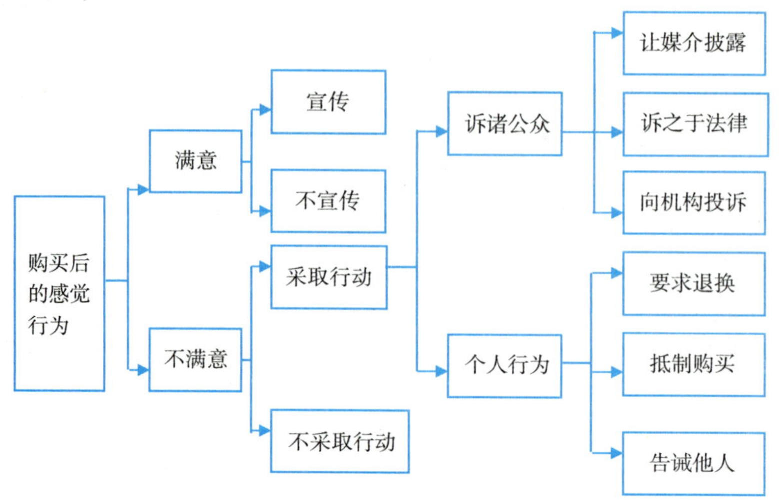

图 2-3-4 购买后的感觉和行为

购后行为阶段的营销任务：

①广告宣传等促销手段要实事求是，最好是有所保留，以提高消费者的满意度。

②采取有效措施减少或消除消费者的购后失调感，及时处理消费者的意见，给消费者提供多种解除不满情绪的渠道。

③建立与消费者的长期沟通机制，在有条件的情况下进行回访。

购买决策过程的五个阶段说明，购买过程早在实际购买之前就已开始，其结束不是在实现购买之时，而是在实际购买之后仍会持续一段时间。因此，企业的营销活动应注重消费者购买决策的整个过程，而不是仅仅局限于购买决定。研究和了解消费者市场的特征及其购买决策过程是企业市场营销成功的基石，是制定正确的目标市场策略的有效保证。

案例 2-3-5

日清方便面："四脚"营销挺进美国

在我国方便面产销领域，品牌繁多，可是，能令消费者真正心动的却寥寥无几。于是，许多方便面企业感叹："人们的口味越来越挑剔了，真是众口难调。"

可是，日本一家食品产销企业集团——日清食品公司，却不信这个邪，始终坚持"只要口味好，众口也能调"的独特经营宗旨，从人们的口感差异性出发，不惜人力、物力、财力在食品的口味上下功夫，终于改变了美国人"不吃热汤面"的饮食习惯，使日清公司的方便面成为美国人的首选快餐食品。

求人不如求己

日本日清食品公司在准备将营销触角伸向美国食品市场的计划制定之前，为了能够确定海外扩张的最佳"切入点"，曾不惜高薪聘请美国食品行业的市场调查权威机构，对方便面的市场前景和发展趋势进行了全面细致的调查和评估。

可是，美国食品行业的市场调查权威机构所得出的调查评估结论却令日清食品公司大失所望——“由于美国人没有吃热汤面的饮食习惯，而是喜好‘吃面条时干吃面，喝热汤时只喝汤’，决不会把面条和热汤混在一起食用，由此可以断定，汤面合一的方便面，是很难进入美国食品市场的，更不会成为美国人一日三餐必不可少的快餐食品”。

日清食品公司并没有盲目相信这种结论，而是抱着“求人不如求己”自立自强的信念，派出自己的专家考察组前往美国进行实地调研。经过千辛万苦的商场问卷和家庭访问，专家考察组最后得出了与美国食品行业的市场调查权威机构完全相反的调查评估结论——美国人的饮食习惯虽呈现出“汤面分食，绝不混用”的特点，但是随着世界各地不同种族移民的大量增加，这种饮食习惯在悄悄地发生着变化。再者，美国人在饮食中越来越注重口感和营养，只要在口味上和营养上投其所好，方便面有可能迅速占领美国食品市场，成为美国人的饮食“新宠”。

“四脚”营销挺进美国

日清食品公司基于亲自调查的结论，从美国食品市场动态和消费者饮食需求出发，确定了“四脚灵蛇舞翩跹”的营销策略，全力以赴地向美国食品市场大举挺进。

“第一脚”——他们针对美国人热衷于减肥运动的生理需求和心理需求，巧妙地把自己生产的方便面定位于“最佳减肥食品”，在声势浩大的公关广告宣传中，刻意渲染方便面“高蛋白，低热量，去脂肪，剔肥胖，价格廉，易食用”等种种特点；针对美国人好面子、重仪表的特点，精心制作出“每天一包方便面，轻轻松松把肥减”“瘦身最佳绿色天然食品，非方便面莫属”等具煽动色彩的广告语，挑起美国人的购买欲望，获得了“四两拨千斤”的营销奇效。

“第二脚”——他们为了满足美国人以叉子用餐的习惯，果敢地将适合筷子夹食的长面条加工成短面条，为美国人提供饮食之便；并从美国人爱吃硬面条的饮食习惯出发，一改方便面适合东方人口味的柔软特性，精心加工出稍硬又有劲道的美式方便面，以便吃起来更有嚼头。

“第三脚”——由于美国人“爱用杯不爱用碗”，于是日清公司别出心裁地把方便面命名为“杯面”，期望“方便面”能像“牛奶”一样，成为美国人难以割舍的快餐食品；他们根据美国人“爱喝口味很重的浓汤”的独特口感，不仅在面条制作上精益求精，而且在汤味佐料上力调众口，使方便面成为“既能吃又能喝”的二合一方便食品。

“第四脚”——他们从美国人食用方便面时总是“把汤喝光而将面条剩下”的偏好中，灵敏地捕捉到了方便面制作工艺求变求新的着力点，一改方便面“面多汤少”的传统制作工艺，将其副名改为“远胜于汤”，从而使“杯面”迅速成为美国消费者喜爱的“快餐汤”。

“四脚灵蛇舞翩跹”的营销策略，促使日清食品公司勇敢挑战美国人的饮食习惯和就餐需求，以“投其所好”为一切业务工作的出发点，不仅出奇制胜地突破了“众口难调”的产销瓶颈，而且轻而易举地打入了美国快餐食品市场，开辟出了一片新天地。

（资料来源：http：//www.tech-food.com. 中国食品科技网）

二、组织市场

（一）了解组织市场的特点及类型

组织市场是由生产企业、中间商、政府机构和一些非营利性的社会团体、组织所形成的对企业产品和服务需求的总和。

组织市场具体可以分为以下三种类型：

1. 生产者市场

又称产业市场，指采购产品或服务，以用于生产加工出其他产品或服务，然后销售或提供给购买者的市场。换言之，这个市场购买的目的是通过加工来营利，而不是个人消费。这部分市场是组织市场的主要组成部分。

2. 中间商市场

也称为转卖者市场，指组织或个人以营利为目的而购买产品或服务后将之转卖所形成的市场，包括批发商、零售商、代理商。

3. 政府市场

指各级政府为执行其主要职能而采购或租用商品所形成的市场。也就是说，政府市场上的购买者是国家各级政府的采购机构。由于各级政府通过税收、财政预算等，掌握了相当大一部分国民收入，所以形成了一个很大的政府市场。

组织市场的规模很大，往往是消费者市场规模的几倍，所以组织市场一直是企业十分关注的市场。

（二）生产者市场购买行为

1. 生产者市场的特点

生产者市场在市场结构和需求特性方面与消费者市场相比有许多不同的特点，主要表现在以下几个方面：

（1）购买者数量少，购买规模大。在消费者市场上，购买者是个人和家庭，购买者数量很大，但规模较小。而生产者市场上的购买者，绝大多数都是企事业单位，购买的目的是满足其一定规模生产经营活动的需要，因而购买者的数量很少，但购买规模很大。因此，营销者要处理好与客户特别是大客户的关系，有时两三家客户的去留就能决定一个企业的命运。

美国固特异轮胎公司在消费者市场上面对全美 1.71 亿汽车用户，而在产业市场上它只要从少数几家大公司如通用、福特、克莱斯勒等公司获得一份订单，就足以维持生存和发展。

（2）地理位置集中。国家的产业政策、自然资源、地理环境、交通运输、社会分工与协作、销售市场的位置等因素对生产力空间布局的影响，容易导致其在生产分布上的集中。

中国的重工产业大多集中在东北地区，石油化工企业云集在东北、华北以及西北的一些油田附近，金融保险业在上海相对集中，而广东、江苏、浙江等沿海地区集聚着大量轻纺和电子产品的加工业。这种地理区域集中有助于降低产品的销售成本，这也使得组织市场在地域上形成了相对的集中。

(3) 需求具有派生性。所谓派生性（或引申性）需求，即生产者市场的需求是由消费者市场需求派生和引申出来的。派生性需求要求生产者市场的企业不仅要了解直接服务对象的需求情况，而且要了解连带的消费者市场的需求动向，同时企业还可通过刺激最终消费者对最终产品的需求的方式来促进自己的产品销售。

消费者购买皮包、皮鞋，导致生产企业需要购买皮革、钉子、切割刀具、缝纫机等生产资料。因此消费者市场需求的变化将直接影响生产者市场的需求。

(4) 需求具有显著的波动性。生产者市场比消费者市场的需求波动性更大。这是因为生产者市场是一种派生性需求，是由消费者市场需求引申出来的，所以消费者市场需求的小量波动会引起生产者市场的巨大波动。有时消费者市场需求量只有10%的上升或下降，会引起生产者市场200%的升降，另外，生产者市场的需求更容易受各种环境因素（尤其是宏观环境因素）的影响，从而产生较大的波动。

(5) 需求缺乏弹性。在生产者市场上，生产资料购买者对价格不敏感，一般不受市场价格波动的影响。生产者市场的需求在短期内尤其缺乏弹性。因为，一是生产者不能在短期内明显改变其生产工艺。例如，建筑业不能因水泥涨价而减少用量，也不能因钢材涨价而用塑料代替钢材；二是生产者市场的需求是派生性的，只要最终消费品的需求量不变（或基本不变），则引申的生产资料价格变动不会对其销量产生大的影响；三是一种产品通常是由若干零件组成的，如果某种零件的价值很低，这种零件的成本在整个产品的成本中所占比例很小，即使其价格变动，对产品的价格也不会有太大影响，因此对这些零件的需求也缺乏弹性。

皮鞋制造商在皮革价格下降时，不会打算采购大量皮革，同样，皮革价格上升时，他们也不会因此而大量减少对皮革的采购，除非他们发现了某些稳定的皮革替代品。

(6) 买卖双方保持长期业务联系。生产者市场上的买卖双方倾向于建立长期的业务联系，相互依存，卖方在顾客购买决策的各个阶段往往要参与决策，帮助顾客解决一些购买过程的问题，提供完善的售前咨询、答疑及售中、售后服务，有时要帮助顾客寻找能满足其需要的商品，甚至按顾客要求的品种、性能、规格和时间定期向顾客供货。生产者市场的供方一定要通过有效的服务与顾客建立长期的业务联系，以保持自己产品的市场占有率和企业的稳定客户。

(7) 购买者决策过程复杂。生产者市场购买的产品将被用于生产经营活动，不易替代，且单位产品价值较高，购买的数量较大，其质量好坏、适用性、经济性、供应等会给企业的生产经营过程、满足市场需求、应变能力、竞争能力及盈利能力等方面形成较大的影响。因此，购买行为属理性行为，基本上没有冲动性购买，其决策过程比消费者决策要复杂得多，要涉及许多复杂的技术问题和经济问题，往往需要花费很多时间反复论证。

(8) 购买者专业化。生产者市场的购买者涉及的人员较多，且多是受过专门训练的专业人员承担采购任务，复杂重要的采购项目还会涉及更多的人员，甚至企业最高主管参与决策，这就意味着，生产者市场的营销者必须选派受过良好训练的专业推销人员，来与买方的专业人员洽谈业务。

（9）互惠。也就是“你买我的产品，那么我也就买你的产品”，购买者和供应者互相购买对方产品，互相给予优惠。如饲料公司和农场互相购买对方产品，建立固定的产销关系，彼此的产品销路都有了保障。

甲企业向乙企业提出，如果乙企业购买丙企业的产品，则甲企业就购买乙企业的产品，因为丙企业以甲企业推销其产品作为购买甲企业的产品的条件。这就是三角互惠。虽然这类现象极为常见，但大多数经营者和代理商却反对互惠原则，并视其为不良习俗。

（10）直接购买。即不通过中间商，由买卖双方直接交易。有些产业用品，特别是那些技术复杂、单价很高的产品，或者需要按特定要求制造的产品，适于制造商与用户直接成交。

2. 生产者市场采购业务的主要类型

生产者市场购买行为的复杂程度和采购决策项目的多少，取决于采购业务的类型。采购业务一般有三种类型：直接重购、修正重购和全新采购。

（1）直接重购。直接重购是指企业采购部门为了满足生产活动的需要，按惯例进行订货的购买行为。企业采购部门根据过去和供应商打交道的经验，从供应商名单中选择供货企业，并连续订购采购过的同类产品。这是最简单的采购。在这种情况下，原供应者应尽力提高产品质量和服务水平，为客户提供各种便利，争取稳定的供应关系；新的供应者竞争机会较少，可从零星小量交易开始，逐步扩大，以争得一席之地。

（2）修正重购。修正重购是指企业的采购人员为了更好地完成采购任务，适当改变采购产品的规格、价格和供应商的购买行为。这类购买情况较复杂，参与购买决策过程的人数较多。原来的供应者必须做好市场调查和预测工作，积极开发新的品种规格，努力提高生产效率，降低成本，满足修正重购的需要，设法保护自己的既得市场。新的供应者则有较多的竞争机会。

（3）全新采购。全新采购是指企业第一次采购某一产品或服务的购买行为。这是最复杂的采购业务。新购买产品的成本越高、风险越大，决策参与者的数目就越多，需收集的信息也就越多，完成决策所需时间也就越长。这种情况对供应者是最好的竞争机会，可派出专业推销人员携带样品或样本上门推销，尽量提供必要的信息，帮助用户解决疑问，减少顾虑，促成交易。

这三类采购业务决策，以直接重购最简单，全新采购最复杂，全新采购的决策必须包括以下内容：产品规格、价格幅度、交货条件和时间、服务条件、支付条件、订购数量、可考虑的供应商、选定的供应商等。

3. 生产者市场采购决策的参与者

在任何一个企业中，除了专职的采购人员外，还有一些其他人员也参与购买决策。所有参与购买决策的人员构成采购组织的决策机构，也称之为采购中心。企业采购中心通常包括五种成员：

（1）使用者。实际使用欲购买的某种产品的人员。使用者往往首先提出购买某种所需产品的建议，并提出购买产品的品种、规格和数量。

（2）影响者。企业内部和外部直接或间接影响购买决策的人员。他们通常协助决策者决定购买产品的品牌、品种、规格。企业技术人员是最主要的影响者。

（3）采购者。在企业中具体执行采购任务的专业人员。在较为复杂的采购工作中，采购者还包括那些参与谈判的公司其他人员。

（4）决定者。企业中拥有购买决定权的人。在标准品的例行采购中采购者常常是决定者；而在较复杂的采购中，企业领导人常常是决定者。

（5）信息控制者。在企业外部和内部能控制市场信息流到决定者和使用者那里的人员。如企业的采购代理商、技术人员和秘书等。

企业营销者必须注意了解生产者购买的具体参与者，尤其谁是主要的决策者，以便采取适当措施，影响最有影响力的重要人物。

4. 影响生产者市场采购决策的主要因素

可以把影响生产者市场购买者的因素归为四类：环境因素、组织因素、人际因素和个人因素（见图 2-3-5）。

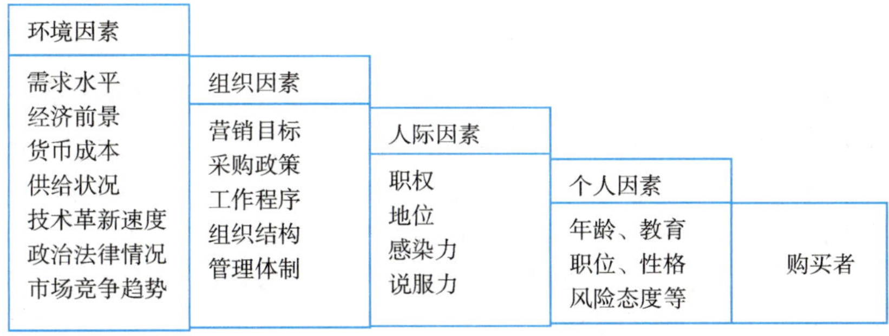

图 2-3-5 影响组织采购行为的主要因素

（1）环境因素。企业外部环境因素，包括政治、法律、文化、技术、经济和自然环境等。

（2）组织因素。企业本身的因素，如企业的目标、政策、业务程序、组织结构、制度等，都会影响生产者的购买决策。

（3）人际因素。主要指企业内部人际关系。生产者购买决策过程比较复杂，参与决策的人员较多，这些参与者在企业中的地位、职权、说服力以及他们之间的关系都会影响到企业的购买决策。

（4）个人因素。生产者市场购买行为是组织行为，但最终还是要由若干个人做出决策并付诸实施。各个参与购买决策的人，在决策过程中难免会掺入个人感情，从而影响参与者对要采购的产品和供应商的看法，进而影响购买决策。

5. 生产者市场购买者的决策过程

各行业、各企业的采购决策过程并没有统一的固定程序。一般认为，生产者市场购买者决策过程可分为八个阶段，但并非每项采购都要经过这八个阶段，这要依据采购业务的不同类型而定。表 2-3-3 说明了各个阶段对各类采购业务是否有必要。可见，直接重购的决策阶段最少；修正重购的决策阶段多些；全新采购的决策阶段最长，要经过八个阶段。

表 2-3-3　生产者购买决策过程

购买阶段＼购买类型	全新采购	修正重购	直接重购
1. 提出需要	是	可能	否
2. 确定总体需要	是	可能	否
3. 详述产品规格	是	是	是
4. 寻找供应商	是	可能	否
5. 征求供应信息	是	可能	否
6. 供应商选择	是	可能	否
7. 发出正式订单	是	可能	否
8. 履约评估	是	是	是

（1）提出需要。企业内部对某种产品或劳务提出需要，是采购决策过程的开始。提出需要一般是由以下两方面的刺激引起的：一是内部刺激。包括企业决定推出新产品，需要购置新设备或原材料来生产；企业原有的设备发生故障，需要更新零部件；或者已采购的原材料不能令人满意，企业正在物色新的供应商；二是外部刺激。如展销会、广告或供应者推销人员的访问等，促使有关人员提出采购意见。营销者应当主动推销，经常开展广告宣传，派人访问用户，发掘潜在需求。

（2）确定总体需要。提出了某种需要之后，就要把所需产品的种类与数量，从总体上确定下来。复杂的采购任务，由采购人员同企业内部的有关人员共同研究确定；简单的采购任务则由采购人员直接决定。在此阶段，营销者可通过向购买者描述产品特征的方式向他们提供帮助，协助他们确定其需求。

（3）详述产品规格。总体需要确定后，接下来还要对所需产品的规格、型号等技术指标做详细的说明。这要由专业人员运用价值分析法进行。价值分析是一种降低成本的分析方法，目的是在保证不降低产品功能（使用价值）的前提下，尽量减少成本，以取得更大的经济效益。经过价值分析后，写出详细的书面材料来说明技术要求，以作为采购人员进行采购的依据。供应商通过尽早地参与产品价值分析，可以影响采购者确定产品规格，以获得中选的机会。

（4）寻找供应商。采购人员通常利用工商名录或其他资料查询供应者，有时也通过其他企业了解供应者的信誉。供货企业应想方设法提高自己的知名度，以便于买方查找。

（5）征求供应信息。企业有了备选的供应者后，请他们尽快寄来产品说明书、价目表等有关信息资料，特别是较复杂和贵重的项目，必须要有详细的资料才能做出决策。这时，营销者要注意整理、编写好产品目录、说明书、价目表等资料，在这些资料中应对产品有详细介绍，并包含促销的内容。

（6）供应商选择。采购者在做出最后选择之前，还会与选中的供应商就价格或其他条款进行谈判。采购中心和供应商应该是双赢的合作模式，而不是一方利益的增加建立在另外一方利益的减少上。此外，采购者还必须确定供应商的数目。许多采购者喜欢多种渠道进货，这样一方面可以避免自己过分地依赖于一个供应商，另一方面也使自己可以对各供应商的价格和业绩进行比较，需要强调的是，供应商的数目未必越多越好，这主要是企业对供应商管理成本的限制决定的。

(7) 发出正式订单。采购者选定供应商之后，就会发出正式订货单，写明所需产品的规格、数目、预期交货时间、退货政策和保修条件等项目。通常情况下，如果双方都有着良好信誉，一份长期有效合同将建立一种长期的关系，而避免重复签约的麻烦。在这种合同关系下，供应商答应在一特定的时间之内根据需要按协议的价格条件持续供应产品给买方。存货由卖方保存。因此，它也被称作“零库存”。

(8) 履约评估。用户购进产品后，其采购部门就会主动与使用部门联系，了解所购产品的使用情况，询问使用者的满意程度，并考查各个供应者的履约情况，以决定今后对各供应者的态度。因此，供应者应认真履行合同，尽量提高买方的满意程度。

总之，产业市场是一个富于挑战性的领域，营销者应调查研究产业用户的需要和采购决策过程，了解其不同阶段的特点，拟定出有效的营销方案，才能获得营销的成功。

(三) 中间商市场购买行为

1. 中间商市场的特点

中间商市场，亦称转卖者市场。它是由所有以营利为目的从事转卖或租赁业务的个体和组织构成，包括批发商和零售商两部分，由于中间商采购商品的目的是转卖，所以他们实质上是其顾客的采购代理，在较发达的商品经济的条件下，市场上大多数商品都是由中间商经营的，只有少数商品是生产者直接销售的。

中间商在地理分布上比生产商分散，比消费者较为集中。产业市场的特点大部分对中间商市场也适用，二者都属于组织市场，有许多相似之处。

中间商购买行为同产业购买者行为也有许多相似之处，如中间商的采购决策也有若干人参与；其决策过程也是从提出需要开始，以决定向谁进货告终；购买者行为同样受环境、组织等因素的影响。

中间商市场具有如下特点：

(1) 派生需求。中间商对商品的需求是由消费者对商品的需求引发而来的，所购商品的品种、花色、规格、数量、价格和交货日期等受到消费者需求的制约和影响。

(2) 挑选性较强。中间商进货时讲究商品组合配置，要求品种齐全、花色丰富，以满足消费者的多样化需求，提高他们的购买效益。

(3) 需求弹性较大。中间商购买商品是为了再转售，对购货成本即中间商市场的价格变化较为敏感，其需求量随价格涨落的变化而变化。

(4) 批量购买，定期进货。中间商大都有固定的进货渠道，一次性购买的数量较大，且有较为规律的进货时间。

2. 中间商采购业务的类型

中间商的采购业务一般有三种类型，各有其特点：

（1）新品种的购买

这与前述生产者的新购不同，生产者出于生产需要，非买不可，只能选择供应者；而中间商对某种新产品的需求取决于市场需求，以此来决定是否购进。

（2）选择最佳供应者

中间商需要经营的产品确定后，经常要考虑的是选择最佳的供应者，即向谁进货。这种情况发生在：

①企业资源是有限的，不能经营所有供应者的产品，而只能从中选择一部分。

②中间商准备用自己的品牌推销商品，正在寻找既有一定水平又愿意合作的供应者。

如美国大零售商西尔斯公司和 A&P 公司经营的商品，绝大部分是用自己的品牌，它们采购工作的主要问题就是选择合作者。

（3）寻求较好的供应条件

有些中间商不需要更换供应者，但希望从原有的供应者处获得更有利的供货条件。

3. 中间商的主要采购决策

如上所述，中间商是其顾客的采购代理。因此，他们必须按照顾客的需求来制定采购计划。中间商的采购计划需包括三个主要决策：

（1）商品搭配战略

搭配战略是最主要的决策，它决定中间商的市场地位。

批发商和零售商可选择的搭配战略有以下四种：①独家产品。只经营一家厂商制造的产品，如专门经营“松下”电视机。②深度搭配。经营各厂家制造的同类产品，如经营“松下”“日立”“长虹”“厦华”等许多厂商制造的各种型号的电视机。③广泛搭配。经营范围十分广泛，但并没有超越企业既定的类型，如不仅经营各种牌号的电视机，而且还经营 DCD、组合音响、磁带、唱片等各种音像设备；④混合搭配。经营各种无连带关系的商品，如不仅经营各种音像设备，而且还经营电冰箱、洗衣机、微波炉、吸尘器等。

（2）供应者的选择。

中间商在决定是否采购某种产品或选择某家供应者时，通常要考虑的主要因素：商品价格和利润率；商品的独特性和受顾客欢迎的程度；供应者对该产品的市场定位及营销策略；供应者为该产品提供的广告和促销补贴；供应者的声誉或企业形象等。

（3）采购的价格和条件。

随着市场竞争的加剧，中间商在采购时特别注重价格谈判，这也是营销者必须予以注意的。尤其是当中间商的经营成本上升或消费者需求突然下降导致边际利润减少时，更应注意进货价格。

4. 中间商的采购决策过程及其影响因素

中间商的采购决策过程与产业用户类似，不再赘述。由于科学技术的发展，企业大量采用电子计算机和电子通信设备来处理采购业务，如控制库存量、计算合理的订购量、处理订单、要求卖方报价等。有些产品还实行无库存式的采购，即采购者利用电子计算机系统向供应者发要货通知，供应者根据要货通知随时供货，中间商特别是零售商不用建立自己的仓库即可随时得到供应，这对加速资金周转和降低经营费用有重要意义。

中间商的采购者同产业用户一样，也要受到环境因素、组织因素、人际因素和个人因素的影响。此外，采购人员的采购组织风格，也要予以考虑。

（四）政府采购市场行为

对于政府采购的含义曾经有过许多解释。中国政府于 2002 年 6 月正式颁布的《中华人民共和国政府采购法》对政府采购的含义进行了定义：“政府采购是指各级国家机关、事业单位和团体组织，使用财政性资金采购依法制定的集中采购目录以内的或者采购标准以上的货物、工程和服务的行为”。

同私人或企业采购相比，政府采购具有行政性、社会性、法制性和广泛性等特点。

一是行政性。政府采购决策是一种行政性的运行过程，要严格遵守行政决策的程序和过程，要代表政府的意志，遵循组织原则，并非将经济利益作为唯一的评价标准。

二是社会性。政府要承担社会责任和公共责任，其包括采购行为在内的所有行为不能只对政府机构负责，而必须对全社会负责。所以其采购行为必然要综合考虑对诸如环境、就业以及国家安全等各方面的影响。同时，政府采购行为的本身也要接受社会的监督。相比私人采购要接受董事会和股东的监督而言，其接受监督的范围要大得多。

三是法制性。在法治国家中，政府行为的基本特征是必须在法律的范围内运行，所有行为必须符合法律的规范和原则。所以政府采购的对象、程序和操作都必须用法律的形式加以规定并严格执行；

四是广泛性。政府是对国家和社会实行管理和服务的机构，其涉及的事务范围极其广泛，政治、经济、军事、教育、医疗卫生、资源开发、环境保护，几乎无所不包。所以其采购的领域必然也十分广泛，涉及的货物、工程和服务会和众多的产业有关，从而也给各行各业创造了市场机会。

任务四　企业市场竞争战略

任务目标

【知识目标】了解从行业角度和市场角度如何识别竞争者；熟悉市场竞争分析的内容和方法。

【能力目标】学习者能针对处于不同市场地位的企业，分析制定相应的竞争战略。

【核心能力】针对具体情况分析竞争对手反应模式和相应采取预防行为的能力。

引导案例

九龙斋的挑战者策略

酸梅汤是老北京的特色饮品，素有“北有酸梅汤，南有凉茶”的说法。王老吉一飞冲天后，燕京看到了中药饮品的巨大潜力，决定进军酸梅汤领域。在此之前，康师傅的酸梅汤已经在全国铺开，销量持续增长，是其“传世新饮”系列的核心产品。在这样的背景下，为其制定了极具创意性的组合策略。

(1) 起个好名字。力主燕京收购北京老字号“九龙斋”，并将公司更名为“九龙斋”，在品牌名称上不再和“燕京”产生关系。后来证明，九龙斋这个名字起到了极其重要的竞争作用。

(2) 围绕着“九龙斋”这个名字，通过对老北京历史、清朝历史的挖掘，构建了一整套品牌故事及品牌价值体系。

(3) 定位高端。一般而言，在有康师傅这一领袖品牌的情况下，九龙斋应该采取跟随策略，至少价格上应差不多。但履中国际反其道而行之，为九龙斋制定了4.6元/瓶的高价(康师傅同等规格的酸梅汤价格是3元/瓶)，这在九龙斋公司内部引起轩然大波，几乎所有人都认为这招行不通，结果必然是死路一条。但履中国际据理力争，耐心说服，最后终于得到客户的认可。

(4) 提炼品牌的核心价值为“解油腻”，辅助支撑点为“古法熬制”。采用履中国际“解油腻”的品牌价值定位，九龙斋的巨大竞争潜力得以释放，短短一年时间，迅速成为北京市场的老大，将康师傅挑落下马。

(案例来源：https：//www.taodocs.com/p-195373744.html)

一、识别企业的竞争对手

(一) 识别竞争者

1. 竞争者定义

企业的竞争者是指那些提供与本企业类似的产品和服务，并具有相似的目标和相似的价格的企业。

分析角度：行业，根据本行业的竞争模式确定竞争者的范围。

市场：企业的竞争对手是为与本企业相似的顾客群服务的企业。

2. 分类

品牌竞争者：生产价格相近的同种产品企业

行业竞争者：生产同种或同类产品企业

形式竞争者：提供相同产品或服务的企业

一般竞争者：服务相同顾客的企业

（二）分析竞争对手的步骤

1. 判定竞争者的目标

追求利润是每一个企业的终极目标，但不是唯一目标。企业在不同的发展时期，其目标也会不同。常见的目标有追求市场占有率、技术领先、质量领先、服务领先、信誉领先等。分析竞争者的目标组合时应把握以下几点：①竞争者追求的是长远发展，还是短期利润？②在竞争者的目标组合中，各个子目标的先后顺序是怎样的？

2. 判定竞争者的战略

企业在参与行业竞争时，应该了解各个竞争者在技术、产品、价格、分销、促销、服务等方面分别采取的是何种策略，分析本行业有哪些重要的策略群体以及各个策略群体进入障碍的大小，同时，分析自身所具有的相对策略优势，以便选择合适的策略群体参与其中的竞争。

3. 分析、评价竞争对手的优劣势

在评估竞争对手的优势和劣势时，SWOT 方法是有效的。（详见项目二市场分析之任务二市场营销环境分析）

4. 评估竞争对手的反应模式

竞争中常见的反应类型有四种：从容型竞争者、选择型竞争者、凶狠型竞争者、随机型竞争者，其比较如表 2-4-1 所示。

表 2-4-1　常见的竞争者反应类型

反应类型	说明	反应策略	举例
从容型竞争者	指对某些特定的攻击行为没有迅速反应或强烈反应	一定要弄清楚这类竞争者从容不迫的原因	米勒公司于 20 世纪 70 年代后期引进立达啤酒，而行业领袖安达斯布希公司不予理睬，使其日益壮大，最终占领了 60% 的市场份额
选择型竞争者	指只对某些类型的攻击做出反应，而对其他类型的攻击无动于衷	了解主要竞争者会对哪些攻击做出反应，为企业选择有效的攻击策略提供依据	海尔电器对竞争对手的价格战一般不做激烈反应，而是强调它的服务与技术上的优势
凶狠型竞争者	指对所有的攻击行为都做出迅速而强烈的反应	根据企业自身的条件，有针对性地予以还击	宝洁公司一旦遇到挑战就立即发动猛烈的全面反击
随机型竞争者	指对竞争攻击的反应具有随机性，有无反应和反应强弱无法根据其以往的情况加以预测	企业将很难预见竞争者将会如何行事，以及自身将如何做出反应	

二、企业市场竞争战略

（一）企业的市场竞争定位与竞争战略策划

按照企业在所属行业中的竞争地位不同，可以把企业分为四类：市场领先者、市场挑战者、市场跟随者和市场补缺者，见表 2-4-2。不同的竞争地位是制定竞争战略的基础。

表 2-4-2　竞争市场细分

	市场领先者	市场挑战者	市场追随者	市场补缺者
市场份额	40%以上	20%~40%	10%~20%	10%以下

1. 市场领导者的竞争战略

（1）市场领导者特征

①在相关市场产品中占有最大的市场份额；

②在价格变动、新产品开发、分销覆盖和促销力度等方面处于领导地位。

如信息行业的 IBM 公司、汽车行业的通用汽车公司、摄影行业的柯达公司、软饮料行业的可口可乐公司、快餐行业的麦当劳公司等。

（2）营销策略

营销策略一：扩大市场需求总量

途径：

①开拓新顾客

一个制造商可从三个方面（市场渗透战略、市场开发战略、地理扩展战略）找到新的用户。

如香水企业可设法说服不用香水的妇女使用香水（市场渗透战略）；说服男士使用香水（市场开发战略）；向其他国家推销香水（地理扩展战略）。

②开辟新用途

许多事例表明，新用途的发现往往归功于顾客。凡士林最初问世时是用作机器润滑油，之后，一些使用者还发现凡士林可用作润肤脂、药膏和发胶等。

③扩大使用量

如法国的一家轮胎公司宣传法国南部的旅馆服务如何优良，诱导巴黎人开车到南部去度周末，增加了轮胎的消耗量。提高购买频率也是扩大消费量的一种常用办法，如时装制造商每年每季都不断推出新的流行款式，消费者就不断购买新装，流行款式的变化愈快，购买新装的频率也愈高。

营销策略二：提高市场份额

美国的一项称为“企业经营战略对利润的影响”（PIMS）的研究表明，市场占有率是影响投资收益率最重要的变数之一，市场占有率越高，投资收益率也越大。市场占有率高于 40%的企业，其平均投资收益率相当于市场占有率低于 10%的企业的 3 倍。因此，许多企业以提高市场占有率为目标。

案例 2-4-1

美国通用电气公司要求它的产品在各自市场上都要占据第一或第二位，否则就要撤退。该公司就曾将电脑和空调机两项业务的投资撤回，因为它们在其中无法取得领先地位。

营销策略三：保有市场份额

保持现有市场份额的战略是市场领导者经常要实行的战略。一般有如下几种防御策略：阵地防御、侧翼防御、先发制人、反击防御、运动防御、收缩防御。

①阵地防御：指在现有阵地周围建立防线，这是一种静态的消极的防御，是防御的基本形式，但是，不能作为唯一的形式。

案例 2-4-2

亨利·福特对他的 T 型车的近视症付出了沉重的代价，使得年赢利 10 亿美元的福特公司从顶峰跌到濒临破产的边缘。

可口可乐公司虽然已经发展到年产量占全球饮料半数左右的规模，但仍然积极从事多角经营，如打入酒类市场，兼并水果饮料公司，从事塑料和海水淡化设备等行业。

②侧翼防御：指市场领导者除保卫自己的阵地外，还应建立某些辅助性的基地作为防御阵地，或必要时作为反攻基地。特别要注意保卫自己较弱的侧翼，防止对手乘虚而入。

案例 2-4-3

20 世纪 70 年代美国的汽车公司就是因为没有注意侧翼防御，遭到日本小型汽车的进攻，失去了大片阵地。

③先发制人：这是一个以进攻的姿态进行积极防御的做法。具体做法是当竞争者的市场占有率达到某一危险的高度时，就对它发动攻击；或者是对市场上的所有竞争者全面攻击，使得对手人人自危。

案例 2-4-4

日本本田公司，素以生产摩托车闻名，该公司从 20 世纪 80 年代中期开始进入轿车生产领域，但仍然保持每年推出几款新型摩托车产品。每当有竞争对手生产同样摩托车产品时，本田公司就采取首先降价的防御措施，因此该公司在摩托车市场的领先地位得以长久保持。

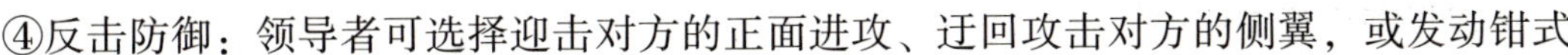

④反击防御：领导者可选择迎击对方的正面进攻、迂回攻击对方的侧翼，或发动钳式

进攻，切断从其根据地出发的攻击部队等策略。

案例 2-4-5

当美国西北航空公司最有利的航线之一——明尼阿波利斯至亚特兰大航线受到另一家航空公司的降价和促销进攻时，西北航空公司采取的报复手段是将明尼阿波利斯至芝加哥航线的票价降低，由于这条航线是对方的主要收入来源，结果迫使进攻者不得不停止进攻。

⑤运动防御：要求领导者不仅要积极防守现有阵地，还要扩展到可作为未来防御和进攻中心的新阵地，它可以使企业在战略上有较多的回旋余地。

案例 2-4-6

美国施乐公司为保持其在复印机产品市场的领先地位，从 1994 年开始，积极开发电脑复印技术和相应软件，并重新定义公司是“文件处理公司”而不再是“文件复制公司”，以防止随着计算机技术对办公商业文件处理领域的渗入而使公司市场地位被削弱。

⑥收缩防御：即放弃某些薄弱的市场，把力量集中用于优势的市场阵地中。

案例 2-4-7

可口可乐公司在 20 世纪 80 年代放弃了公司曾经新进入的房地产业和电影娱乐业，以收缩公司力量对付饮料业越来越激烈的竞争。

2. 市场挑战者的竞争战略

(1) 选择挑战对象：市场领导者；规模相同、经营不善者；规模较小、经验不善者。

(2) 自身条件：拥有持久竞争优势；其他方面程度接近；具备某些阻挡领先者报复的方法。

(3) 选择竞争战略：正面进攻、侧翼进攻、包围进攻、迂回进攻、游击进攻。

①正面进攻：应该是集中全力向对手的主要阵地发起进攻，而不是攻击其弱点。其成败取决于双方力量的对比。使用这种战略时，挑战者必须在产品、广告、价格等主要方面超过对手，才有取得成功的可能性。

案例 2-4-8

我国微波炉行业后起之秀——“格兰仕”，之所以能打败先行者“蚬华”，就是通过大幅降低自己的生产成本，然后在此基础上降价的方式，使自己产品的市场份额迅速扩大到 40% 以上。

②侧翼进攻：按地理性分析，即在全国或全世界寻找对手力量薄弱的地区，在这些地区发动进攻；按细分性分析，即寻找主导企业尚未占领的细分市场，在这些小市场上迅速填补空缺。

案例 2-4-9

"七喜"汽水在迎战"可口可乐"时，采用的是一种排他性侧面进攻，它将自己定位在非可乐的位置，从而避免了与"可口可乐"打正面战。

③包围进攻：当进攻者对于对手而言具有资源优势，并确信围堵计划的完成足以打垮对手时，可以采用这种战略。其策略是提供比竞争对手更多的产品。

案例 2-4-10

美国埃克森公司企图用 10 年时间，采取包围战术，垄断办公室自动化业务，同时击败 IBM 公司，因此他们收购了大量的公司，生产各种产品。由于公司组织混乱，产品创意不足，加之高级主管频繁更换，使得该公司遭受对手反击，因此失去了 31.5 亿美元的销售额。

④迂回进攻：即尽量避免正面冲突，在对方所没有防备的地方或是不可能防备的地方发动进攻。具体做法有三种：实行产品多元化经营，发展某些与现有产品具有不同关联度的产品；实行市场多元化经营，把现有产品打入新市场；发展新技术产品，以此来取代技术落后的产品。

⑤游击进攻：指对不同的领域或竞争对手进行间歇性的小型打击，其目的在于瓦解竞争对手的士气，逐步提高自己的市场地位。游击进攻的特点是灵活机动，突然性强，因此对手很难进行防范。

游击进攻特别适用于那些规模小或资本不大的挑战者。挑战者发动小型而间歇性的攻击去骚扰竞争者，并希望建立永久的据点。游击进攻战选择如削价、"抢走"对方的主管、密集的促销活动以及"打不赢就走"的策略。

3. 市场追随者的竞争战略

总战略指导思想：追随市场领导者的经营行为，提供类似的产品或服务给购买者，尽力维持行业市场占有率的稳定。必须懂得如何稳定自己的目标市场，保持现有顾客，并努力争取新的消费者或用户；必须设法创造独有的优势，给自己的目标市场带来如地点、服务、融资等某些特有的利益；还必须尽力降低成本并提供较高质量的产品和保证较高的服务质量，提防挑战者的攻击。

战略选择包括：紧密跟随、距离跟随、选择跟随。

（1）紧密跟随：即在各个细分市场和营销组合方面尽可能仿效主导领先者。这种跟随者有时好像是挑战者，但只要它不从根本上侵犯到主导者的地位，就不会发生直接冲突。

案例 2-4-11

“华尔街日报”是美国发行量与广告量最大的商业报纸，每天发行量超过 200 万份，它拥有最好的作者与编者，而且集工商报道和财经消息两种新闻媒体于一身。但由于其名称太偏重于财经味道，因此“商业时报”即以工商业专业报纸身份出现攻击“华尔街日报”，从而获得发展。

（2）距离跟随：采取选择跟随时必须集中精力去开拓适合企业的那些市场，这样才可赢得丰厚利润，甚至超过市场主宰者。

案例 2-4-12

美国霍恩实业公司在以斯蒂尔凯斯公司为首的美国办公家具市场只排第四位，但它在中档办公家具市场的年赢利高居榜首，达 40 亿美元，所占市场份额超过 20%。虽然斯蒂尔凯斯公司的经营规模是霍恩实业公司的 3 倍，但后者的市场回报率却是前者的 2 倍左右。

（3）选择跟随：即在主力方面，如目标市场、产品创新、价格水平和分销渠道等方面都追随主导者，但仍与主导者保持若干差异。这样领先者并不注意到模仿者，模仿者也不进攻主导者。

注意：跟随不是跟风；跟随不是全盘照搬或模仿；跟随市场而不是跟随产品；跟随不能忽视创新；跟随既是科学也是艺术。

4. 市场补缺者的竞争战略

除了寡头竞争行业，其他行业中，都存在一些数量众多的小企业，这些小企业差不多都是为一个更小的细分市场或者是为一个细分市场中存在的空缺提供产品或服务。作为市场补缺者，在竞争中最关键的应该是寻找到一个或多个安全的和有利可图的补缺基点。理想的市场补缺基点应该具有的特点是：

第一，有足够的市场需求量或购买量，从而可以获利；

第二，有成长潜力；

第三，为大的竞争者所不愿经营或者是忽视了的；

第四，企业具有此方面的特长，或者可以很好地掌握补缺基点所需要的技术，为顾客提供合格的产品或服务；

第五，企业可以靠建立顾客信誉保卫自己，对抗大企业的攻击。

市场补缺者采用的主要战略是实施专业化市场营销。一般而言，在下列几方面可以找到专业化的竞争发展方向：

第一，最终使用者的专业化。

企业专门为最终使用用户提供服务或配套产品。如一些较小的计算机软件公司专门提供防病毒软件，成为“防病毒专家”。

第二，纵向专业化。

企业专门在营销链的某个环节上提供产品或服务，如专业性的设备搬运公司、清洗公司等。

第三，顾客类型专业化。

市场补缺者可以集中力量专为某类顾客服务。如在产业用品的市场上，存在许多为大企业所忽视的小客户，市场补缺企业专为这些小客户服务。某些小型装修公司，专门承接家庭用户的住房装修业务，这些是大型装修公司所不愿意为的。

第四，地理区域专业化。

企业将营销范围集中在比较小的地理区域，这些地理区域往往具有交通不便的特点，为大企业所不愿经营的。

第五，产品或产品线专业化。

企业专门生产一种产品或是只有一条产品线。而所涉及的这些产品，是被大企业看作市场需求不够、达不到经济生产批量要求而放弃的。这就为市场补缺者留下很好的发展空间，如家用电器维修安装业务。

第六，定制专业化。

当市场领先者或是市场挑战者比较追求规模经济效益时，市场补缺者往往可以碰到许多希望接受定制业务的顾客。它们可以专门为这类客户提供服务，构成一个很有希望的市场。近年来，我国城市中的许多家庭，在住房装修、家具等产品和服务方面，越来越倾向于定制，就为许多小企业或个体业主提供虽是分散，却是数量极大的营销机会。

第七，服务专业化。

专门为市场提供一项或有限的几项服务。近年来我国城市中出现的许多“搬家服务公司”“家教服务中心”，农村的“农技服务公司”“种子服务公司”等，就是小企业采用这类专业化发展的做法和实例。

复习思考题

1. 市场调查的作用是什么？
2. 市场调查的内容是什么？
3. 市场调查的程序与步骤是什么？
4. 市场调查的方法有哪些？
5. 市场调查报告的内容包括哪些？
6. 简述市场营销环境的构成。
7. 影响消费者购买行为的因素有哪些？
8. 参照群体对消费者的购买行为有哪些影响？
9. 消费者购买决策过程分几个阶段，各阶段企业的市场营销任务是什么？
10. 简述竞争者的反应模式一般有哪几种。
11. 一个最好的“利基”应具备哪些特征？

案例分析一

自动洗碗机受冷落之谜

自动洗碗机是一种先进的厨房家用电器，是发明家和企业家适应社会需要的创新杰作。然而，当美国通用电气公司率先将自动洗碗机推上市场时，等待他们的并不是蜂拥而至的顾客，“门前冷落鞍马稀”的局面真是出人意料。

公司的经营策划者们将希望寄托在广告宣传上。按照过去的经验，只要让广告媒体实施心理上的“轮番轰炸”，消费者总会认识到自动洗碗机的价值。于是，他们在各种报纸杂志、电视广播上反复宣传“洗碗机比用手洗更卫生，因为它可以用高温水杀死细菌”。他们还别出心裁地用电视画面放大细菌的丑恶形象，使人对此产生恐惧。他们想，细菌无处不在，人们对肉眼看不见的小东西产生恐惧感，则必然会求助于洗碗机。在电视广告里，他们示范了清洗因烘烤食品而被弄得一塌糊涂的盘子的过程，形象地宣传自动洗碗机对付那些难以清洗的餐具的能力。

结果又是如何呢？一切“高招”都用尽了，人们对自动洗碗机仍是敬而远之，从商业渠道传来的信息极为不妙，新开发的自动洗碗机眼看就要夭折在它的投放期内。

消费者究竟是怎么想的呢？持传统观念的人认为，男人和十来岁的孩子都能洗碗，自动洗碗机在家中几乎没有什么用，即使用它也不见得比用手洗得好；用机器洗碗先要做许多准备工作，增添了不少麻烦，还不如手洗来得快。妇女们认为，自动洗碗机这种华而不实的玩意将损害“能干的家庭主妇”的形象。一部分人则不相信自动洗碗机真的能把所有的碗洗干净，认为机器太复杂，无法理解它的功能原理，维护修理肯定困难。还有一些人虽然欣赏自动洗碗机，但认为它的价格难以承受。

思考：

1. 是什么原因导致自动洗碗机受到冷落？
2. 营销人员在做市场分析的时候应关注消费者哪些方面的需求？

案例分析二

大学生购买行为分析

第一，大学生消费具有示范效应，从众行为和冲动性明显。比如，如果同宿舍的舍友都有MP4，那么自己也有强烈的购买愿望。作为年轻人，大学生追求个性的释放，他们希望自己成为有独特风格的人，也喜欢有独特风格的产品与品牌，但是这种独特是群体的独特。大学生每天都和同学、朋友进行亲密接触，因此他们又具有高度的一致性，他们希望并主动与群体保持一致，并以这种一致获得群体的认同。大学生们群体生活的方式和现代的网络、通信设备，使得任何一个小小的火种都可能在大学生中迅速引爆流行。

大学生购买行为的冲动性表现在消费上的连续性。如果消费一次后感觉很满意，很可能会连续消费同企业的相同或不同产品，并且还会推荐自己的朋友消费；若不满意，很可能不再消费，而且这样的感觉会因为大学生自己信息的迅速交流，感染到周围的同学。同时冲动性的另一面是冲动消费，它容易受广告等宣传的影响和促销方式的引导，故消费具有冲动的特点。

第二，大学生消费观念超前，消费产品集中。他们容易接受新事物，消费观念超前且变化快，比如对网上购物容易接受，对“花今天的钱圆明天的梦”的新兴消费方式也比较容易接受。随着大学生消费观念的变化和时尚物品花样的发展，受大学生群体间示范效应的影响，消费逐渐向多元化发展，但目前来讲仍然处于一个集中的水平，消费产品的种类主要集中在时尚、电子、影像、文化、娱乐、交友、旅游、培训上，但具体物品变化快，比如在 IT 消费产品上，可能一段时期流行的是 CD 机，而另一段时期就是 MP4 了。

另外，大学生消费最大的特点还在于追求时尚、新奇和浪漫的事物。大学生消费的趋势就是从实用化向时尚化过渡，消费的大头已经不再是学习用品、书籍之类的东西，已经转变成了电子产品等比较前卫的带有时尚气息的产品。

第三，品牌化。消费名牌对大学生而言有很大的吸引力，通常大学生在购买东西时，非常看重品牌，没有牌子的一般不会关注。在大学生的心目中，品牌是一种质量的保证，也是品位的象征。

思考：大学生购买行为对校园营销的启示是什么?

案例分析三

肯德基快餐店为什么要设小型儿童游乐场所

作为世界上首屈一指的快餐连锁集团，肯德基近年来在全球各地市场受到了多方面的挑战。肯德基主打成年人市场与小孩和家庭路线，“迎合妈妈和小孩”。每到周末就能看到肯德基里面人山人海，尤其是在免费的儿童游乐场所，孩子们玩得不亦乐乎。

思考：

1. 肯德基快餐店设小型儿童游乐场所的原因是什么？结合消费者行为解释。
2. 分析在肯德基快餐的消费行为中，家庭里哪个成员对消费决策影响最大?

实训操作一

对市场调查项目进行调查目标与内容分析。

【实训目标】通过本项目实训，使学生学会为企业确定具体的市场调查目标以及调查内容。

【实训内容】某制鞋厂生产了一种海蓝色的涤纶坡跟鞋，在当地很受欢迎。鞋厂根据市场反应，给外地一家大型鞋帽商场发货 5000 双。时隔不久，商场来电要求退货。厂家很快派人赶赴这一城市，经初步调查，生产地与这一消费地风俗习惯不同，这种颜色在该城市被认为是不太吉祥，因此，鞋上市后几乎无人问津。

制鞋厂于是决定召回海蓝色的鞋，并委托调查公司对该市的鞋类消费市场进行调查。假如你是调查公司的一员，你将如何进行调查，调查的大致内容有哪些。

【实训步骤】学生分组，可以从不同角度去思考、确定调查目标和内容。结合材料，各组展示分析结果，教师讲评。

实训操作二

根据调查课题，为某一产品或店铺开发的营销调查制定一份“市场调查方案书”。

【实训目标】1. 通过本次实际操作训练，使学生认识到调查企划方案在市场调查中的重要作用。调查企划方案是营销调查的第二步，调查方案是指导市场调查工作的总纲，是整个市场调查活动的指导，一份系统、具体、可操作性强的方案书能够保证整个调查活动有条不紊地进行。

2. 通过本次操作训练，使学生能够掌握编写调查方案的基本技能。学会这一技能对学生独立操作市场调查活动是很重要的，对将来从事营销工作或创业都是非常重要的。

【实训内容】1. 要求学生在教师指导下，能够独立完成本次“市场调查方案书”的制定。要求学生把调查的具体时间和相应的调查内容安排做成表格的形式，便于操作和掌握。

2. 要求学生通过“市场调查方案书的编制”的实践操作，更好地理解营销调查方案的重要性，学会调查方案制定的基本技能。

【实训步骤】1. 学生根据自己确定的调查课题要求，按照“市场调查方案书的编制”步骤，在两周之内完成该项操作训练。

2. 学生制定的调查方案要求系统、具体、明确，总之可操作性要强，该方案能够保证接下来的调查活动能够有条不紊地进行，从而能够提高营销调查工作的效率。

3. 教师根据下列标准给予学生评定：①能够准时完成；②调查计划制定的正确性；③调查计划制定的可行性。

实训操作三

市场调查报告的撰写。

【实训目标】通过实训，使同学们掌握市场调查报告撰写的基本格式和具体方法。

【实训内容】分小组根据前面课程整理的资料完成一篇规范的市场调查报告。

【实训要求】①以 4~5 人为一小组开展实训，每个小组成员分工合作；②各小组将完成的报告进行轮回演示，推选出优秀的小组成员到课堂进行现场口头报告。

实训操作四

调查搜集某企业的市场环境资料信息，运用 SWOT 分析方法进行环境分析。

【实训目标】培养分析市场营销宏观环境和微观环境的能力，培养运用 SWOT 分析方法评价企业的能力。

【实训组织】调查一个实际企业，做出宏观与微观环境分析，进行 SWOT 分析评价。

【实训提示】要求学生根据自己确定的调查课题，按照市场环境分析方法和 SWOT 分析方法，在一周之内完成该项操作训练。

【实训成果】教师根据下列标准给予学生评定：①能够按时完成；②环境分析和 SWOT 分析方法的正确性；③应对方案的可行性。

实训操作五

以小组为单位，选择一种产品，确定目标客户。讨论产品的卖点并制定出可行性营销方案。

【实训目标】让学生通过分析消费者的需要、购买动机及个体特征，有针对性地制定特定产品的营销方案。

【实训组织】学生每 3~5 人分为一组，小组成员分工协作，制定出切实可行的产品营销方案；小组代表简要说明本组方案的特色与优势。

【实训提示】①分析所选定的产品具备哪些卖点；②制定出一套较为可行的营销方案来打动你的目标客户；③如何更有效地激发目标客户的购买动机并使之转化成为行动？

【实训成果】以小组为单位完成书面营销方案一份。各组汇报，教师点评。

项目三　目标市场营销战略

项目目标

【知识目标】掌握细分消费者市场的方法；掌握目标市场营销战略；掌握市场定位战略。

【能力目标】能够独立进行消费者市场细分；能够制定目标市场营销战略，进行市场定位。

【核心能力】在进行市场细分的基础上选择目标市场。

引导案例

宝洁公司差异性市场营销战略

宝洁公司在洗衣粉市场上通过市场细分，划分出11个不同的细分市场，成功占据了美国洗衣粉市场55%以上的份额，成为世界一流的大公司。洗涤用品（包括洗衣粉）市场是与人们生活密切相关的消费品市场，洗衣粉的主要用途当然是使衣服清洁。但是，人们对洗衣粉还有以下要求：比较便宜；能够漂白；使织物更加柔软；有清新的气味；有泡沫或无泡沫及多泡沫等。虽然每一个用户都有上述的需求，但每个人的偏好是不一样的：有的喜欢多泡的，有的则喜欢无泡的；有的侧重于洗衣粉的清洁力，有的则注重它的清香味。“汰渍”是针对洗衣格外费力的使用环境的，是一种强效、能洗净纤维内层的全能家庭洗衣粉；“快乐”适用于热水、温水和冷水，并不含刺激性香味；“博德”是带有织物柔顺剂的洗衣粉，使衣服清洁、柔顺且没有静电；“索罗”是带有织物柔顺剂的液态洗衣剂；“埃拉”是“天生的去污手”，能洗去各种污渍；“德洗”可洗去各种污渍，且价格低廉；“奥克雪”含有漂白剂，能使衬衫更加亮白；“醉肤特”含有天然清洁剂，适于洗涤内衣及婴儿衣服；“甘原”是含酶洗衣粉，洗后有怡人的香味。

除此之外，宝洁公司还生产了8个品牌的手洗用肥皂、6个品牌的洗发剂、4个品牌的洗碗剂、4个品牌的牙膏、3个品牌的地面清洗剂以及2个品牌的除臭剂和织物柔软剂。而且，每一品牌的产品又有好几种规格和配方，如“汰渍”就有常规型、无香味型和增白型3种。

（资料来源：张秋林．市场营销学——原理、案例、策划[M]．南京：南京大学出版社，2007）

消费者的需求千差万别，任何一个企业，包括许多世界知名企业，都难以用单一的产品满足所有消费者的需求。

由于市场本身就是由一群具有不同欲望和需求的消费者组成的，而企业的人、财、物等资源又有限，因此，通常情况下，一个企业不可能为市场上所有的消费者服务，大多数企业都在从事目标市场营销。

目标市场战略是现代市场营销理论的核心内容，指企业在市场调研的基础上，识别不同消费群体的差别，有选择地确认若干个消费群体作为自己的目标市场，发挥自身优势，满足其需要。目标市场营销战略包括三个内容：市场细分（segmenting）、目标市场选择（targeting）、市场定位（positioning），所以又被称为 STP 战略。

任务一 市场细分

任务目标

【知识目标】了解市场细分的概念，掌握细分消费者市场的方法。

【能力目标】能够独立进行消费者市场细分。

【核心能力】运用所学的市场细分的方法研究具体企业，培养分析和解决实际问题的能力。

引导案例

哈根达斯卖的是梦想

1961 年，哈根达斯诞生于纽约的布朗克斯，它的创始人是鲁本·马塔斯。

20 世纪 50 年代，美国冰激凌市场竞争越来越激烈，40 多岁的马塔斯敏锐地发现，低价冰激凌市场已日渐成熟，小作坊式的冰激凌生产根本不可能有大的作为。于是，马塔斯立志要生产纯天然、高质量、风味绝佳的冰激凌产品，抢占高品质冰激凌市场。他推出三种口味的高档冰激凌：香草、巧克力和咖啡，主要针对一些高级餐厅和商店。

哈根达斯走的是“曲高和寡”的经营路线，它必须突显自己“矜贵”的品牌个性。马塔斯在创立哈根达斯之初，便明确地喊出了自己的宣言“制造最好的冰激凌”，在其后的发展历程中，无论是制作选料、产品定价，还是专卖店设立、宣传策略等，哈根达斯都尽善尽美，体现出对“矜贵”傲人品质的孜孜以求，使品尝哈根达斯冰激凌成为一种难忘的体验。

1996 年，哈根达斯进入中国，在上海南京路开设了中国第一家专卖店，随后，哈根达斯在北京、广州、杭州、深圳、青岛等十多个城市闪亮登场。哈根达斯是个异国品牌，当许多人对圣诞节和情人节等舶来品热情追捧时，哈根达斯却已将自己的西方浪漫风情融入传统的东方情结中，牢牢抓住了中国消费者的心。

（资料来源：http：//info. ceo. hc360. com/2008/04/11070757714-3. shtml）

一、了解市场细分及其作用

（一）市场细分的含义、产生与发展

市场细分是美国市场营销学家温德尔·史密斯（Wendell Smith）在1956年提出来的。20世纪50年代以前，企业往往把消费者看作是具有同样需求的整体市场，所以大量生产单一品种的产品，用普遍广泛的分销方式和同样的广告宣传方式进行销售。但是，由于消费者的需求是有差异的，这样的销售方式使他们不满。20世纪50年代，美国宝洁公司发现消费者有洗涤不同的纤维织物的需要，于是生产了三种不同性能、不同品牌的洗衣肥皂：一种是洗涤软性纺织品的碱性小的肥皂；一种是洗涤较脏衣服的强碱肥皂；一种是多种用途的全能肥皂。由于这些肥皂满足了不同消费者的需求，使其在肥皂市场上获得了较大的市场份额。营销专家总结了这一实践经验，提出了市场细分这一概念。

进入21世纪，市场细分理论又有了很大的发展。“细分到个人”“一对一营销”“定制营销”等理论被一些企业采用，大大充实了市场营销的理论知识和实践经验。

所谓市场细分，就是企业通过市场调查、分析，根据消费者需求的差异性，把整体市场划分为若干具有某种相似特征的顾客群（称为亚市场或子市场），以便选择和确定自己的目标市场的工作过程。简而言之，就是分辨具有不同欲望和需求的顾客群，把他们分别归类的过程。比如，按性别、年龄、收入等因素可把皮鞋市场细分为男皮鞋、女皮鞋，儿童皮鞋、成年人皮鞋，以及高档皮鞋、普通皮鞋等若干子市场。

理解市场细分概念时要注意：市场细分不是对产品的分类，更不是对企业的分类，而是对消费者不同的需求或行为的分类。

市场由购买者组成，而购买者在消费需求、购买习惯等方面各不相同，因为他们在商品的品种、数量、价格、式样、规格、色彩、购买时间、购买地点等方面都存在一定的差异性。这些差异性的存在，为市场细分提供了基础，消费差异越大，消费者越是追求差异化，市场细分也越有必要。

（二）市场细分的依据

1. 市场需求的差异性

每个消费者由于个性、年龄、地理位置、文化背景、职业等方面的不同，他们在购买商品时，在动机、欲望和需求上存在着一定的差异。例如，购买手机，不同的消费者，对手机的外形、功能、颜色等的需求是不同的。由于有这种差异性，企业就可以把需求大体相似的消费者划分为同一群体，以相应的商品去满足他们的需求。

2. 市场需求的相似性

顾客的需求可能千差万别，但却可以按照一定的标准去寻找和发现它们的相似之处，从而形成稳定的细分市场。例如，我国消费者的需求千差万别，可独生代就有相似的消费特征。这种相似性又使不同消费者需求再次聚集，形成相类似的消费群体，从而构成了具有一定个性特征的细分市场。

3. 企业营销能力的限制

无论哪个企业，其经营能力、经营范围总归有限，不可能为消费者提供所需的全部商

品，而只能根据企业的长处，去生产和经营某一方面或几方面的商品，满足某一部分或若干部分消费者的需要。这就要求企业必须将复杂多变的整体市场细分，在共性中求个性，在个性中求共性，发挥企业优势，更好地满足消费者的需要。

4. 企业发掘市场机会的需要

随着市场经济的进一步发展，买方市场的进一步形成和卖方市场竞争的加剧，有厚利可图的市场越来越少，可以利用的营销机会很难寻觅。企业只有依靠市场细分来发掘未满足的市场需要，寻求有吸引力的、符合自己目标和资源的营销机会，才能在激烈的市场竞争中求得生存与发展。

（三）市场细分的作用

1. 有利于企业发现新的市场机会

如何认识市场？如果不对市场进行细分研究，市场始终是一个“混沌的总体”，因为任何消费者都是集多种特征于一身的，而整个市场是所有消费者的总和，呈现高度复杂性。市场细分可以把市场丰富的内部结构一层层地抽象出来，发现其中的规律，使企业可以深入、全面地把握各类市场需求特征。

另外，市场需求指已经出现在市场但尚未得到满足的购买力，在这些需求中有相当一部分是潜在需求，一般不易发现。企业运用市场细分的手段往往可以了解消费者的需求和满足程度，从而寻找、发现市场机会。同时，企业通过分析和比较不同细分市场中竞争者的营销策略，选择那些需求尚未满足或满足程度不够，而竞争对手无力占领或不屑占领的细分市场作为自己的目标市场，结合自身条件制定出最佳的市场营销策略。

案例 3-1-1

日本钟表的市场细分

日本钟表欲进入美国市场，原来一直以为美国消费者只需要名表，对美国手表市场需求了解不够。经过一番调查后发现，美国手表市场上有三类不同的消费群体。

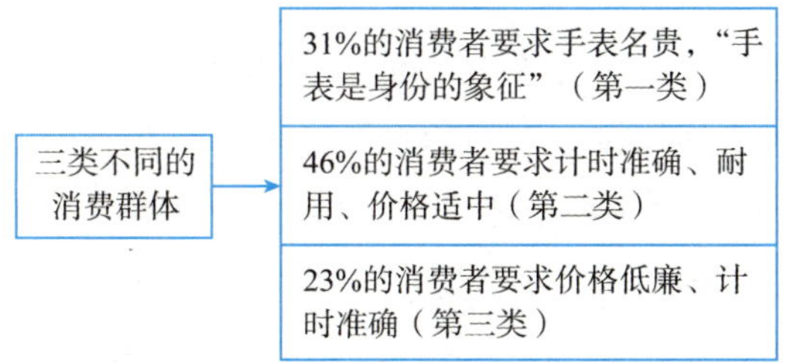

美国本地钟表厂商和瑞士手表厂商一向只关注第一类消费者，着眼于生产和经营优质名牌、价格昂贵的手表，而近70%的消费者的需求都未得到满足。日本钟表厂商发现了这个市场机会，以式样新颖、售价便宜的电子表占领“价格低廉、计时准确”的细分市场，以式样新颖、售价适中的机械表占领“计时准确、耐用、价格适中”的细分市场，取得很大的成功。

（资料来源：http：//www. yingsheng. com/kjxz/156/）

2. 有利于企业制定适当的营销战略和策略

市场营销策略组合是由产品策略、价格策略、促销策略、分销策略、权力营销策略、公共关系策略组成的。企业可通过市场细分确定自己所要满足的目标市场，找到资源条件和客观需求的最佳结合点，这将有利于企业集中人力、物力、财力，有针对性地采取不同的营销策略，取得良好的经济效益。

3. 有利于企业提高竞争力和应变力

企业在通过市场细分选择目标市场的过程中，可以更加深入、细致地分析和研究需求的特点，及时、准确地调整产品结构，推出更适合消费者的产品，从而增强竞争力和应变力。市场细分不仅给企业带来良好的经济效益，而且也创造了良好的社会效益。因为，一方面细分化可以使不同消费者的不同需求得到满足，提高生活水平；另一方面有利于同类企业合理分工，在行业内形成较为合理的专业化分工体系，使各类企业务得其所、各显其长。

二、把握市场细分标准

（一）消费者市场细分的标准

市场细分是建立在市场需求差异性基础之上的。因此，形成消费者市场需求差异性的因素可以作为消费者市场细分的标准。影响消费者需求的差异性因素是多种多样的和不断变化的，因此，市场细分的标准又叫市场细分变数。细分消费者市场所依据的变数可以概括为四大类：地理环境因素、人口统计因素、消费心理因素和购买行为因素。

1. 地理环境因素

地理变数是最明显、最容易衡量和运用的细分变数，所以，以地理环境为依据划分市场是最传统的市场细分方式。其主要理论根据是处在不同地理位置的消费者，对产品有不同的需求和偏好，对企业所采取的市场营销战略以及产品、价格、分销、促销等市场营销措施也有不同的反应。

按照消费者所处的地理环境来细分市场时，主要内容包括国别、区域、城乡、地区、地形、气候、城市大小、人口密度、交通条件等。地理位置不同，交通状况、资源条件不同，人们的生活方式就不同，对同一类产品的需求、偏好往往不一样，使用产品、选择产品就有巨大差异。

案例 3-1-2

韩国化妆品的市场细分

韩国化妆品企业最早意识到了亚洲人的皮肤特点不同于欧美人，如亚洲人的皮肤易长斑、老化快。因此，欧美企业的护肤产品并不合适亚洲人的皮肤。针对这些特点，韩国企业开始致力于功能性护肤品的研究，最终依靠具有抗皱、抗衰老和增白功能的产品，成功地占据了亚洲护肤品市场。

（资料来源：https：//www. taodocs. com/p-146866037. html）

气候因素也会使得人们的穿着、饮食有差异。如北方居民对冬衣的需求时间较长，数量也较多。而南方居民则需要更多的春夏服装；饮食口味上，我国就有“南甜北咸，东辣西酸”之说。同时，市场潜量和营销费用也会因地理位置的不同而有所不同。应该指出的是，按照国家、地区、城市农村、沿海内地、热带寒带等标准来细分市场是必须的，但是，地理环境是一种静态因素，处在同一地理位置的消费者仍然会存在很大的差异。因此，企业还必须利用其他因素来进一步细分市场。企业应选择那些能为之提供最好服务的、效益高的地理市场为目标市场。

2. 人口统计因素

这是根据人口统计变数来细分市场。企业可以按人口统计资料所反映的内容，包括年龄、性别、家庭人数、家庭生命周期、收入、职业、教育、宗教、种族、国籍等作为细分标准来细分消费者市场。长期以来，人口因素一直是消费者市场最主要的细分标准之一。这是因为消费者的欲望、偏好和使用率往往和人口变数有因果关系，人口变数比其他变数更容易衡量。按人口状态标准细分市场的情况表见表 3-1-1。

表 3-1-1　按人口状态标准细分市场情况表

	主要变量	营销要点
性别	男女构成	了解男女构成及消费需求特点
年龄	婴儿、儿童、少年、青年、成年、老年	掌握年龄结构、比例及不同年龄阶段的消费特征
收入	白领和蓝领；高收入者、中高收入者和低收入者	掌握不同收入层次人群的消费特征和购买行为
家庭生命周期	单身阶段、备婚阶段、新婚阶段、育儿阶段、空巢阶段、寡鳏阶段	研究各家庭处在哪一阶段、不同阶段消费需求的数量和结构
职业	工人、农民、军人、学生、干部、教育工作者、文艺工作者	了解不同职业的消费差异
文化程度	文盲、小学、中学、大学等	了解不同文化层次人群的购买种类、行为、习惯及结构
民族	汉族、满族、回族、蒙古族等	了解不同民族的文化、宗教、风俗及不同的消费习惯

（1）年龄。不同年龄的消费者的需要和购买力有明显的差异。例如，儿童对玩具、少儿读物的需求最多；青少年对时装、旅游、娱乐的需求最多；而营养滋补品和医疗保健用品的需求者多为老年人等。玩具、服装、食品等市场均可按年龄细分。

但是，年龄是复杂而微妙的变数。因为随着社会的不断发展和人们物质文化生活水平的不断提高，生理年龄已不能完全说明一个人的工作、家庭、健康等状况，而心理年龄越来越发挥更大的作用。因此，企业在考虑此因素时，要尽量避免墨守成规的年龄印象。

案例 3-1-3

美国福特汽车公司的市场细分

美国福特汽车公司曾按照购买者年龄来细分汽车市场。该公司的“野马”牌车原来是专为想买便宜跑车的年轻人设计的，想不到的是不仅某些年轻人购买“野马”车，许多中老年人也购买“野马”车，因为他们认为驾驶“野马”车可使他们显得年轻。

（资料来源：https：//www. jinchutou. com/p-32935357. html）

（2）家庭人口与家庭生命周期。家庭人口数量不同，在购买消费品的品种、数量、质量和购买习惯上也不一样。例如，规模大小不同的家庭所需日用品或家用电器的规格可能不同。家庭生命周期的不同，人们对商品的需求也不一样，如家庭中有子女与无子女，有年幼子女与成年子女，其需求特点就大不相同。目前中国的家庭规模趋向小型化，企业在进行市场细分时，必须考虑这种趋势。

同时，家庭生命周期状况对企业的市场营销也有重大影响。

家庭生命周期，一般由 7 个阶段构成：

未婚阶段。单身一人，空闲时间多，可以进行广泛社交，对于书籍、名牌服装等需求较大。

新婚阶段。夫妻二人，无子无女，需要家具、电器等耐用消费品和时装等。

“满巢” Ⅰ阶段。年轻夫妇和 6 岁以下婴幼儿，需要婴幼儿的食品、玩具、书籍、服装等。

“满巢” Ⅱ阶段。年轻夫妇和 6 岁以上儿童，需要文教用品、书籍、自行车等。

“满巢” Ⅲ阶段。年龄较大的夫妇和经济尚未独立的子女，需求基本与“满巢” Ⅱ阶段相同。

“空巢”阶段。子女已婚独居，家中只剩夫妇二人，需要方便、营养、卫生的食品和保健品等。

孤独阶段。丧偶独居，需求同“空巢”阶段。

（3）性别。性别也是影响消费者行为的一个重要因素。在服装、美容美发、洗涤用品和化妆品等市场上因性别不同而产生的差异极其明显。因此，在上述行业中性别早已成为一个常用的细分变数。

案例 3-1-4

“购物闺蜜”消费心理

闺蜜经济是指基于女性经济出现的一种市场经济行为，强调一个闺蜜之间相互交流的经济网络。女性经济为经济发展做出的贡献除了收入的增加，还有消费水平的提高。女性聚在一起的消费，涵盖了摄影、服装、旅行、食品、美妆等各种行业，对于消费市场的贡献不可小觑。

一般而言，女性乐于分享购买物和购买心得。小到化妆棉、擦脸巾，大到买房子、选车子。闺蜜推荐正成为女性购买物品最信任的渠道之一。很多同龄女性甚至会因为一个爱好成为“购物闺蜜”。

女性在家庭中扮演的角色决定了其对购买决策的影响力。有调查显示，国内女性不仅就业率高，在消费、子女教育方面也是主力军。女性家庭收入可能不如男性，但是对家庭财产、房产购买等重大事项有着天然的决定权，对中国经济的拉动远远超过男性。

根据中国年度消费数据显示，全国75%的家庭总消费由女性来做决策。口红效应更能说明女性消费与经济的关系。研究表明，每当经济不景气时，口红的销量反而直线上升。经济不景气情况下，人们仍有强烈的消费欲望，口红作为一种廉价但非必要的消费品，反而对消费者起到一种“安慰”作用。

这就意味着，女性消费频次、消费产品类型、消费动机所带来的消费市场是巨大的。由此可见，女性消费市场的庞大潜力，而基于闺蜜之间的互动性、亲密性和信任感。女性闺蜜比男性同性之间更容易完成较长时间的消费。

女性闺蜜在经济生活中的地位和拉动作用越来越不可或缺。由闺蜜友情分享而衍生的闺蜜经济正成为当下的一种炙手可热的经济现象。随着掌握的社会资源越来越多，女性越来越多地参与到社会经济生活的当下。女性有着天然地销售力和亲和力，再加之闺蜜之间的信任感，因闺蜜的推介而进行消费的情形已经成为一种趋势。

闺蜜消费的核心文化是闺蜜文化，经济核心是分享经济，即通过分享达到身份认同。女人之间的分享，基于信任，产生蓬勃的生产力。有专家认为，“好东西要分享”是闺蜜精神的最好诊释，结合口碑营销和体验营销的闺蜜式营销其实早有先例，只是电子商务将它们更广泛地挖掘出来了。

（资料来源：茁勇，“闺蜜经济”盛行，女性购买力撑起的万亿市场［J］.融资中国，2021.07）

（4）收入。消费者的实际收入直接影响他们的购买力、生活方式以及对未来的期望，故它对消费需求的数量、档次具有决定性影响。房地产、汽车、旅游等许多行业可以此为依据进行市场细分。企业在调研市场时，必须掌握消费者的个人收入、家庭收入、人均收入状况及其对消费者需求的影响。

（5）职业与受教育程度。不同职业的消费者，对商品的需求是不同的。如教师与影视演员对服装鞋帽和化妆品等产品的需求，必然有很大差异。

案例 3-1-5

日本麦当劳的市场细分

2002 年起，日本麦当劳开始放弃低价战略，通过提高店面层次、调整产品结构来逐步摆脱廉价形象，开辟新市场。而在开辟新市场的策略中，麦当劳看中了“平时青睐快餐食品，收入比较高的年轻女性”这个利润点，挖掘出了 20 到 30 岁的年轻时尚的职业女性的市场目标层。这个经营思路取得了很大的成功。

消费者受教育程度的不同也会形成不同的消费行为和需求特点。这是因为文化水平影响人们的审美观和价值观。

（资料来源：https：//www. jinchutou. com/p-32935357. html）

3. 消费心理因素

消费者的心理因素影响着消费者的购买趋向，并左右其购买行为。虽然心理因素比较抽象，较难把握，但日益显得重要。它包括消费者的生活方式、个性、购买动机等。

（1）生活方式。生活方式是指人们在生活和花费时间或金钱时所采取的模式。不同文化程度、社会阶层和职业的人们可能有着不同的生活方式。这是影响消费者的欲望和需求的一个重要因素。可以说，消费行为是消费者生活方式的写照。识别消费者的生活态度可以从三个方面入手：①活动。如消费者的工作、休假、购物、业余消遣、体育、款待客人等活动。②兴趣。如消费者对家庭、服装的流行式样、食品、娱乐等的兴趣。③意见。如消费者对自己、社会问题、政治、经济、文化、教育、产品、将来等问题的意见。比如，可将消费者分为主动进取者、享乐主义者、紧跟潮流者、因循守旧者等，据此来设计不同的产品和安排市场营销组合。

有的汽车制造商为“奉公守法”的消费者设计和生产安全、经济、污染小的汽车；为“玩车者”设计和生产华丽的、操纵灵敏度高的汽车等。

在美容美发市场，韩国人依靠对潮流的准确把握赢得了与跨国企业的争夺机会。随着欧美文化在韩国的年轻一代中的影响越来越大，敏锐的韩国本土化妆品企业意识到，未来的染发市场大有可为，并果断地加强了这方面的投入，取得了成功。

（2）个性。消费者个性可分为坚强与懦弱、外向与内向、独立与依赖、竞争性与非竞争性、显耀性与沉默性等。可以说，消费过程实际上是消费者不自觉地展示自己个性的过程。因此，企业应该努力塑造品牌个性或品牌形象，以吸引相应个性的消费者（表3-1-2）。

表 3-1-2　不同性格消费者类型

性格	消费需求特点
习惯型	偏爱、信任某些熟悉的品牌，购买时注意力集中，定向性强，反复购买
理智型	不易受广告等外来因素影响，购物时头脑冷静，注重对商品的了解和比较
冲动型	容易受商品外形、包装或促销的刺激而购买，对商品评价以直观为主，购买前并没有明确目标
想象型	感情丰富，善于联想，重视商品造型、包装及命名，以自己丰富的想象力去联想产品的意义
时髦型	易受相关群体、流行时尚元素的影响，以标新立异、赶时髦为荣，购物注重显示身份和个性
节俭型	对商品价格敏感，力求以较少的钱买较多的商品，购物时精打细算、讨价还价

不少企业常常使用性格变量来细分市场，他们给自己的产品赋予品牌个性，以适合相

应消费者的个性。

案例 3-1-6

福特汽车公司的市场细分

1962 年担任福特汽车公司分部总经理的艾柯卡从调查中发现，未来 10 年是年轻人的世界，今后汽车市场的主要消费者是年轻人。针对年轻人的口味，福特汽车公司把轿车设计得像一辆运动车，鼻子长尾部短，满足了年轻人喜欢运动和爱刺激的心理。同时，该款汽车的价格也不贵，很多年轻人都买得起。最后，还为这款车起了一个令人遐思的名字——“野马”，它有“广阔天空任君游”的味道。这款汽车推出后，一年内便销售了 41 万辆，创下全美汽车制造业的最高纪录。

（资料来源：https：//max. book118. com/html/2016/1210/70640039. shtm）

（3）购买动机。动机是个体发动和维持其行为的一种心理机制，购买动机是推动消费者实现个人消费目标的一种内在力量。购买动机可分为追求产品的经济性、安全性、耐用性以及满足自尊需要等多种类型。它对购买者行为的影响很大，可作为细分的依据。

4. 购买行为因素

所谓购买行为因素细分是指企业按照消费者购买或使用某种产品的时机、消费者追求的利益、使用者情况、消费者对某种产品的使用率、消费者对品牌的忠诚程度、消费者对产品的态度等行为变数来细分消费者市场。随着消费者收入水平的不断提高，新产品不断问世，这一标准的细分市场越来越重要。

（1）购买时机。消费者购买和使用某种商品往往有其特定的时机。如在情人节、母亲节、父亲节时，我国消费者对鲜花、贺卡、水果之类的物品的需求激增；人们喜欢在假期外出旅游；在生活的不同阶段（如暑假、开学等）也会产生某些特殊需要。企业通过这种行为细分，抓住有利时机开展营销活动，会收到很好的效果。

（2）消费者追求的利益。消费者对同类商品所追求的利益往往有所不同。运用利益细分法时，首先必须了解消费者购买某种产品所寻找的主要利益是什么；其次要了解寻求某种利益的消费者是哪些；再者要调查市场上的竞争品牌各适于哪些利益以及哪些利益还没有得到满足。如，航空公司的乘客可分为两类：一般旅游者和工商界人士，他们所追求的利益是不一样的。一般旅游者希望能顺利、经济的到达目的地；而工商界人士更重视舒适度和时间，对票价高低不很在意。

案例 3-1-7

航空公司的市场细分

斯堪的纳维亚航空公司在 1982 年初率先为工商界人士创设了一种宽敞舒适的商务舱位，并提供一系列优质服务；而为旅游者设置了紧凑的座位和长期预留的机票（给予折价优待），通过这种办法赢得了竞争优势，随后被其他许多航空公司效仿。

美国学者赫雷（Haley）曾利用利益细分法对牙膏市场进行细分而获得成功。他把牙膏需求者寻求的利益分为经济实惠、防治牙病、洁齿美容、口味清爽四类（表 3-1-3）。牙膏公司可以根据自己所服务的目标市场的特点，了解竞争者是什么品牌，市场上现有品牌缺少什么利益，从而改进自己的现有产品，或再推出新的产品，以满足未被满足的需要。

表 3-1-3　牙膏需求者细分

利益细分	人口统计特征	行为特征	心理特征	符合利益的品牌
经济实惠	男性	大量使用者	自主性强者	大减价的品牌
防治牙病	大家庭	大量使用者	忧虑保守者	品牌 A、F
洁齿美容	青少年	吸烟者	社交活动多者	品牌 B
口味清爽	儿童	薄荷爱好者	喜好享乐者	品牌 C

（3）使用者情况。许多商品的市场都可以按照使用者情况，如未使用者、以前曾经使用者、潜在使用者、初次使用者和经常使用者等来细分。一般来讲，实力雄厚的大企业应着重吸引潜在使用者，以扩大市场阵地；而中小企业力量薄弱，应注意吸引经常使用者，以巩固市场；同时，也要根据自己的实力去争取潜在使用者。当前随着我国社会经济的发展和居民收入水平的提高，消费结构在发生变化，许多商品都有大量的潜在使用者，比如手机、小汽车、家庭装饰、娱乐健身等市场。企业应密切注意需求动向，按使用状况细分市场，并制定营销组合策略。

（4）使用率。企业可以把消费者分为少量使用者、中度使用者、大量使用者三个细分市场。值得注意的是，大量使用者的人数占消费者总数的比例较小，而所消费的商品数量却在消费总量中占较大比例，少量使用者反之。比如，文具的大量使用者是在校学生，啤酒的大量使用者是中青年男子，化妆品的大量使用者是成年妇女等。

（5）忠诚度。品牌忠诚是指消费者可能忠于某个品牌，某个商店或某个公司。消费者对品牌的忠诚度可分为四种类型：一是专一品牌忠诚者，即始终只购买某一品牌，从不转移；二是几种品牌忠诚者，即偏好某一品牌但也会偶尔购买其他品牌；三是转移忠诚者，他们可以同时忠于两种或多种品牌；四是无固定偏好者，指各种品牌都购买，还没有形成品牌偏好的消费者，他们或是追求减价品牌，或是追求多样化。每一个市场都会同时拥有以上四种购买者，只是在所占比例上有所不同而已。一个具有品牌忠诚的市场，拥有较多的高度忠诚者，其他新企业想要进入该市场，会遇到相当大的阻力（表 3-1-4）。

表 3-1-4　顾客忠诚度细分

忠诚程度类型	购买特征	销售对策
专一品牌忠诚者	始终购买同一品牌	用俱乐部制等办法保持老顾客
几种品牌忠诚者	同时喜欢几种品牌，交替购买	分析竞争者的分布情况，竞争者的营销策略

续表3-1-4

忠诚程度类型	购买特征	销售对策
转移忠诚者	不固定忠于某一品牌，一段时间忠于A，一段时间忠于B	了解营销工作的弱点
无固定偏好者	从来不忠于任何品牌	使用有力的促销手段吸引他们

（6）态度。消费者态度一般可分为热爱、肯定、不感兴趣、否定和敌对五种类型。针对持有这五种不同态度的消费者，企业应分别采取相应的营销措施。对持否定、敌对态度的顾客，应仔细分析原因，通过恰当的手段来改变其态度，但不要强行推销；而对那些持热爱、肯定态度的顾客，要不断鼓励与巩固；对不感兴趣的顾客要尽量争取。

（二）生产者市场细分的标准

生产者市场与消费者市场相比有其特殊性：一是其购买者是产业用户；二是其购买决策是由有关专业人员做出，一般属于理性行为，受感情因素影响较少。因此，上述细分消费者市场的标准，虽基本适用于生产者市场，但应给这些因素赋予新的内容，并增加新的变数。

1. 最终用户

产品的最终用户，是生产者市场细分最常用的标准之一。不同的使用者，对产品有不同的需求。例如，电子元件市场可细分为军用市场、民用工业市场和商业市场等，它们均有不同的需求重点。军事用户要求产品质量绝对可靠，供应准确及时，但对价格不甚在意；民用工业用户要求质量良好，服务周到，价格适中；商业用户则要求价格合理，对质量要求不高。企业应针对用户的不同要求，制定相应的营销策略。

2. 用户规模

企业在细分生产者市场时，可将用户分为大客户、中客户、小客户三类。企业应在价格、销售渠道、服务和促销策略上对不同规模的用户采用不同的营销组合策略。如大客户数目少但购买额大，企业可派有经验的销售人员直接联系，直接供应；对于小客户，由于户数较多，可通过中间商销售。

3. 用户的购买状况

主要是指购买者的购买能力、购买目的、购买方式、购买批量、付款方式、采购制度和手续等。根据用户这些因素的不同进行细分，企业的营销策略将更有针对性。

4. 用户的地理位置

包括所在地区、气候、资源、自然环境、生产力布局以及交通运输和通信条件等。即使是同一种产品，由于用户的地理位置不同，其对产品的性能要求也会很不一样。根据市场细分情况，企业可根据自己的资源、技术设备以及运输条件等状况来选择有利的目标市场。

三、市场有效细分的条件

无论是消费者市场还是生产者市场，要想形成有效的细分市场，企业必须具备一定的条件，否则，很可能是徒劳无益或事倍功半。

（一）差异性

指细分市场之间客观存在着对某种产品在购买和消费上的明显差异，不同的细分市场对营销组合应该有不同的反应。如果不同细分市场的顾客对产品需求差异不大或行为上的同质性远大于其异质性，则企业不必费力对市场进行细分。另外对于细分出来的市场，企业应当分别制定独特的营销方案。如果无法制定出这样的方案，或其中某几个细分市场对是否采用不同的营销方案不会有大的差异反应，则不必进行市场细分。

（二）可衡量性

指细分后的市场，其购买力和规模大小必须是企业可以识别和衡量的，并且这些资料是容易取得的。比如，“喜欢家庭生活”的消费者有多少，就不易衡量。

（三）可进入性

指企业能有效进入和为之服务且为该细分市场服务。市场细分部分必须是企业的营销活动可达到的。这主要表现在两个方面：一方面是对细分后的市场，企业能够对消费者施加影响，能够传递产品信息，进行产品销售并与竞争者相抗衡；另一方面，企业的资源实力与细分市场相适应，这才是可以接受的市场。否则，吸引力再大，也只能放弃。

（四）效益性

指细分市场的容量能够保证企业获得足够的利润。假如容量太小，销量有限，则不宜细分。因为企业需要对每个细分市场运用不同的营销组合策略，即要求为每个细分市场开发相应的产品、制定不同的价格、开辟相应的分销渠道、开展有针对性的促销活动以及开支一定的费用。如果细分市场范围太小，入不敷出，那么这个细分市场是无效的。

（五）稳定性

有效的市场细分所划分的子市场还必须具有相对稳定性。如果市场变化太快，变动幅度又很大，企业还未来得及实施其营销方案时，目标市场已面目全非，这样的细分也是没有意义的。

四、市场细分的主要方法

任何企业都可以用前面所讲的标准对市场进行细分，但是，由于各个企业经营的品种不同，因而其选择的标准也不相同。这些差别体现在选用依据的内容、选用依据的数量以及选用标准的难易程度上。比如对于家电市场，区别需求差异的因素主要是家庭收入、住房条件等；而日用品市场的营销则受年龄、收入、社会阶层、生活方式和地理位置等的影响。因而应结合产品情况，灵活运用以下四种市场细分方法：

（一）单一因素法

只选择一个细分依据进行市场细分的方法。如按性别来细分服装市场、按品种来细分水果市场、按年龄来细分图书市场。

（二）综合因素法

选择两个或三个细分依据进行市场细分。如以收入水平、性别、年龄来细分服装市场、化妆品市场等。

（三）系列因素法

企业选择两个以上的细分依据时，必须依据一定的顺序由粗到细逐步进行市场细分，且下一阶段的细分是在上一阶段选定的子市场中进行的，其细分的过程是一个比较、选择子市场的过程。

日本的黄樱酒酿造公司，依据以下思路进行市场细分：首先，依据地理标准对消费者进行分类。他们选中了日本关东地方，因为关西地方有许多日本名酒，而关东地方尚无名酒品牌。同时，关东地方属于日本首都圈，人口比较集中，具有一定的地理优势。其次，依据消费者的年龄分类。“黄樱”选择了中年人士——他们通常是酒的爱好者，消费的主力军。最后，“黄樱”又用心理标准，对中年人士喝酒追求的利益再次进行细分……最终确定了自己的目标市场。

经过细分后，就可以得到不同的细分市场，其中有些细分市场可能没有实际意义，因此还需要做进一步的分析、筛选。

任务二　选择目标市场

任务目标

【知识目标】了解目标市场选择的概念；掌握目标市场营销战略。
【能力目标】能够制定目标市场营销战略。
【核心能力】在进行市场细分的基础上选择目标市场。

引导案例

太原橡胶厂的目标市场选择

太原橡胶厂是一个拥有1800多名职工，以生产汽车、拖拉机轮胎为主的中型企业。前几年，因产品难于销售而处于困境中。后来，他们对市场进行细分，根据企业优势，选择了省内十大运输公司作为自己的目标市场，生产适合晋煤外运的高吨位汽车载重轮胎，由此便打开了销路。随着企业实力的增强，他们又选择了耕运两用拖拉机制造厂为目标市场。1992年，该公司与香港中策投资有限公司合资经营，成立了“双喜轮胎工业股份有限公司”。1993年，在全国轮胎普遍滞销的情况下，该公司敲开了一汽轿车股份有限公司的大门，为之提供高吨位配套轮胎。正确选择目标市场是太原橡胶厂跨入全国500家优秀企业的有效策略之一。

（资料来源：http：//baike. baidu. com/view/177950. htm）

一、目标市场含义

市场细分的目的是有效地选择并进入目标市场。所谓目标市场，是指通过市场细分，被企业选定的，拟以相应的产品和服务去满足其现实的或潜在的消费需求的那一个或几个细分市场。

目标市场是市场营销活动中的一个重要概念。之所以要选择目标市场，是因为企业的一切经营活动都是根据消费者的需求来开展的，只有满足消费者的需求，企业才能生存和发展。但是消费者的需求又是千差万别的，一个企业不可能能满足所有消费者的所有需求，而只能满足市场中一部分消费者的需求。另外，并非所有的细分市场对本企业都具有吸引力。企业必须根据自身的人、财、物、产、供、销的条件，即根据本企业的市场优势选择目标市场。有时，各个子市场之间也会有矛盾，其目标并非都一致。企业必须从经济效益上对细分市场进行评价，以决定取舍，避免效率下降和人力、物力、财力等的浪费。

可见，市场细分与目标市场选择的关系密切，它们既有联系，又有区别。市场细分是按不同的消费需求划分消费者群的过程；而目标市场则是企业选择的一个或几个作为自己营销对象的细分市场。市场细分显示了企业所面临的市场机会，是选择目标市场的前提，目标市场选择则是企业通过评价各种市场机会，决定为多少个细分市场服务的过程，是市场细分的目的和必然要求。

二、评估细分市场

对于企业来说，并不是每一个细分市场都可以去占领和值得去占领。只有既能提供足够的获利机会又能发挥企业优势的细分市场，才值得企业去占领。因此，企业必须对每一个细分市场的获利性进行评估。

企业评估细分市场可从以下三个方面考虑：

1. 细分市场的规模和发展潜力

企业经营的根本目的就是追求利润，因此，作为目标市场的子市场应有足够数量的顾客和购买力，能达到一定的需求量、销售量，从而保证企业有一定的利润。一个细分市场是否有开发价值，除考察其当前的规模外，还要看其市场规模与未来的发展状况，一般应选择发展潜力大的子市场作为企业的目标市场。

2. 市场的盈利可能性

一个市场，假如已存在较多实力强大或竞争意识强的竞争者，该市场就失去了吸引力；如果某个市场可能吸引新的竞争者，而且竞争者会增加新的生产能力和投入大量资源，该市场就失去了吸引力；如果某个市场已经存在着替代产品或潜在的替代产品，那么该市场也失去了吸引力；如果购买者的谈判能力很强或正在加强，他们要求降价或对产品和服务以及交易条件提出更高要求，市场竞争者彼此竞相降价取悦顾客，那么这个市场也会缺乏吸引力；如果公司的供应商，如原材料和设备的供应商，竞相抬价或减少供应数量，这样该公司所在的市场也失去了吸引力。

3. 企业有能力满足目标市场的需求

所选子市场的经营目标应与企业总的经营目标相协调，并且是企业现有资源条件和能力所擅长的或所能胜任的。

三、选择目标市场战略

（一）目标市场范围选择

企业在评估不同的细分市场以后，可以根据自身情况来决定为多少个子市场服务。归纳起来主要有五种范围模式：

1. 产品–市场集中化

企业集中力量只生产或经营某一种产品，供应某一类市场。例如，某一服装厂只生产儿童服装来满足儿童的需求。这种模式的优点是企业可以集中力量了解这个细分市场的特点，实行专业生产和经营，但经营风险较大。一般适于实力较弱的中、小企业。

2. 产品专业化

企业选择几个细分市场，同时为其顾客群供应某种产品。面对不同的子市场，产品的式样、档次会有所不同。如显微镜生产商为不同市场提供相同的显微镜或不同的显微镜，而不去生产其他仪器。这种模式的优点是能分散企业的经营风险，即使其中某个子市场失去了吸引力，企业也还能在其他市场获利，但产品有了替代品，就会给企业造成威胁。

3. 市场专业化

企业将所有产品供应给某一类顾客群，且这些产品的性能会有所区别。如企业专为学校实验室生产经营各种实验室用品。这种模式有利于与顾客建立稳固的关系。但如果这个顾客群的需求量突然减少或其发展受到限制，则他们从这个企业购买商品的数量会大幅度下滑，企业会产生收益滑坡的危险，这一点在生产资料市场中尤为突出。

4. 选择性专业化

企业有选择地专门服务于几个不同的子市场的顾客群体，为其提供具有多种性能的、生命力较强的同类产品，尽量满足不同消费群体的需求。这种模式有利于分散企业的经营风险。

5. 全方位进入

即公司为所有顾客群供应其需要的产品。实力强大的企业为了在市场上占据领先地位，常会采用这种模式。如通用汽车公司将生产的汽车投放到全球汽车市场。

（二）目标市场战略

在确定目标市场模式后，一般有三种目标市场营销战略可供企业选择：

1. 无差异性市场营销

把整个市场视作一个目标市场，营销活动只考虑需求的共同点，忽略了需求的差异性。无差异性市场营销战略，是把整个市场作为一个目标市场，着眼于消费需求的共同性，推出单一产品和单一营销手段，从而满足市场需求。如图 3–2–1 所示。

图 3–2–1　无差异性市场营销战略示意图

在无差异性市场营销战略下，企业将整体市场作为企业的目标市场，认为所有消费者对某种商品有共同的需求，因此不考虑他们实际存在的需求差异，依靠大众化的分销渠道和主题相同的广告，力图在消费者心目中建立起良好的印象。

案例 3-2-1

可口可乐的营销战略

可口可乐是世界上最畅销的软饮料之一。自 1886 年问世到 20 世纪 60 年代以来，该品牌一直奉行无差异市场策略，其广告语“请喝可口可乐”沿用至今。

百事可乐公司的创建比可口可乐公司晚 12 年，为了争夺市场份额，百事可乐公司进行了激烈的挑战。除了强调便宜，争取年轻人市场外，还执行了差异化市场营销战略，即推出七喜汽水，争取“非可乐”的细分市场，开展一场“无咖啡因”广告运动，对可口可乐造成巨大冲击。可口可乐在此打击下，不得不放弃无差异性市场营销策略，也推出雪碧、芬达、雪菲力等不同口味的饮料，以满足不同的市场需求。

（资料来源：http：//www. doc88. com/p-998978366768. html）

无差异性市场营销战略的优点是可以降低成本。这是因为：①由于产品单一，企业可实行机械化、自动化、标准化生产，降低生产、储存、运输等的成本，提高产品质量；②无差异的广告宣传，单一的销售程序，降低了销售费用；③节省了市场细分所需的调研费用、多种产品开发设计费用，使企业能以物美价廉的产品满足消费者的需要。

无差异性市场营销战略也有其不足：①不能满足不同消费者的需求。用一种产品、一种市场营销策略去吸引和满足所有顾客几乎是不可能的，即使一时被承认，也不会被长期接受；②容易受到竞争对手的冲击。当企业采取无差异性市场营销策略时，竞争对手会从这一整体市场的细微差别入手，参与竞争，争夺市场份额。

以下产品可采用无差异性市场营销战略：①消费者的挑选性不大，需求弹性较小的生活必需品和主要工业原料，如粮食、棉花、油料、煤炭、工业用糖等；②经营的企业不多，竞争性不强的产品，如石油等。

2. 差异性市场营销

指企业在市场细分的基础上，选择两个或两个以上的细分市场作为目标市场，针对不同的细分市场推出不同的产品或采用不同的营销组合方案。如图 3-2-2 所示。

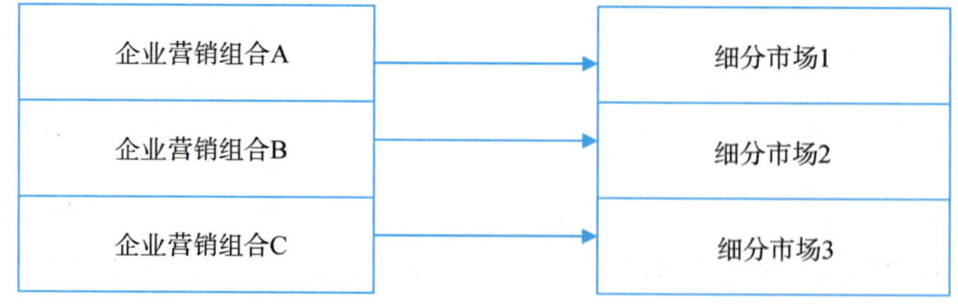

图 3-2-2　差异性市场营销战略示意图

差异性市场营销战略的理论依据是：根据消费者需求的差异性，赢得更多的市场营销机会。

案例 3-2-2

爱迪生兄弟公司

爱迪生兄弟公司所经营的900家鞋店可分为四类不同的连锁商店，以此来满足不同的细分市场要求。查达勒连锁店出售高价的鞋子，贝克连锁店出售中等价格的鞋子，伯特连锁店出售廉价的鞋子，威尔达·佩尔连锁店着重面向需要非常时髦式样鞋子的顾客。人们可以发现伯特、查达勒、贝克三家连锁商店分别设立在芝加哥民族大街的三个街段上。尽管商店位置离得这样近，却并不影响它们的业务，原因在于它们的目标市场是妇女鞋子市场中各个不同的细分市场。这一战略使爱迪生兄弟公司成为美国最大的妇女鞋子零售公司。

（资料来源：http：//www. docin. com/p-1088245330. html）

差异性市场营销战略是目前普遍采用的战略，这是科技发展和消费需求多样化的结果，也是企业之间竞争的结果。不少企业实行多品种、多规格、多款式、多价格、多种分销渠道、多种广告形式等营销组合战略，以满足不同细分市场的需要。

差异性市场营销战略的优点是：①企业面对多个细分市场，若某一细分市场发生剧变，也不会使企业全盘陷入困境，这大大减少了经营风险；②由于能较好地满足不同消费者的需求，故该战略能争取到更多的顾客，从而扩大销售量，获得更大的利润；③企业可以通过多种营销组合战略来增强企业的竞争力，有时还会因在某个细分市场上取得优势、树立品牌形象而带动其他子市场的发展，产生连带优势。

差异性市场营销战略的不足之处为：目标市场多，产品经营品种多，渠道开拓、促销费用、生产研制等成本高。同时，经营管理难度较大，要求企业有较强的实力和素质较高的经营管理人员。假如市场分得太细，提供的品种太多，很可能得不偿失。一般来说，以下产品适宜采用差异性市场营销战略：①消费者需要弹性较大的商品。如高档家具、高档家电、名牌服装等。②规格等级复杂的产品。由于产品的规格等级需求存在较大的差异性，采用差异性市场营销战略可以满足不同消费群体的需要。

案例 3-2-3

野外婚礼的差异化市场营销战略

时下，多数商家为新人们策划在大酒店举行婚礼，而上海女孩心雨却推出野外婚礼，且在不到一年的时间里便获得了很大的成功。如今，心雨已成为上海小有名气的“野外婚礼”专家。

鲜花和绿叶做成的拱门衬托着热闹的婚礼现场，洁白的婚纱把新娘装扮得无比娇媚，孩子们在草地上尽情嬉闹，亲朋好友在蓝天下感受着大自然的气息，五彩缤纷的气球在这热闹的氛围中放飞。够浪漫吧！这就是她给新人们策划的野外婚礼的一幕。

心雨陆续推出了十多种独具匠心的野外婚礼主题方案，其中水上婚礼、竹海婚礼、雨中婚礼等主题方案备受青睐，成了心雨手里的几道“招牌菜”。她认为，年轻人喜欢野外婚礼的原因主要是野外风景优美，利于游玩和摄影留念，更容易营造浪漫氛围。心雨还认为，自己的这一婚庆方式，充分迎合了当下年轻人追求个性化的心理需求，跟上了时代潮流，而做到这一点，赚钱便成为水到渠成的事了。

（资料来源：https://wenku.baidu.com/view/f49faff9178884868762caaedd3383c4ba4cb456.html）

3. 集中性市场营销

即企业选择一个或少数几个子市场作为目标市场，制定一套营销方案，集中力量为它服务，力图在这些目标市场上占有很大份额。如图 3-2-3 所示。

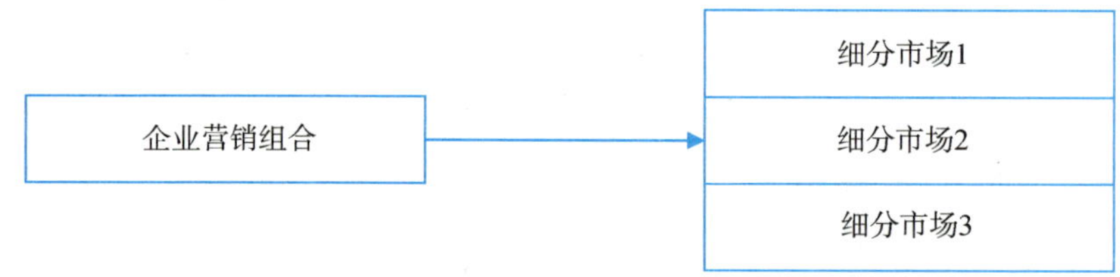

图 3-2-3　集中性市场营销战略示意图

采用这种目标市场战略的企业，追求的不是在较大市场上占有较小的份额，而是在较小的市场上占有较大的份额。在市场面前，所有企业都想占有市场的大部分甚至全部，这是不现实的。明智的企业家宁可集中全力去争取一个或极少数几个细分市场，也不会将有限的人力、物力、财力分散用在广大的市场上。在部分市场上拥有较高的占有率，远胜于在所有市场上获得极小的占有率。

案例 3-2-4

任天堂的集中性市场营销战略

一百年前，日本成立了一家生产纸牌的小店，以汉语“尽人事，听天命”的寓意取名为“任天堂”。一百多年以来，任天堂始终坚守“玩具”这一细分市场，从扑克牌、塑料扑克牌、魔术扑克牌、电子游戏机到电脑玩具，使其产品畅销全球。“任天堂”抱着一棵“树”不放，这棵“树”虽然不大，但它不低头，拼命开发创新，直至成为一棵“摇钱树”。

（资料来源：https：//www. taodocs. com/p-304532224. html）

案例 3-2-5

尼西奇的集中性市场营销战略

“尼西奇”公司原是一个生产雨衣、尿布、游泳帽等橡胶制品的小厂，由于订单不足，面临破产。总经理多川博在一个偶然的机会，从一份人口普查统计表中发现，日本每年约出生250万个婴儿，如果每个婴儿用两条尿布，一年就需要500万条。于是，他决定放弃尿布以外的产品，实行尿布专业化生产。这不仅使“尼西奇”公司垄断了日本尿布市场，还将其产品远销世界70多个国家和地区，成为闻名于世的“尿布大王”。

（资料来源：https：//wenda. so. com/q/1391833845067833）

集中性市场营销战略的优点很明显：①市场集中，便于企业深入挖掘消费者的需求，且能使企业及时得到反馈意见，以便制定正确的营销策略；②生产专业化程度高，企业可有针对性地采取营销组合战略，在一定程度上节约成本和费用；③目标市场较小，可以使企业的特点和市场特征尽可能达成一致，从而有利于充分发挥企业优势；④在细分市场上占据一定优势后，可以积聚力量，与竞争者抗衡；⑤能有效地树立品牌形象，如老庙黄金、全聚德烤鸭、张小泉剪刀等品牌几乎是家喻户晓。

当然，集中性市场营销战略也有缺点：①市场较小，空间有限，企业的发展受到一定限制；②如果有强大对手进入，企业面临的风险将会很大，很可能陷入困境，缺少回旋余地。故企业在实行这种战略时要做好应变准备，以规避风险。

三种营销战略的对比见表3-2-1。

表3-2-1 三种营销战略的对比

	追求的目标	营销稳定性	营销成本	营销机会	竞争强度	管理难度
无差异市场营销战略	经济性	一般	低	易失去	强	低
差异性市场营销战略	销售额	好	高	易发展	弱	高
集中性市场营销战略	形象和小市场占有率	差	低	易失去	强	低

案例 3-2-6

集中性市场营销战略

德国的奔驰、宝马、大众汽车公司，把整个汽车市场分为若干个不同的市场群体，且根据每个小市场需求的差异性，设计不同的产品，实行差异性的市场营销战略。奔驰、宝马公司主要服务于中高档市场，大众汽车公司服务于中低档市场。

世界上很多高质量的产品都来自欧洲，英国、瑞士、法国、德国等国家的一些小型企业为什么能长久生存下来，其秘诀之一就是集中经营。他们的产品精美优良，价格虽高，但历久不衰。我国也有一些类似这样的企业和产品，如王麻子剪刀、张小泉剪刀，它们虽是小型企业，但很有名。所以说，如果小企业能看准市场，发挥自己的优势，同样也能取得成功。就正如一个人的事业和学习一样，样样都做都学，可能没有一样精通，但是专注于某一个方面，多花时间和精力，不断反复，也有可能做好。

（资料来源：https：//wenku. baidu. com/view/26bf7f2b0066f5335a81216e. html）

（三）选择目标市场战略的依据

以上三种市场营销战略各有利弊，各自适用于不同的情况。企业在具体运用时，必须全面考虑各种因素，慎重选择。这些因素主要有：

1. 企业实力

包括企业的人力、物力、财力和生产、技术、营销能力等。如果企业实力强，就可以采取差异性市场营销战略。如果企业实力较弱，宜采取无差异性市场营销战略或集中性市场营销战略。

2. 市场差异性

也就是市场是否“同质”，如果市场上所有消费者对某些产品的需求、欲望、兴趣爱好相同，且对营销刺激的反应相同，则可视为“同质市场”，宜采取无差异性市场营销战略；反之，市场需求差别大，消费者挑选性强，为“异质市场”，宜采用差异性或集中性市场营销战略。

3. 产品差异性

指产品在性能、特点等方面的差异性大小。如米面、盐、食油、白糖等生活消费品，虽然原材料和加工方式不同，产品质量存在差别，但这种差别不十分明显，因此可视为“同质”产品，可采取无差异性市场营销战略；反之，对于家用电器、服装、照相机等商品，因品质差异较大，且消费者在选购时十分注重商品的特性、功能、价格等，故常常经过反复比较、评价后再选择，他们对售后服务的要求也很高。对于这类产品，应实行差异性市场营销战略或集中性市场营销战略。

4. 产品生命周期的阶段

产品生命周期有介绍期、成长期、成熟期、衰退期等阶段。对处于不同生命周期的产品，应采用不同的营销战略。处于介绍期和成长期的产品，营销的重点是启发和巩固消费者的偏好，此时不宜提供太多的品种，可采取无差异性市场营销战略；对已进入成熟期的产品，市场竞争加剧，消费者需求日益多样化，无差异性市场营销战略则完全失效，可改用差异性市场营销战略以开拓新市场，满足新需求，延长产品生命周期；对进入衰退期的产品，应采用集中性市场营销战略，以维持和延长产品的生命周期，减少或避免企业损失。

5. 市场竞争状况

一般来说，如果竞争对手实力强大，在实行无差异性市场营销战略时，无论企业本身实力是大是小，此时都应采用差异性市场营销战略或集中性市场营销战略；如果竞争对手采用了差异性市场营销战略，而本企业采用无差异性市场营销战略，则无法有效地投入竞争，很难赢得较大的市场份额，此时企业应采用集中性市场营销战略。诚然，这只是一般原则，并没有固定模式可循，营销者在实际工作中应根据竞争双方的情况和市场情况灵活运用。

任务三　市场定位

任务目标

【知识目标】了解市场定位的概念；掌握市场定位的步骤和策略。
【能力目标】能够进行市场定位。
【核心能力】在选择目标市场的基础上进行市场定位。

引导案例

脑白金的市场定位

提起脑白金，可能无人不知，但是提起美乐托宁或松果体素，可能知道的人就很少了。美乐托宁于1984年传入中国，直到1997年都没卖火过。之后，在史玉柱将其重新包装为脑白金后，销售火爆，1997—2005年累计销售额突破70亿元。

现在在中国，如果谁提到“今年过年不收礼”，大部分人都能跟你开玩笑地说“收礼只收脑白金”。脑白金已经成为中国礼品市场的典型代表。

睡眠问题一直是困扰中老年人的难题，因失眠而睡眠不足的人比比皆是。据资料统计，国内至少有70%的妇女存在睡眠不足问题，90%的老年人经常睡不好觉，“睡眠”市场如此之大。脑白金功能定位准确。然而，在红桃K携“补血”、三株口服液携“调理肠胃”概念创造中国保健品市场高峰后，在保健品行业信誉跌入谷底之时，脑白金单靠一个“睡眠”概念不可能迅速崛起。然而，作为单一品种的保健品，脑白金在极短的时间内迅速启动市场，并登上中国保健品行业“盟主”的宝座，引领我国保健品行业长达五年之久，其成功的最主要因素在于找到了“送礼”的核心概念。

现在“脑白金就是送礼的”这种观念已深入人心，很多人提到礼品就想起脑白金。脑白金的成功，关键在于它定位于庞大的礼品市场，而且第一个把自己明确地定位为“礼品”——以礼品定位引领消费潮流。

（案例来源：https://wenku.baidu.com/view/f78e5ccbda38376baf1faef3.html）

一、市场定位的含义与效用

市场定位是在20世纪70年代由美国营销学家艾·里斯和杰克·特劳特提出的。

案例 3-3-1

香港各银行的市场定位

香港金融业兴旺发达，用“银行多于米铺”这句话来形容香港的金融业，一点儿也不过分。在这个弹丸之地，数千家银行遍布各处，竞争达到白热化程度。为了站稳脚跟，并把自己手中的蛋糕做大，各银行使出浑身解数，开拓细分市场，突显自己的优势，使得香港的金融业呈现出一片繁荣景象。

香港汇丰银行：分行最多，全港最大的银行。20世纪90年代以来，为拉近与顾客之间的距离，汇丰银行改变了定位策略。新的定位为“患难与共，伴同成长”，旨在与顾客建立同舟共济、共谋发展的亲密朋友关系。

恒生银行：充满人情味，服务态度最好的银行。通过走感性路线来赢得顾客的心，突出服务这一卖点，这使它有别于其他银行。

中国银行：有强大后盾的中资银行。直接针对有民族情结、信赖中资的顾客，同时暗示它能提供更多更新的服务。

渣打银行：历史最悠久、最安全可靠的英资银行之一。这一定位树立了渣打银行可信赖的“老大哥”形象，传达了让顾客放心的信息。

廖创兴：助你创业兴家的银行。以中小工商业者为目标对象，旨在为他们排忧解难，赢得事业的成功。香港中小工商业为很大的潜在市场。廖创兴敏锐地洞察到这一点，并切准他们的心理——“想出人头地，大展宏图”。据此，廖创兴将自己定位于专为这一目标顾客群服务，给予他们在其他大银行和专业银行所不能得到的支持和帮助，以此牢牢占据这一目标市场。

（资料来源：http：//www.docin.com/p-2192066719.html）

（一）市场定位的含义

企业进行市场细分和选择目标市场后，有一些重要的问题必须回答：如何进入目标市场？以怎样的姿态和形象占领目标市场？

市场定位，就是勾画企业产品在目标市场即目标顾客心中的形象，使企业所提供的产品具有一定特色，满足一些顾客的需要和偏好，并使其与竞争者的产品有所区别。

要知道，市场竞争日趋激烈，品牌层出不穷，产品间的差异性越来越小，同质性越来越高，企业要想占有市场份额也日益困难。此时，消费者在众多品牌面前选择也愈来愈不容易。企业要想使其品牌能吸引消费者，而不被商品大潮淹没，就要制造差异，使消费者易于将其品牌与其他品牌区分开来，进而在心中占据一定位置。即为企业树立形象，为产品赋予特色，以独到之处取胜。这种形象和特色可以是实物方面的，也可以是心理方面的，或二者兼备，如质优、价廉、豪华、名牌、服务周到、技术超群等，都可作为定位核心。

（二）市场定位的效用

1. 定位是制定营销策略的依据

企业要实行目标市场营销，第一步是进行市场细分，第二步是选择对本企业最有吸引力的细分部分作为自己的目标市场，第三步是在目标顾客心中树立起适当产品形象，做好市场定位工作。定位工作做好了，才能更准确地实施营销组合策略。即围绕所要树立的形象，设计相应产品，确定合适的价格，选择最有效的分销渠道及有针对性地进行广告宣传。以产品设计为例，一种在欧美流行的儿童香水，因其定位为儿童用香水，所以其包装瓶上印有卡通造型或干脆是动物造型，这种产品设计将有助于产生良好的促销效果。假如没有明确的定位，包装设计就没有针对性，也无助于顾客的选择。

2. 定位能引起消费者的特别注意

以商业广告为例，西方人平均每天见到的广告超过 1500 条，不可能都会引起注意，绝大多数也留不下什么印象。通过定位，给产品描绘一个鲜明的有别于竞争对手的形象，再把定位信息传递给消费者，就会使产品的差异性清楚地凸显在消费者面前，从而引起消费者的注意。若定位符合顾客的需要，那么该品牌就可以长驻消费者心中。如洗发水市场，其品牌数不胜数，海飞丝洗发水标新立异，定位为去头皮屑洗发水。产品一投放市场即引起消费者的注意，并认为它不是普通洗发水，而是具有去头皮屑特效的洗发水，顾客要解决头皮屑烦恼时，它自然是首选。

3. 定位形成竞争优势

案例 3-3-2

宝洁公司的市场定位

宝洁公司以品牌管理著称。它的成功，很大程度上是因为它懂得“定位”之道。以洗发水为例，四大品牌体现的是不同的定位——飘柔是“柔顺头发”，潘婷是“营养头发”，海飞丝是“去屑”，而沙宣是“专业护发”。这四个品牌曾经专注于各自的定位，彼此泾渭分明，这使得宝洁公司在洗发水市场上占据了很大份额。

（案例来源：https：//www. renrendoc. com/p-27605467. html）

市场竞争日益激烈，你能在产品上打主意，我也会在产品上做文章，你质量好我质量上乘，你降价我也降价。可见，单凭提高质量或降低价格已难获得竞争优势。在这个时代，企业的重点不应是对一件产品做些什么，而是在消费者心中做些什么。成熟品牌的竞争主要来源于定位。

二、市场定位步骤

（一）明确竞争优势

企业可以在产品、价格、促销方式、服务等方面与竞争者进行比较，找出自身的优势和劣势，从而明确企业的竞争优势；通过分析竞争对手的经营特色，确认本企业可以提供的产品、服务以及消费者对产品各种属性的重视程度，把握本企业的突出优势，以便准确进行市场定位。

产品的特色既能从产品的实体中体现出来，如产品的形状、性能、成分、质量等，又能在消费者的感觉上反映出来，如豪华、朴素、时髦、高贵等。因此，企业在初次对产品进行市场定位时，要注意了解消费者对产品属性的重视程度和竞争对手产品的特色、本企业能提供的价值。这样，才有利于企业选定和树立产品形象。

（二）初步确定定位方案

1. 画出目标市场结构图

任何一种产品都有许多属性或特征，如价格的高低、质量的优劣、规格的大小、功能的多少等。其中两个以上的属性变量就可以建立起一个市场结构图。例如某复合木地板生产厂家，在进行市场调查后，了解到目标顾客最关心的是质量和价格问题。所以，以“质量”和“价格”来组建两维平面坐标结构图（见图 3-3-1）。

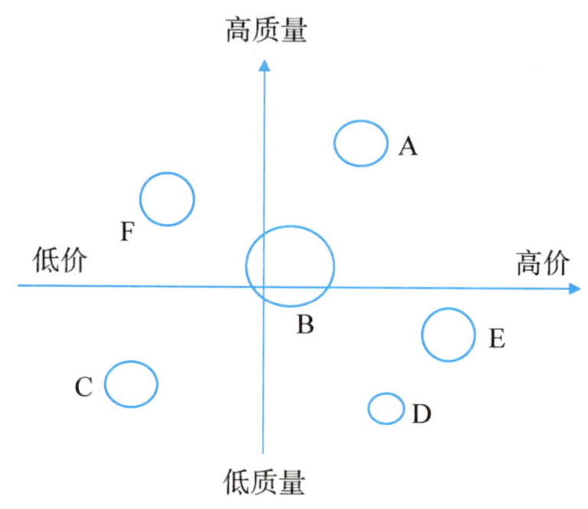

图 3-3-1　目标市场定位

2. 标出竞争对手的位置

比如市场上已有四个厂家的产品，它们的情况分别是：厂家 A 生产的是高价高质量的木地板；厂家 B 生产的是中价中等质量的木地板；厂家 C 生产的是低价低质量的木地板；厂家 D 生产的是高价低质量的木地板。现在市场的空位是低价高质量区。据此，我们可以作市场定位图来分析，把本企业放到“定位图”的不同位置，每一种位置就代表着一种定位方案。对各种可能的方案进行分析、评价后再选择，即为初步的定位。如图 3-3-1 所示，其中符号圆圈的大小代表各竞争者所占市场份额的大小。

如图 3-3-1 所示，竞争者 B 所占的市场份额最大；竞争者 A、C 所占的市场份额中等；竞争者 D 所占的市场份额最小。

3. 初步定位

目标市场内各竞争者的产品已经基本定位，复合木地板生产厂家在考虑自身的状况后可有三种选择。

一是插入定位。插入定位，即企业将自己的产品定位于竞争者市场产品的附近，或者插入竞争者已占据的市场位置，与竞争对手争夺同一目标市场。采取这一策略的好处是，企业无须开发新产品，仿制现有产品即可。这是因为，现有产品已经畅销于市场，企业不必承担产品销售不畅的风险，能节省大量的研发费用。同时，企业实施插入定位时必须具备三个前提条件：①在企业欲进入的目标市场还有未被满足的需求，即该市场除现有的供给外还有吸纳更多商品的能力；②企业推出品牌产品时，应有特色。这是因为消费者对现有产品已有一定的了解，新产品没有特色，则难被消费者接受；③在法律上没有侵权问题。

二是避让定位，也叫错位定位，即把产品确定在当前目标市场的空白地带。这一定位可以避开竞争，获得进入市场的先机，尽早地建立对自己有利的市场地位。但在决定采取避让定位时，必须搞清楚以下问题：①这一市场空缺为什么存在？是竞争对手没有发觉、无暇顾及还是因为根本没有市场开发前景？如果该市场确有需求，那么要考虑其潜力是否足够大。如果收益无法弥补成本或弥补成本开支后只有微利，企业一般不会采取这一策略；②企业是否有足够的技术力量去开发产品，是否有一定的质量保证体系和售后服务体系，否则只会造成资源的浪费。

三是取代定位。取代定位是将竞争对手赶出原来的位置，或者兼并竞争对手以取而代之。企业之所以采取这一定位策略，一是因为没有其他区域可供选定；二是因为企业实力较雄厚，有能力击败竞争对手，扩大自己的市场份额。当然，采取取代定位策略应具备以下条件：①企业推出的产品在质量、功能或者其他方面有明显优于现有产品的特点；②企业能凭借自己强有力的营销能力使目标市场认同这些优势。

（三）调整定位方案

完成了初步定位后，还要做进一步的检验，即在定位市场上再次进行调查和产品试销活动，如果发现偏差，应马上纠正。

（四）再定位

产品上市后，企业要密切注意市场环境的变化，随时准备对产品重新进行定位。促使企业考虑再定位的原因有三个：①消费者偏好转移或需求萎缩；②企业资源发生了变化；③竞争者实力发生了变化，定位战略已经调整，对企业已构成威胁。重新定位，是企业适应市场环境所做的重大决策，是企业改变产品特色以使消费者重新认识企业产品的过程，更是企业增强应变力的关键。

案例 3-3-3

乐百氏的市场定位

20 世纪 90 年代初，乐百氏在上海少儿酸奶市场上是一枝独秀，公司也明确将其定位为儿童酸奶。从 1995 年开始，产品销售增长势头开始放缓。公司经过调查分析发现，出现这种情况的主要原因在于乐百氏的目标消费群体的人口剧减。乐百氏奶的主要消费群体是 1~9 周岁的孩子，随着人口出生率的降低，小孩数量急剧减少：1994 年上海 10 周岁以下小孩数量为 125.1 万，1997 年下降为 94.96 万，约减少 24%。上海少儿酸奶市场大大萎缩，而这是企业无法控制的。另外，雪碧、芬达、美年达等饮料分走了一部分购买力，这些对乐百氏奶造成了极大威胁。

面对市场的变化，公司通过分析发现，几年前7周岁左右的孩子现已长大，而这是一个很大的市场。于是公司在紧紧抓住原有市场的同时，对品牌进行了重新定位，提出了“大孩子，乐百氏也爱你”的市场定位宣传，获得了巨大的成功，销售额由1997年的5300万元一跃上升到1998年的7200万，增长了约35.8%。

（资料来源：http：//www.doc88.com/p-1816001567818.html）

案例 3-3-4

王老吉的市场定位

王老吉自1828年创建至今已有190多年的历史。一百多年来，“王老吉”在消费者心目中一直作为一种凉茶，是一种有药效的饮用品，由于去火功效显著，故拥有较为稳定的顾客群，特别是在两广和浙江一带。但凉茶药性太凉，消费者又将“王老吉”视作药品，因而并不经常饮用，只是在上火时才购买，这样就大大束缚了其发展。为了追求更大的发展空间，“王老吉”勇于打破既有的束缚，重新定位，推出“怕上火，就喝王老吉”的新的宣传语，这样“王老吉”就从治疗上火的带药效的产品变为预防上火的日常饮料，使潜在市场范围一下子扩展，获得了巨大的成功。

（案例来源：http：//www.docin.com/p-514390907.htm）

（五）准确传播企业定位观念

企业在做出市场定位决策后，还必须大力开展广告宣传，把企业的定位观念准确无误地传达给消费者。要避免因宣传不当而使公众产生误解。其中宣传不当主要体现在三个方面：一是定位过低。指企业产品并没有得到市场的认可，消费者对企业的宣传印象模糊或不了解其特殊优势，企业和产品没有在顾客心中树立起鲜明的形象；二是定位过高。企业为了使消费者建立起对自己品牌的偏好，使用夸大的宣传以及向消费者立下过度的许诺；三是定位混乱。企业没有建立起有利而且固定的市场定位，品牌特征太多，或者品牌的定位改变过于频繁，给消费者以混乱不清的印象。

案例 3-3-5

飘柔的市场定位

过去，顾客认为飘柔就是“柔顺头发”的洗发水，想柔顺头发会首先想到飘柔。然而从2001年开始，飘柔陆续推出了去头屑的“绿飘”，焗油护理的“橙飘”，滋润头发的“蓝飘”，黑亮头发的“黑飘”和多效护理的“黄飘”。接着在2003年推出了9.9元的低价飘柔，2004年又推出了飘柔沐浴乳和香皂。于是，飘柔不再是“柔顺头发”的洗发水，产品形态不再单纯，价格也不再鲜明，这些都造成了顾客认知上的混乱。

（资料来源：http：//www.docin.com/p-713272470.html）

三、市场定位战略

（一）差异性定位战略

企业一旦选定了目标市场，就要在目标市场上为其产品确定一个恰当的市场位置。但在营销实际中，我们经常会遇到这样一种情况，即在同一市场上出现许多相同的产品，这些产品往往很难给顾客留下深刻的印象。因此，企业要使产品获得稳定的销路，就应该使产品具有一定的特色。差异性定位战略的差异性主要体现在以下几个方面。

1. 产品实体差异化

产品实体差异化包括产品特色、产品质量、产品式样等内容（见表 3-3-1）。

表 3-3-1　产品实体差异化的比较

	内容	举例
产品特色	产品功能、技术含量、包装、服务	牙膏的防蛀、增白
产品质量	使用效果、耐用性能、可靠程度	A 牌汽车更平稳、操作更容易、速度更快；永不磨损的××手表
产品式样	产品特有的样式、风格、对产品的展示方法	多面剃须刀、平面电视、超平电视

案例 3-3-6

劳斯莱斯的高质高价定位

劳斯莱斯汽车是富豪生活的象征，其车价昂贵，近 40 万美元。该车的许多部件都是手工制作。为精益求精，这款汽车在出厂前要经过上千万米无故障测试。拥有这款车的消费者大都具有以下特征：2/3 的人拥有自己的公司，或者是公司的合伙人；几乎每个人都有几套房产；每个人都拥有一辆以上的高级轿车；50%的人有艺术收藏，40%的人拥有游艇；平均年龄在 50 岁以上。可见，这些人买车并不是在买一种交通工具，而是在买一种豪华的标志。

（资料来源：https：//ishare. iask. sina. com. cn/f/bujPqBrRtHr. html）

2. 服务差异化

当实体产品不易与竞争产品相区别时，竞争制胜的关键往往取决于服务。

服务差异化包括送货、安装、用户培训、咨询、维修等方面。送货必须准时、安全，这似乎已成为一个常识，但在实际活动中能真正坚持做到这一点的企业并不多，而购买者往往选择那些能准时送货的供应商，设备买主常常希望获得良好的安装服务。随着产品技术越来越复杂，其销售量也越来越依赖于质量和附带的服务，正是出于这样的考虑，许多公司对服务的重视程度并不亚于对产品制度的重视程度。

应该指出的是，不同行业，其服务内容不同，则服务重点也有差异。因而企业应首先对服务事项进行排列，进而确定重点服务事项。以零售业为例，典型零售服务事项的相关内容见表 3-3-2。

表 3-3-2 典型零售服务事项的相关内容

售前服务	售后服务	附加服务
承接电话订货	送货	支票付款
接受邮购订单	常规包装	一般性解答
广告	礼品包装	免费停车
橱窗展览	调试	餐厅
内部展览	退货	修理
试衣间	换货	内部装潢
营业时间	整修	赊购
时装展览	安装	休息室
折价以旧换新	货到付款	代客照顾小孩

在确定了服务事项后，根据顾客的需求、企业自身特点以及竞争对手策略来确定服务的差异性定位。

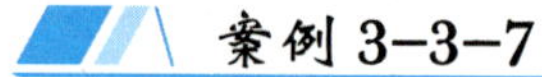

案例 3-3-7

豆浆店老刘的服务差异化

豆浆店老刘经营豆浆多年，经营有方，生意红火。近日笔者对其进行了采访。老刘道出了心声。他的豆浆口味与别的豆浆并无两样。但他的服务理念是一流的。他的服务差异化赢得了市场的充分认可，让他在残酷的市场竞争中得以获胜。现举几例说明。

有一位消费者拿着一袋豆浆，刚走出小店，一不小心，豆浆掉在地上，溅得四处都是。老刘又免费送他一袋。

经常有消费者差个两三毛钱，老刘总是说：下次有钱再给。

有的消费者喝过豆浆，忘记给钱了，老刘也不会提醒他。他认为，提醒会让消费者很没有面子。人家下次可能就不愿意来了。

有一次，有一位消费者记错了，明明没给钱，他偏说刚来的时候给了老板 10 元钱。老刘没和他争执，仍按 10 元钱给他找的零钱。后来，该消费者一摸口袋，发现 10 元钱竟在自己口袋里。经历这件事以后，该消费者非常佩服老刘的人品。

老刘的豆浆店生意一直红红火火。你能从“舍”与“得”中找到他成功的秘诀吗？

3. 形象差异化

即使产品实体和服务都与竞争企业相似，但顾客依然可能只接受一种企业产品形象，这即是形象差异化。如大多数香烟味道差不多，万宝路烟凭借其“西部牛仔”形象夺得一定的市场份额。

公司要树立形象方面的差异，可以通过标志、文字与视听媒体、气氛、事件来建立。一个好的形象应包括一个或几个识别公司或品牌的标志。公司和品牌的标志语应该被设计成能即刻辨认出的。

（二）针锋相对

把产品定位在与竞争者相似的位置上，同竞争者争夺同一细分市场。

案例 3-3-8

百事可乐的针锋相对战略

百事可乐公司就是这样定位的。它实施的海外扩张策略概括地说就是“可口可乐到哪里，我也到哪里”。所以当 1988 年可口可乐投资数千万美元在沪办起合作饮料公司时，百事可乐也有备而来，拿出同样的资金，允诺同样的条件，在可口可乐公司旁边建起了百事可乐的合资企业。

实施这种定位战略的企业，必须具备以下条件：①自信能比竞争者生产出更好的产品；②该市场有足够的吸纳容量；③比竞争者拥有更多的资源和实力。

案例 3-3-9

泽西联合银行的定位战略

美国新泽西州的泽西联合银行所提供的各类产品与设有分行的各大银行所提供的产品没有多大差别，但是他们以快速服务闻名。他们的广告充分显示了他们对顾客的吸引力——“向我们借钱，我们的柜台不排队”。

（资料来源：http://groups. tianya. cn/post - 179098 - 556505c2ad08a52494c8534c9695c964-1.shtml）

（三）另辟蹊径

当企业认为自己没有能力与竞争者相抗衡，从而在市场上占有一席之地，获得绝对优势时，可根据自身的条件取得相对优势。也就是强调宣传自己的特色，在某些有价值的产品属性上取得领先地位。

案例 3-3-10

宝马的另辟蹊径战略

与奔驰悠久的历史不同，宝马原来只是为德国空军提供航空发动机的。20 世纪 60 年代时，宝马还只是德国最小的汽车公司，它在全球真正崛起始于 20 世纪 80 年代。如果当时宝马采取追随模式的品牌战略，诉求“我也是尊贵、豪华”的市场定位策略，将难以抢占已经固化的消费者资源。宝马以品牌战略先行，将自己定位于“驾驶的乐趣——最老实的驾驶工具”的品牌诉求，巧妙地绕过了奔驰这一强劲敌手；通过区别旧与新，宝马将自己与其他豪华车品牌区别开来，全力吸引新一代。宝马定位于那些拥有金钱和社会地位的成功人士，明确表述宝马能够满足那些在乎形象、追求极致表现的车主的所有要求。

（资料来源：http：//www. zaixian-fanyi. com/query_ 711970/fan_ yi_ 11416200）

（四）先入为主

率先在市场上推出某种品牌，鲜明突出该品牌的“第一说法、第一事件、第一位置”形象。这是利用了人们心理活动特征中的首因效应和近因效应。在其他企业和商品还没有进入人们心理时，抢先进入人们还是空白的心理。一般来说，消费者会买他们最先认识的商品，以后也还会重复购买。一般而言，最先品牌比第二品牌在市场占有率上要多一倍，第二品牌比第三的又要多一倍，这种关系在一般情况下不会改变。当然，强调第一并不意味着一定要在一个大的市场上，市场越大，要成为第一的可能性也就越小。如果能在一个小市场或一个与他的产品策略有关的细分市场上抢先占领市场，那么他就成了小市场中的第一名。做小市场中的第一名要比做大市场中的后几名效益好得多。创造第一取得成功的例子很多，如首先进入中国电器市场的日本各大公司，充分利用其领先者的优势，使松下、日立、东芝等品牌几乎是牢牢地扎根在中国消费者心中。

毕竟，在一个市场上作为领导者的企业是有限的，大多数都是追随者。追随者不一定是中小企业，大企业也有。

（五）填空补缺

寻找新的尚未被占领，但被许多消费者所重视的位置，即填补市场上的空位。目前，我国市场经济趋向成熟，各行各业都在发展，生产经营单位增多，从业人员增多，产品也日渐丰富。然而，市场是有限的，消费需求是有限的，其结果是使产销部门的竞争越来越激烈，最后迫使企业从人有我有转向人无我有，寻找尚未被占领的市场。

案例 3-3-11

力士香皂的定位战略

香皂市场上，多数品牌强调清洁、杀菌，力士香皂就定位于美容这个空当上。相比于清洁和杀菌，美容是更高层次的需求和心理满足，它巧妙地抓住了消费者的爱美之心，再通过宣传推广，力士很快成为全球知名品牌。

（资料来源：http：//www. doc88. com/p-17447386197304. html）

这种定位战略包含两种情况：一是这部分潜在市场即营销机会没有被发现，在这种情况下，企业容易取得成功；二是许多企业发现了这部分潜在市场，而无力去占领，这就需要有足够的实力才能取得成功。

（六）比附定位战略

比附定位战略是处于市场第二位、第三位的产品常使用的一种定位方法。当竞争对手已稳坐领先者交椅时，与其撞得头破血流，不如把自己的产品比附于领先者，以守为攻。

案例 3-3-12

蒙牛比附定位战略

蒙牛从产品的推广宣传开始就与伊利联系在一起。从蒙牛的广告和宣传册上可以解读出蒙牛的品牌定位是一种比附定位策略。如蒙牛的第一块广告牌子上写的是“做内蒙古第二品牌”；宣传册上闪耀着“千里草原腾起伊利集团、蒙牛乳业……我们为内蒙古喝彩”；在冰激凌的包装上，蒙牛打出了“为民族工业争气，向伊利学习”的字样。蒙牛利用伊利的知名度，无形中将蒙牛的品牌打了出去，提高了品牌的知名度。而且，蒙牛这种谦逊的态度，宽广的胸怀，让人尊敬、信赖，从而获得了口碑。这与美国埃维斯汽车公司“在租车业中，我们不过第二位，那为什么还要租用我们的车？我们更卖力。”的定位是一样的。埃维斯在连续 13 年亏损之后重新对自己进行了定位，第一年即赚了 120 万美元，第二年赚 260 万美元，第三年赚 500 万美元。

（资料来源：https://wenku.baidu.com/view/ee96721b50e2524de4187e4f.html）

（七）重新定位战略

孙武说：“水因地而制流，兵因敌而制胜。敌兵无常势，水无常形。能因敌变化而取胜者，谓之神”。其意是打仗要根据敌我双方力量的消长变化而采取应变策略，就像流水没有固定不变的形态一样，用兵也没有固定不变的方法，能以变应变而取胜者，可称为用兵如神。市场如同战场一样变化莫测，因而企业的市场定位也要随市场变化而重新定位。

案例 3-3-13

橘汁的定位战略

在美国，橘汁是一种公认的早餐食品，味道好、热量低、天然而且健康。但是美国人只把它当作早餐饮品，这样橘汁的市场就很小了，甚至处于停滞状态。为了扩大产销量，橘汁制造者便开始不停地向公众灌输一套新的观念，即将它作为一种天然的、健康的饮料打入饮料市场。

橘汁制造商采用了这样的广告口号：“它不再只是吃早饭时饮用”。第一批广告的形象是从事体育活动的年轻人；第二批广告描绘在午饭时饮用橘汁的场景；第三批广告主要强调“天然的和有益健康的”，画面中劳动的少女和老年人都在休息时饮用了橘汁。这些广告向消费者传达了这样的信息：喝橘汁的既可以是年轻人，也可以是老年人；橘汁既可以在午饭时喝，也可以在休闲娱乐时喝。总之，橘汁的重新定位战略，使其销售量成倍增长。

无论是定位错误的原因，还是环境变化的原因，当原来的定位不能给产品带来利益时，就应该对产品重新定位。

（资料来源：http：//www. clpx168. com/page-401. html）

案例 3-3-14

杉杉服装新定位：加大品牌投入 聚焦年轻一代

在服装行业经营三十多年的杉杉服装，在 2017 年迎来了大爆发——杉杉服装的子品牌 SHANSHAN 迎来第 300 家新店。

作为宁波本土的服装企业代表，杉杉股份有限公司始创于 1980 年，其前身为宁波甬港服装厂。随着时代的变化，人们的生活方式发生改变，杉杉服装也要随之改变。杉杉的掌舵人郑永刚也为杉杉服装的未来发展做出规划——“杉杉要进一步加大对服装板块的投入，不断创新。杉杉服装不仅要做下去，而且要发扬光大。”

杉杉推出的全新风格子品牌 SHANSHAN，正是杉杉对新时代的探索。当它开出第一家专卖店时，便收获了超高的评论和销售额，其中单店日销售额高达七八万元，新品牌的平均店效较原来提升了 200%~300%。

除了杉杉男装本身强大的品牌影响力外，新推出的子品牌 SHANSHAN 抓住了消费者的需求，拥有清晰的定位——在设计上符合年轻时尚男士的着装要求，在面料、材质的选择上也坚持“舒适”的体验、超高的性价比。新品牌在产品设计上更加偏向时尚、休闲，涵盖了商务休闲、商务时尚、生活时尚三大系列，目标群体指向 28 岁至 35 岁的年轻男士。

SHANSHAN 单独设立运营管理体系，以新定位项目的所有业务为核心成立事业二部，独立进行商品设计、供应链开发、终端运营、门店培训和仓储物流。从 2017 年 7 月起，引进的优秀服装品牌专业人才已近百人，组建起了一支平均年龄只有 27 岁的年轻团队，充分体现新生代团队的新思维和新理念。

杉杉新定位，成为颠覆旧模式的“新玩法”。

（资料来源：http：//finance. jrj. com. cn/2018/05/10152524521940. shtml）

重新定位一般有三种情况：

1. 因产品变化而重新定位

这是因产品的改良或发现了产品的新用途，为改变顾客心目中原有的产品形象而采取的再次定位。

（1）因产品变化而重新定位。有的产品因市场竞争等原因，不断地自我否定，又不断地对产品进行改良。当改良产品出现后，其形象、特色等的定位也要随之改变。

（2）因产品发现新功能而重新定位。许多产品在投入使用过程中会超出发明者最初的设想而发现一些新用途，为了完善产品的形象，扩大市场，产品需要重新定位。如苏打不仅是药品，而且还有清洁除臭作用，可用于冰箱、厕所的除臭。故苏打产品又被重新定位于家用除臭剂。

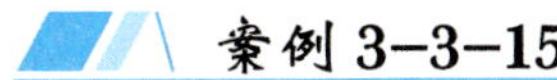

案例 3-3-15

吉列剃须刀的市场定位

剃须安全刀片是美国吉列公司发明的，近 50 年来一直是刀片市场的王牌。20 世纪 60 年代初，吉列刀片受到 BIC 公司的不锈钢刀片的打击，致使一些顾客纷纷放弃吉列，转而使用 BIC 公司的产品。为扭转不利局面，吉列公司推出世界上第一把双片剃须刀片，其定位改为“剃须更彻底”。6 年后，吉列公司又推出便携式剃须刀，其定位又改为“安全便利”。

（资料来源：https：//www. taodocs. com/p-54610084. html？ v=undefined）

2. 因市场需求变化而重新定位

由于时代及社会条件的变化以及顾客需求的变化，产品定位也需要重新考虑。如人们生活富裕了，要养生，要保健减肥，因而希望食品中的糖分尽量少些。某一品牌奶粉在 20 世纪 50—60 年代针对消费者喜爱强调含糖分，进入 20 世纪 80 年代则强调不含糖分，正好迎合人们“只要健康不要胖”的心理。

3. 因扩展市场而重新定位

市场定位常因竞争双方状态、市场扩展等情况而变化。

案例 3-3-16

万宝路香烟的市场定位

万宝路香烟最早是一种女性香烟，其包装采用了细腻的图案和柔和的字体，广告中出现的也是女性形象。后来该公司为了扩展市场，将其定位改变为男性香烟，将包装改为红白两色，形成对比鲜明、字体刚劲有力的男性化设计；广告片则聘用外表刚毅的男性演员，其画面大多为荒野、骏马，如西部牛仔。另外，该公司还大力赞助赛车、足球等激烈的体育比赛。自此，该产品便成为男性喜爱的名牌香烟，销路也随之剧增。

重新定位是重要的，但是变中要求稳。这是因为，频繁改变定位不仅会造成人们对品牌形象产生混乱印象，也会加大成本开支。

（资料来源：https：//www. docin. com/p-537544077. html）

（八）细分定位战略

即在市场细分化基础上，对某一市场予以定位的战略。

案例 3-3-17

营多方便面的市场定位

1993 年上海方便面市场展开了激烈的竞争。“统一”方便面认真分析市场后认为，中高档市场已被“康师傅”占领，低档次的已有“营多”等分布，而恰在中低档处有一个空隙，即 1 元左右的方便面较适合大中学生的消费水平，于是该公司便把自己的产品定位于这一细分市场。

（资料来源：https：//iask. sina. com. cn/b/10h2qvwJ9ajZ. html）

案例 3-3-18

佐丹奴的市场定位

佐丹奴的市场定位：①从面料的考究和选择来看，“佐丹奴”了解到，经过人们的长期使用和筛选，人们至今钟情的依然是棉制品。因此该品牌服装从 T 恤、衬衫、夹克衫、长裤到内裤和袜子，无一不是由全棉或高含棉面料制成。之后，它再根据价格和款式情况，突出服务于 18~45 岁的中青年人，因为这一年龄层的人士，服装购买欲最旺盛；②从服装的价格来看，“佐丹奴”敏锐地察觉到我国服装市场上中高档价格男装的花色品种匮乏。针对这种情况，“佐丹奴”将产品价格定位为：全棉长短袖 T 恤 50~150 元，棉布衬衫 100~200 元，长裤 100~300 元，皮带 100~200 元，夹克与加厚棉料夹克 200~400 元，风褛 500 元左右，羊毛衣 150~300 元。这种价格定位非常适合我国现阶段大中城市居民的消费水平；③从该品牌服装款式的确定来看，我国的服装款式较之于西方更含蓄和传统。尽管现在我国居民的生活水平提高了，与西方文化亦有所交融，但大多数人并不追求新奇。针对这种市场状况，“佐丹奴”服装款式设计力求简明、沉稳。

（案例来源：https：//www. xzbu. com/3/view-1468881. htm）

复习思考题

1. 为什么要进行市场细分？
2. 消费者市场细分标准有哪些？
3. 一般有哪几种目标市场营销战略可供企业选择？各种战略的优缺点是什么？
4. 市场定位战略有哪些？

案例分析

“三只松鼠”的定位营销

“三只松鼠”是在 2012 年推出的第一个互联网森林食品品牌，产品清新小巧，代表着天然、新鲜以及非过度加工。上线仅仅65天，“三只松鼠”的销售量就跃居淘宝天猫坚果行业的第一名。而在近两年天猫“双11”的大促中，“三只松鼠”都夺得了坚果类目的冠军宝座。是什么造就了“三只松鼠”今日的成就？与传统食品的营销相比，“三只松鼠”有哪些特别之处？

做营销，首先要确定目标消费者，然后投其所好。三只松鼠的目标人群定位非常明确，它的顾客群是“80后”“90后”互联网用户群体。“80后”“90后”个性张扬，有主见，他们追求时尚、享受生活，喜欢网购。“三只松鼠”从命名开始，就很注重契合目标消费者的特点。“三只松鼠”的CEO章燎原介绍，互联网的主流群体是“85后”，是比较年轻的群体，所以互联网化的品牌名称，除了要能容易记忆，还要好玩些。而将这两者合为一体时，就很容易联想到动物，这就是“三只松鼠”名称的由来。

此外，“三只松鼠”的形象和包装也是根据消费者的需求来设立的。三只松鼠色彩艳丽，活泼可爱，而且每个都有自己的名字，代表着一种典型性格。松鼠小贱，又萌又贱；松鼠小酷，技术宅一枚，喜欢发明创作，对一切新奇事物充满了兴趣；松鼠小美，温柔美丽，是年轻女性的典型代表。

不仅如此，“三只松鼠”还基于“80后”“90后”互联网用户群体的定位，为适应顾客的各种口味，特意将售前客服进行分组，其分组方法则是根据客服的性格与个人偏好。想听高端大气上档次、奔放洋气有内涵的话题，可以找小清新文艺组松鼠接待。而热衷各种段子，重口味、无底线和无下限的，则由另一组负责接待。这些定位于目标消费群体的营销方式，极大地满足了顾客的消费体验。如此一来，也增加了很多回头客，使二次购买率不断提升。

营销启示：营销，要对目标消费群进行精准定位，明确产品与消费者之间的关系，分析挖掘他们的爱好、需求点和兴趣点，并抓住目标人群的某些特点元素，从而增加消费者对品牌的认可度。

（资料来源：作者许丽玲，来源《番禺日报》）

问题：

1. “三只松鼠”是怎样进行市场细分的？

2. “三只松鼠”是如何进行定位的？为了满足目标顾客的需求，该品牌采用了哪些策略？

实训操作

【实训项目】以小组为单位，为某企业的产品选择目标市场并进行市场定位。

【实训目标】要求学生学会对整体市场进行调研、分析，在此基础上根据不同的细分标准对市场进行细分，从而为企业选定一个目标市场，之后再根据产品的特点及该市场上的竞争情况给产品定位。通过实训，提高学生的综合分析能力及思考、解决问题的能力，培养其敏锐的市场观察能力，检验其对知识的掌握情况，为将来他们走向工作岗位以及自身发展打下基础。

【实训组织】学生3~5人一组，收集资料。对资料进行整理分析，形成书面报告，并用 PPT 制作 5 分钟的汇报演讲稿。全班进行汇报演讲，选出最优秀的小组。

【实训提示】选择本地区企业。实训按以下步骤进行：市场调研—根据企业实际和产品特点，先选择合适的市场细分依据，再进行市场细分—选择目标市场及制定目标市场策略—进行产品定位。

【实训考核】包括书面报告和汇报演讲两部分的成绩。

项目四　制定营销策略

项目目标

【知识目标】了解新产品开发过程；掌握产品生命周期各阶段特点和营销策略；掌握品牌和包装策略；熟悉企业的基本定价策略；掌握制定价格的方法；了解分销渠道类型；设计与管理分销渠道；了解促销组合基本原理，掌握人员推销、广告、公共关系、营业推广等手段。

【能力目标】能够制定产品生命周期各阶段的营销策略；进行品牌决策；制定包装策略；能够分析影响定价的因素、选择合适的定价方法；设计与管理分销渠道；能够使用人员推销、广告、公共关系、营业推广等手段为企业促销。

【核心能力】制定产品生命周期各阶段的营销策略；给产品制定合理的价格；设计与管理分销渠道；合理使用人员推销、广告、公共关系、营业推广等手段，以为企业促销。

引导案例

娃哈哈 Hello-C 新产品开发

Hello-C 作为市场上健康时尚的果汁饮料，其目标消费群体锁定在时尚青少年和白领女性等消费群体上。

Hello-C 中和了饮料酸度，增加了甜度，并加入柚子与蜂蜜等口味，给消费者更多的选择，这就使得 Hello-C 的口感更接近一般意义上的饮料，消费者也更易接受。说到底，补充维生素 C 等功能都是饮料的附加价值，而作为饮料这个大的品类来讲，“好喝”仍是消费者的第一需求。

Hello-C 标明柠檬汁含量不低于 12%（比水溶 C100 多一点），且添加了蜂蜜，力图在果汁含量、口味方面胜过水溶 C100。Hello-C 柚、Hello-C 柠檬这两种果汁分别精选了富含维生素 C 的蜜柚和柠檬，并添加蜂蜜调和，其营养更易被吸收。柠檬、蜜柚带来的天然果酸，融合蜂蜜的甜度，给人一种入口酸、回味甜的感觉。它的核心价值在于营养、美味，还有美容养颜的功效，它的包装独特，外观颜色以黄白红等为主。Hello-C 这款饮品特有的复合果酸，不仅性质温和，还具有良好的美容效果，这就使得 Hello-C 变得比单一的水果要有价值，更加适合爱美的年轻人。

（资料来源：https://wenku.baidu.com/view/22c6aecb53ea551810a6f524ccbff121dc36c5cf.html）

任务一　产品策略

任务目标

【知识目标】掌握产品生命周期各阶段的特点和营销策略；掌握品牌和包装策略；了解新产品开发过程。

【能力目标】能够制定产品生命周期各阶段营销策略；进行品牌决策；制定包装策略。

【核心能力】制定产品生命周期各阶段营销策略。

引导案例

雕牌的产品策略分析

1992 年 5 月，纳爱斯集团前瞻性地将市场营销突破点锁定在洗衣皂上。这是一个消费者没有觉察到的领域：地方货遍布，缺乏全国性品牌，但市场就在这里。要在洗衣皂上打开缺口，就得从内质上进行改造。雕牌“超能皂”以其特有的颜色（蓝色）与造型（中凹）出现在老百姓的面前，而它特殊的形象代表——“大雕”更是意喻去污的迅捷。

紧接着，雕牌“透明皂”又快速投入市场。这一次，形状由大变小，使之一手可握，便于消费者使用；同时，改变香味——变为淡淡的清香，再配以中档的价位；产品一上市，便迅速被成千上万的消费者接受。这让当初并不看好的同行大跌眼镜，等他们醒悟过来，却早已错过先机。雕牌透明皂成了洗衣皂销量第一的品牌。雕牌“透明皂”成功了！它找到了市场空白点，并用差异化战略赢得了市场，并迅速成为领导品牌。

1999 年，公司对外宣告其建成了全世界四台之一的全自动喷粉设备，由此推出了“雕牌洗衣粉”；然而，这一年刚开始，雕牌洗衣粉的价格就降到了一箱 29 元，跌破了 30 元的心理防线。优质而低价使纳爱斯有了后发制人的制胜法宝。与低价遥相呼应，雕牌的“亲情”广告——“妈妈，我能帮你洗衣服了”推出。2000 年初，雕牌的亲情广告在中央电视台高频次播出，使得雕牌洗衣粉带着亲情、带着关怀、带着深深的文化底蕴走进千家万户。

2000 年，雕牌洗衣粉再接再厉，继洗衣皂之后又拿到一个第一。

2001 年，雕牌洗衣粉销量达 89 万吨。纳爱斯集团以超出对手 60 万吨的销量占据霸主地位。

雕牌洗衣粉的三级跳不仅让自己出尽风头，更引发了整个行业的价格跳水，以宝洁和联合利华为首的外资企业不得不悄悄地降价，国内品牌的价格也是一降再降。

之后，纳爱斯又开启了其品牌延伸策略：雕牌牙膏、纳爱斯香皂……2001 年，纳爱斯还增加了水晶皂、沐浴露、洗发水等产品。

如果以为雕牌就只有广告和低价这两大策略，那就大错特错了。能够在短短时间，超速度地发展，源于其背后强大的经销体系。纳爱斯的经销体系有如下特点：

一是在与经销商签订合同时，都会向经销商许诺年底给予一定的返利，保证其一年的努力会得到相应的回报。

二是保证金制度。该项制度能确保品牌忠诚度。按目前雕牌洗衣粉的操作，凡是客户将保证金打入纳爱斯账户，纳爱斯都按30%返还。换句话说，正式销售还没有开始，经销商已得到巨额返利。

三是渠道战略。在全国各地设立分公司，形成城市辐射农村的格局。推行网络扁平化管理，减少中转环节，降低经营成本。同时，继续推行经销商保证金制度，这是对品牌经营和品牌忠诚度的“试金石”。

四是委托加工，坚持营销网络本土化。遍布全国19个省的30家企业，它们每天都在生产着纳爱斯的产品。

纳爱斯是在市场经济的风风雨雨中成长的，它不仅是国内洗涤行业影响力最大、最具实力、最有进取心的企业之一，而且它拥有目前行业内品牌价值最高的品牌——“雕牌”。

（资料来源：http：//www. jpkc. hdu. edu. cn）

一、理解产品概念及其分类和组合策略

产品是决定市场成败的首要因素。最优秀的营销大师，面对低劣的产品，也无能为力。市场营销以满足市场需要为中心，而市场需要的满足则只能通过提供某种产品或服务来实现。因此，产品是市场营销的基础，其他的各种市场营销策略，如价格策略、分销策略、促销策略、权力营销、公共关系等，都是以产品策略为核心展开的。

产品的生产不仅仅是个生产过程，更是一个经营过程。在现代市场经济条件下，每一个企业都应致力于产品整体概念的开发和产品组合结构的优化，并随着产品生命周期的演化，及时开发新产品，以更好地满足市场需要，提高产品竞争力。要制定出正确的产品策略，必须先明确产品整体概念。

（一）产品整体概念

1. 产品整体概念的内容

什么是产品？人们通常理解的产品是指具有某种特定物质形状和用途的物品，是看得见、摸得着的东西。这是一种狭义的定义。

市场营销学认为，广义的产品是指人们通过购买而获得的能够满足某种需求和欲望的物品的总和，它既包括具有物质形态的产品实体，又包括非物质形态的利益，这就是“产品的整体概念”。

市场营销学认为，产品包括实物（汽车、书籍）、服务（美容、理发）、场所、地点（埃及金字塔、中国长城）、组织（保护消费者协会）、人员、思想、创意、观念（环保）。例如消费者购买空调，他不仅希望购买到一定品牌、一定款式、价格合理、一定质量的空调，他同时也希望企业能给予免费安装维修服务，并给予定期检测。

产品整体概念把产品分为核心产品、形式产品、期望产品、附加产品和潜在产品五个层次，并赋予这些层次不同的内涵。

（1）核心产品。核心产品也称实质产品，指产品能够提供给购买者的基本效用或益处，是购买者所追求的中心内容。如买自行车是为了代步，买电钻是为了打洞，买化妆品是希望美丽、增加魅力等。美国某著名化妆品制造商说："我们在车间生产的是化妆品，但在商场里销售的是梦。"因此，企业在开发产品、宣传产品时，要善于发现隐藏在产品背后的真正需要，明确地确定产品能提供的价值，这样产品才具有吸引力。

同时要注意，对于企业提供给顾客的产品，不同的消费者对同一产品效用的理解是不同的，例如购买同样的一辆自行车，有的消费者是作为交通工具，有的消费者作为健身器材，有的消费者是偏爱该自行车的品牌或款式。因此，企业营销人员要从不同角度来揭示商品的效用，以吸引更多的消费者。

（2）形式产品。形式产品也称有形产品，是产品在市场上出现时的具体物质外形，它是产品的形体、外壳，核心产品只有通过有形产品才能体现出来。产品的有形特征主要指质量、款式、特色、包装等。如冰箱，其有形产品不仅仅指电冰箱的制冷功能，还包括它的质量、造型、颜色、容量等。

案例 4-1-1

精细的外形设计

"六神"花露水的设计人员对其外形进行了人性化的设计，将其设计成了喷雾式，既卫生又方便。人性化的设计或许仅仅是一个简单的操作，但会给消费者带来方便或愉悦的心情。

（3）期望产品。期望产品指消费者购买产品时期望的一整套属性和条件。产品的消费往往是生理消费和心理消费相结合的过程。随着人们生活水平的提高，人们越来越看重产品的品牌和形象，因而它们也是产品整体概念的重要组成部分。

（4）附加产品。附加产品指顾客购买产品所得到的各种附加利益的总和。它包括：安装、使用指导、质量保证、维修等售前售后服务。由于产品的消费是一个连续的过程，既需要售前宣传产品，又需要售后持久、稳定地发挥效用，因此，服务是不能少的。可以预见，随着市场竞争的激烈展开和用户要求的不断提高，附加产品越来越成为竞争获胜的重要手段。

案例 4-1-2

海底捞火锅的顾客服务差别化战略

中国的火锅店众多，竞争相当激烈。但海底捞火锅独树一帜，以高质量的服务在火锅市场中占据了一席之地。海底捞火锅的高质量服务体现在就餐前、就餐中和就餐后的各个环节当中。

1. 就餐前的全面考虑

（1）泊车时的便利性。海底捞店前有专门的泊车服务生，他们主动代客泊车，车辆停放妥当后会将钥匙交给客人；等到客人结账时，泊车服务生会主动询问“是否需要帮忙提车?”若顾客选择在周一到周五中午用餐，海底捞还会提供免费擦车服务。按照网友的话说，“泊车小弟的笑容很温暖，完全不以车型来决定笑容的真诚与温暖程度”。

(2) 让等待充满快乐。当顾客在海底捞等待区等候时，大屏幕上会不断打出最新的座位信息，服务人员会立即送上西瓜、橙子、苹果、花生、炸虾片等各式小吃，还有豆浆、柠檬水、薄荷水等饮料（均为无限量免费提供）。此外，顾客还可以在等侯区打牌下棋和免费上网冲浪，女士还可以享受免费修剪指甲，男士则可以免费擦皮鞋等。排队等位已成为海底捞吸引顾客的特色和招牌之一。

2. 就餐中的细节关怀

从点菜、上洗手间、结账离开等全流程的各个环节，海底捞处处体现了对服务的重视和顾客的关怀。

(1) 节约的点菜服务。如果客人所点菜量已经超过了可食用量，服务员会及时提醒客人。此外，服务员还会主动提醒顾客，各式食材都可以点半份，这样同样的价钱可以享受平常两倍的菜品。

(2) 及时到位的席间服务。海底捞保证每桌至少有一个服务员，所有服务员“不管什么时候”看到顾客都会恭敬地问候；服务员在席间会主动为客人更换热毛巾，次数至少在两次以上；服务员会给长头发的女士提供橡皮筋箍头，小发夹等夹住前刘海，给带手机的顾客提供小塑料袋子装手机以防进水；若有戴眼镜的顾客需要擦镜布，服务员还会为其免费赠送擦镜布。为每位就餐者提供围裙更是海底捞中一道靓丽的风景线，男女老少穿着同样的颜色的围裙端坐一桌，阵势相当宏伟。穿围裙一是可以避免让美味不小心溅到顾客的衣服上，二是可以部分拦截火锅的味道，以免衣服散发着火锅的味道。

(3) 暂时充当孩子保姆。带孩子上餐馆经常是父母的两难，有时淘气的孩子会破坏就餐的氛围，让原本美味的食物变得索然无味。为此，海底捞实施了两项创新举措：一是创建了儿童天地，让孩子们在那尽情玩耍，使父母可以全身心投入到品尝美味之中；二是服务员可以免费带孩子玩耍，还可以帮忙给年龄较小的孩子喂饭，让父母安心吃饭。

(4) 星级般的 WC 服务。海底捞的卫生间环境优良、卫生干净，而且配备了一名专职人员为顾客洗手后递上纸巾，以便顾客能够擦干湿手。

(5) 精彩的拉面表演。海底捞针对每位点了拉面的顾客，推出了精彩的拉面表演节目，即让一名受过专业培训的员工用各种舞蹈动作当着顾客的面拉好了并下到锅里，这使顾客在享受美味之余，还能欣赏为自己准备的拉面表演。

3. 就餐后的小恩惠

一般的餐管吃完饭后只会送上一个果盘，但在海底捞，若顾客向服务员提出再给一个果盘的要求，服务员会面带笑容地说没问题，并立即从冰柜里拿出果盘奉送给顾客。服务员有时候还会给顾客奉送一到两小袋豆子和口香糖。虽然这些小恩惠不值多少钱，但却使顾客感到满意、欣喜和感动，在顾客心里种下“下次还来”和“告诉朋友”的种子。

（资料来源：http：//www.03964.com/read/1c38e751998e760271891ab6.html）

(5) 潜在产品。潜在产品指现有产品在未来的可能演变趋势和前景。如果附加产品包含着产品的今天，则潜在产品指出了它可能的演变趋势。例如，近年来出现的家庭旅馆，则代表着传统旅馆的新转变。

2. 产品整体概念的意义

产品整体概念，是市场经营思想的重大发展，它对企业经营有着重要意义。

（1）指明了产品是有形特征和无形特征构成的综合体（见表4-1-1）。

表4-1-1　产品的有形特征和无形特征

有形特征		无形特征	
物质因素	具有化学成分、物理性能	信誉因素	知名度、偏爱度
经济因素	效率、维修保养、使用效果	保证因素	“三包”和交货期
时间因素	耐用性、使用寿命	服务因素	运送、安装、维修、培训
操作因素	灵活性、安全可靠		
外观因素	体积、重量、色泽、包装、结构		

为此，一方面企业在产品设计、开发过程中，应有针对性地提供不同功能，以满足消费者的不同需要，且同时保证产品的可靠性和经济性。另一方面，产品的无形特征也应引起充分重视，因为它也是产品竞争能力的重要因素。

（2）产品整体概念是一个动态的概念。随着市场消费需求水平和层次的提高，市场竞争焦点不断转移，对企业产品提出更高要求。为适应这样的市场态势，产品整体概念的外延处在不断再外延的趋势之中。当产品整体概念的外延再外延一个层次时，市场竞争又将在一个新领域展开。

（3）对产品整体概念的理解必须以市场需求为中心。产品整体概念，清晰地体现了一切以市场需求为中心的现代营销观念。产品的价值，是由顾客决定的，而不是由生产者决定的。

（4）产品的差异化是市场竞争的重要内容，而整体概念中的任何一个因素都有可能导致差异化，因而这也为企业产品差异化战略提供了新的线索。

（二）产品的分类

1. 消费品分类

消费品是指那些由最终消费者购买并用于个人消费的产品。

（1）按产品是否具有实物形态及是否耐用分类

①耐用品：是可供长期使用、价值较高的产品。耐用品属于有形产品，通常有许多用途。如空调、汽车、住房等。耐用品的价格通常较高，因此，要特别注重售后服务的质量。企业应向顾客提供更多的附加产品（如送货、安装、产品知识培训等），力争吸引更多的顾客。

②非耐用品：指消费周期短，容易被消耗的消费品。如食品、日用品等。非耐用品由于使用频率高，与消费者的日常生活联系紧密，因此应尽可能地通过广告宣传等方式来影响消费者的购买决策，以培养和争取顾客，争取从长远经营中获利。

③服务：服务是无形的、不可分离的、可变的和易消失的。如理发、美容、旅游等，从消费的周期与频率来看，这类消费品应属于非耐用消费品的范畴，因此具有非耐用消费品的特点。但同时，服务性消费品又不具有实物形态，它具有非存储的特征，即该消费品一生产出来就必须消费，或者说，服务性消费品是就地生产、就地销售、就地消费的，因此应更加注重信誉和售后服务，以吸引更多的顾客。

（2）按消费者的购买习惯分类

①便利品：指消费者日常使用、不愿花费很多时间和精力去购买的物品。包括日用品、急需品和冲动品三类。日用品是消费者经常购买的产品，如牙膏、洗衣粉。急需品是当消费者的需求十分紧迫时才购买的产品，如在下暴雨时购买雨伞。急需品应该放在许多供应网点出售，以便顾客在需要这些商品时，能及时销售。冲动品是消费者没有经过计划或寻找而购买的产品。消费者不会专门去选购此类产品，到处均可购买。如口香糖之所以被放在结账处，是因为顾客可能原来没有计划要购买它们。

②选购品：指规格复杂、消费者在购买时必须要经过细致的比较和鉴别，才能决定是否购买的产品。包括同质选购品和异质选购品两类。

③特殊品：指特定品牌或具有特色的、被特定消费者购买的物品，如精致钟表、名牌服饰、高档汽车等，消费者愿意花费较多时间或精力去购买某种特定商品，这些商品一般是不可替代的。

④非渴求品：指消费者不知道的，或虽然知道但一般情况下不想购买的物品，如上市不久的新产品、保险、墓地、百科全书等。这类产品的特点，决定了它们的营销要在广告和人员推销等方面下功夫。

2. 产业用品的分类

产业用品按其如何进入生产过程及其与产品成本的关系分为三类：

（1）材料和部件。包括未经加工的原材料和加工制造的原材料、零配件，这类产业用品是完全进入生产过程的，其价值一次性计入产品成本。

（2）固定资产。包括厂房、机器和各种生产设备等，这类物品是部分地进入产品，其价值是通过折旧逐次计入产品成本的。此外，还包括办公设备（办公桌、文件柜等）。

（3）供应品和服务。供应品包括操作用品（铅笔、打印纸等）和维修用品（油漆、钉子等）。供应品相当于工业领域内的方便品，因为一般来说，重购这些物品十分容易，直接再采购即可。由于顾客人数众多，区域分散，且产品单价低，所以一般都是通过中间商销售这些产品。由于供应品是十足的标准品，顾客对它无强烈的品牌偏爱，故价格因素和服务成为其重点考虑的因素。服务包括维修修理服务（维修打印机等）和商业咨询服务（法律咨询等）。

（三）产品的组合策略

1. 产品组合及相关概念

根据表4-1-2中的内容，分析海尔公司的产品组合、产品线、产品项目及产品组合的宽度、长度、深度和密度。

表 4-1-2 海尔公司的产品组合示意图（部分）

产品大类	产品项目
冰箱	王子、金王子、太空王、王中王、果菜王、金统帅、大统帅、小统帅、太空王子、快乐王子
空调	超人、大超人、金超人、健康超人、太空金元帅、金状元
洗衣机	太空钻、太阳钻、水晶钻、玫瑰钻、银河钻、小神童、小小神童、多变神童、小神功
电热水器	大海象、金海象、海象王、小小海象
电视	宝德龙、美高美、影丽、小雷达、青蛙王子
手机	喜多星、彩智星、天彩星、地文星、奔风

产品组合：一个企业生产或经营的全部产品的结构。它包含了产品线和产品项目这两个概念。

产品线：具有相似的使用功能、销售渠道、消费群体，但其型号、规格又不同的能满足同类需求的一组产品，又称产品大类。

产品项目：产品线中按尺寸、价格、外形等来区分的具体产品。

从表 4-1-2 可以看出，海尔公司有冰箱、空调、洗衣机、电热水器、电视、手机这 6 条不同的产品线。表 4-1-2 显示，海尔公司共有 39 个产品项目，在众多规格、型号的洗衣机中，“小神童”就是其中的一个产品项目。

公司的产品组合还具有一定的宽度、长度、深度和密度。

产品组合的宽度：也称产品组合广度，指一个企业生产经营的产品线（或大类）的多少。产品线越多，则产品组合的宽度会越宽。

产品组合的长度：企业生产经营的全部产品线中所包含的产品项目总和，即产品线总长度。

产品组合的深度：企业生产经营的每条产品线中，每种产品或品牌所包含的产品项目的数量。一个企业的每条产品线中所包含的产品品牌数往往各不相等，每一产品品牌下又有不同品种、规格、型号的产品项目。

产品组合的密度：各产品线在最终使用、生产技术、销售等方面的相互关联程度，也称产品组合相关度。

海尔公司有冰箱、空调、洗衣机、电热水器、电视、手机 6 个产品大类，则其产品组合广度是 5。产品组合的长度是 39。海尔冰箱产品组合的深度是 10。海尔的这六条产品线都是家用电器，所以相关度高。相反，若企业同时涉及若干不相关行业的经营时，则其产品组合的关联性就较低。

产品组合的宽度越大，说明企业的产品线越多；反之，产品线越少。产品组合的深度越大，企业产品的规格、品种就越多；反之，则越少。产品组合的深度越浅，宽度越窄，则产品组合的关联性越大；反之，则关联性越小。

产品组合的宽度、长度、深度和关联性会对企业的营销活动产生重大影响。一般而言，增加产品组合的宽度，即增加产品线和扩大经营范围，可以使企业获得新的发展机会，更充分地利用企业资源以及分散企业的投资风险。增加产品组合的长度和深度，会使各产品线拥有更多规格、型号和颜色的产品，更好地满足消费者的需要，增强行业竞争力。增加产品组合的关联性，可发挥企业在其擅长领域的资源优势，避免进入不熟悉行业的经营风险。因此，产品组合决策就是企业根据市场需求、竞争形式和企业自身能力等情况在产品组合的宽度、长度、深度和关联性方面做出的决策。

2. 产品组合策略

案例 4-1-3

Swatch 公司的产品组合

欧米茄、雷达、浪琴、斯沃琪、天梭等名表居然出自同一家公司，它们都是全球最具规模的制表集团斯沃琪（Swatch，在 2000 年之前叫 SMH 公司）旗下的手表品牌，为了凸显各品牌的特性，Swatch 公司从未主动宣传这些品牌源自同一企业。

事实上，Swatch 旗下的品牌，各具特色，消费者可以根据自己的身份、社会地位、职业、收入等情况做出购买选择。如欧米茄代表着成功人士或名人的选择，而雷达表是高科技的象征，至于斯沃琪则代表时髦、潮流。在市场推广中，这些品牌体现着鲜明的特色。欧米茄精心挑选一些国际性和地区性的名人作为形象大使，如超级名模辛迪·克劳馥等。对消费者而言，人人都渴望成功，故自然会对名人青睐的欧米茄表产生购买欲。

而其他品牌，如雷达的广告，其卖点完全表现在高技术含量的工艺和材料上。据悉，Swatch 公司在今后的发展中，在旗下品牌不会有很大冲突的情况下，会继续收购一些品牌，以填补现有品牌设计、造型等的空白，满足更多消费者的需求。

（资料来源：https：//www. wendangxiazai. com/b-4cce1568b84ae45c3b358ce4-5. html）

产品组合策略：企业根据其目标和市场竞争环境，对产品组合的宽度、长度、深度和密度进行选择，使之形成最佳的产品组合。

（1）扩展策略

扩展策略包括扩展产品组合的宽度和长度。前者是在原产品组合中增加一条或几条产品线，扩大企业的经营范围；后者是在原有产品线内增加新的产品项目，发展系列产品。

一般当企业预测到现有产品线的销售额和盈利率在未来几年会下降时，往往就会考虑这一策略。这一策略可以充分利用企业的人力等各项资源，挖掘潜力，分散风险，增强竞争力。当然，扩展策略也往往会分散经营者的精力，增加管理困难，有时会使边际成本加大，甚至由于新产品的质量、功能等问题而影响企业原有产品的信誉。

（2）缩减策略

缩减策略是企业从产品组合中剔除那些获利小的产品线或产品项目，集中经营那些获利最多的产品线和产品项目。

缩减策略可使企业集中精力改进少数产品的品质，降低成本，或缩减部分产品，提高经济效益。当然，企业失去了部分市场，也会增加企业的风险。

（3）产品延伸策略

每一个企业的产品都有其特定的市场定位，如我国的轿车市场，“别克”“奥迪”“帕萨特”等定位于中偏高档汽车市场，“桑塔纳”定位于中档市场，“夏利”“奥拓”等定位于低档市场。产品延伸策略是指全部或部分地改变公司原有产品的市场定位。具体做法有向下延伸、向上延伸、双向延伸。

①向下延伸

向下延伸是指企业原来生产高档产品，之后增加低档产品。向下延伸策略的使用主要是因为高档产品在市场上受到竞争者的威胁，本企业产品在该市场上的销售增长速度趋于缓慢，企业通过向下延伸来寻找新的经济增长点。同时，某些企业出于填补产品线的空缺，防止新的竞争者加入的考虑，也会实施这一策略。

向下延伸策略的优势是显而易见的，它既可以节约新品牌的推广费用，又可使新产品借助原品牌的声誉，很快得到消费者的认可。

但是必须指出的是，向下延伸策略并不是万能的，处理不好时会让企业陷入困境。这是因为，推出低档产品会使企业在原高档市场的投入减少，使该市场相对萎缩；由于向下延伸策略侵犯了低档市场竞争者的利益，故可能会刺激新竞争对手进行反击；经销商可能不愿意销售低档商品，以规避经营风险等。

高档产品往下延伸是一把“双刃剑”，它既可能低成本拓展业务，也可能使企业陷入困境。其中最大的困境是损害原品牌的形象。

案例 4-1-4

派克笔的向下延伸策略

美国“派克”钢笔质量好、价格贵，是象征身份的标志，许多社会上层人物都以佩戴一支派克笔为荣。然而，1982 年新总经理詹姆斯·彼特森上任后，盲目延伸品牌，把派克笔品牌用于每支售价 3 美元的低档笔。结果，派克在消费者心目中的高贵形象被损坏，竞争对手趁机侵占高档笔市场，使派克公司几乎濒临破产。派克公司欧洲主管马克利认为，派克公司犯了致命错误，没有以己之长攻人之短。鉴于此，马克利筹集巨资买下派克公司，并立即着手重塑派克形象，从一般大众化市场抽身出来，竭力弘扬其作为提高社会地位象征的特点。

（资料来源：http：//www. 51edu. com/guanli/glsj/362203. html）

案例 4-1-5

五粮液的向下延伸策略

五粮液是我国著名的白酒品牌，以优良品质、卓著声誉、独特口味蜚声国内外。五粮液集团十分注重品牌延伸工作，当“五粮液”这一品牌在高档白酒市场站稳脚跟后，便采取“纵横延伸”策略。其纵向延伸策略是打造“五粮春”“五粮醇”“尖庄”等品牌，使之分别进入中偏高白酒市场、中档白酒市场和低档白酒市场。其“横向延伸”策略是指五粮液集团先后和几十家地方酒厂联合以开发具有地方特色的系列白酒，且均将这些产品注明为“五粮液集团荣誉产品”。五粮液集团借助这些延伸策略，有效地实施低成本扩张，使其市场份额不断扩大。

（资料来源：http：//www.doc88.com/p-5866865940402.html）

②向上延伸策略

向上延伸策略指企业原来生产低档产品，后来决定增加高档产品。企业采取这一策略的原因是：市场对高档产品的需求增加，高档产品销路广、利润高；希望自己生产与经营的产品的档次更全、能占领更多市场；提高产品的市场形象。

向上延伸策略也有可能带来风险：一是可能引起原来生产高档产品的竞争者采取向下延伸策略，从而增加企业的竞争压力；二是市场可能对该企业生产高档产品的能力缺乏信任；三是原来的生产、销售等环节在这方面没有储备足够的技能和经验。

案例 4-1-6

玉兰油的向上延伸

随着消费水平的提高，中国的化妆品消费逐渐中高端化，原本定位于中低端市场的玉兰油，为了顺应消费形势的变化，不断将产品线和品牌形象上移。在中低端和中高端两线作战，使得玉兰油市场份额明显上升，并有可能创造出单一品牌长线定位的成功特例。玉兰油在中高端市场相继推出了新生塑颜臻粹系列、小白瓶家族、大红瓶家族等一系列新产品，和以前的中低端产品共同组成了一个覆盖中低端、中高端市场的产品线。

（资料来源：百度）

③双向延伸策略

双向延伸策略指原来生产经营中档产品，现在同时向高档和低档产品延伸，一方面增加高档产品，另一方面增加低档产品，扩大市场阵地。

案例 4-1-7

德州仪器公司双向延伸策略

美国德州仪器公司在进入计算器市场时，该市场基本上被鲍玛公司的低价低质计算器和惠普公司的高质高价计算器所占领。德州仪器公司以中等价格和中等质量推出第一批计算器。然后，它以推出价格与鲍玛公司一样，但质量较好的计算器，击败了鲍玛公司；之后，它又设计了一款价格低于惠普公司但质量上乘的计算器，夺走了惠普公司的市场份额。双向延伸策略促使德州仪器公司成功占领了计算器市场的领导地位。

（资料来源：http：//www.docin.com/p-475617509.html）

二、产品生命周期理论应用

一个有生命力的产品往往要经历诞生、成长、成熟到最终的衰亡等阶段，这就是产品的生命周期现象。在产品的生命周期内，由于经济环境的变化、竞争者不断发动的进攻、消费者兴趣与需要的改变，产品的销售情况和获利能力都会发生一定的规律性变化，因此企业必须制定一系列战略以适应产品生命周期的各个阶段。

（一）产品生命周期的含义及各阶段特征

1. 产品生命周期的含义

产品生命周期又称为产品循环理论，是指产品在完成研制以后，从投入市场开始到被市场淘汰，最终退出市场所经历的时间过程。

要正确理解产品的生命周期，应注意以下几个问题：

（1）产品的生命周期不同于产品的使用寿命。产品的使用寿命是指产品从投入使用到损坏或消失所经历的时间，与产品的自然属性和使用强度有关。产品的生命周期和产品的使用寿命不能混为一谈。例如肥皂，其使用寿命很短，但市场生命周期很长；而计算机，其使用寿命很长，但市场生命周期很短。

（2）市场营销中研究的产品生命周期，严格地讲是指产品形式的生命周期。产品种类、产品形式、产品品牌的生命周期各不相同，其中产品种类的生命周期是最长的，产品形式的生命周期次之，产品品牌的生命周期最短。如电视机这种产品，生命周期较长，而某些形式（如黑白电视机）、某些品牌的电视机随时都有可能被市场淘汰。

（3）在不同国家、不同地区，同一产品可能处于生命周期的不同阶段。

2. 产品生命周期的划分

典型的产品生命周期按照产品的市场占有率、销售额和利润额的变化为标志分为四个阶段：导入期、成长期、成熟期、衰退期（见图 4-1-1）。

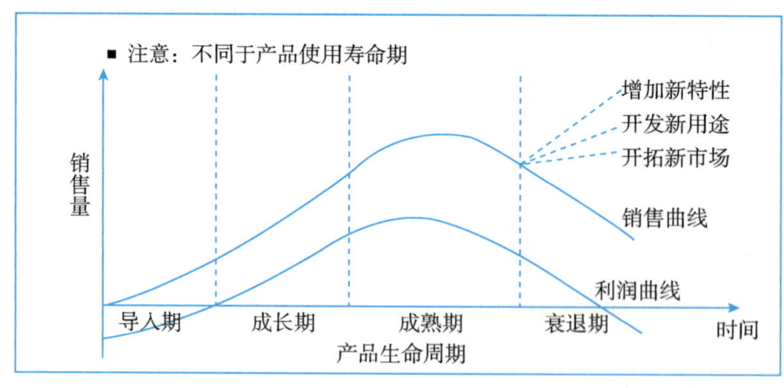

图 4-1-1　产品生命周期图

3. 产品生命周期各阶段的特征

在产品生命周期的不同阶段中，销售量、利润、购买者、市场竞争等都有不同的特征。

（1）导入期

也称为投入期、介绍期、试销期。这一阶段，产品刚投入市场，消费者对产品还不太了解，产品生产的工艺不成熟，质量不稳定，销售渠道和服务不适应消费者的需求，销量不大；生产批量小，成本较高；广告费用大；利润较少甚至亏损，企业承担的风险最大；没有或只有极少的竞争对手，有利于企业的产品定位和发展市场空间。

（2）成长期

也称为畅销期。消费者对产品已相当熟悉，有的已经产生偏爱；产品生产工艺成熟且可实现大批量生产；成本大幅度降低，销售量急剧上升，利润增长较快；大批竞争者纷纷介入，竞争开始激烈；建立了比较理想的营销渠道。

（3）成熟期

也称为饱和期。这一时期，潜在的购买者已加入了购买的行列，市场需求逐渐饱和，产品销售量达到最高点并处于相对稳定状态；产品的生产技术成熟，批量大，成本低，利润达到最高点；很多同类产品进入市场，竞争更加激烈，具有规模和品牌实力的企业的市场占有率逐渐提高，一些企业被挤出市场；更新的产品陆续出现，销售增长缓慢，成熟后期，销售增长趋于零，甚至出现负值。

（4）衰退期

也称为滞销期。这一时期，消费者的需求已经发生转移，产品销量停滞不前，甚至明显下降；市场上的产品供过于求，价格进一步下跌，企业生产量下降，获取的利润也很微薄甚至出现负利润；竞争日益淡化，一些竞争者的同类产品纷纷退出市场。

产品生命周期各阶段的特征见表 4-1-3。

表 4-1-3 产品生命周期各阶段的特征

	导入期	成长期	成熟期		衰退期
			前期	后期	
销售量	低	快速增大	继续增长	有降低趋势	下降
利润	微小或负	大	高峰	逐渐下降	低或负
购买者	爱好新奇者	较多	大众	大众	后随者
竞争	甚微	兴起	增加	激烈	减少

（二）产品生命周期各阶段的营销策略

由于产品生命周期各阶段的特点不同，企业在各阶段做出的经营决策也不同，企业应针对产品生命周期不同阶段的特征，制定相应的营销策略。

1. 导入期营销策略

这一阶段，新产品刚投入市场销售，由于销售量少而且销售费用高，企业往往没有利润或者利润很小，企业营销重点主要集中在“促销—价格”策略方面。

（1）快速撇取策略

即以“高价格-高促销水平”策略推出新产品，企业采用高价格是为了在每单位销售中尽可能获取更多的毛利；同时，企业花费巨额促销费用是为了向市场说明虽然该产品定价高，但有其优点，高水平的促销活动加快了市场渗透率。企业通过迅速扩大销售量来加速对市场的渗透，以图在竞争者还没有反应过来时，抢先把本钱捞回来。电视购物中的产品就是采取的这一策略。

采用这一策略的市场条件是：产品知名度低；顾客了解该产品后愿意支付高价；产品十分新颖，具有老产品所不具备的特色；企业面临着潜在竞争。

（2）缓慢撇取策略

即以“高价格-低促销费用”策略推出新产品，高价可以迅速收回成本、撇取最大利润，低促销费用又是减少营销成本的保证。高档进口化妆品大都采用这样的策略。

采用这一策略的市场条件是：市场规模有限；消费者大多已知晓这种产品；购买者愿意支付高价；市场竞争威胁不大。

（3）快速渗透策略

即以“低价格-高促销费用”策略推出新产品，花费大量的广告费，以低价格争取更多消费者的认可，获取最大的市场份额。

采取这一策略的市场条件是：市场规模大；消费者对该产品知晓甚少；大多数购买者对价格敏感；竞争对手多，且市场竞争激烈；企业的单位制造成本会随着其生产规模的扩大与积累的制造经验而降低。

（4）缓慢渗透策略

即以“低价格-低促销费用”策略推出新产品，低价格将促进市场迅速接受该产品，同时，企业能降低营销成本，并有效地阻止竞争对手介入。

采取这一策略的市场条件是：市场容量大；市场上该产品的知名度较高；市场对该产品价格相对敏感；有相当的竞争对手。

2. 成长期的营销策略

成长期的主要标志是销售量迅速增长。这是因为，已有越来越多的消费者喜欢这种产品，大批量生产能力已具备，分销渠道也已疏通，新的竞争者开始进入，但还未遇到有力的对手。在这一阶段，企业应尽力发挥销售能力，紧紧把握取得较大成就的机会，主要策略有：

（1）改进产品质量和增加产品的特色、款式等

在产品成长期，企业应在产品的质量、性能、式样、包装等方面加以改进，以对抗竞争产品。

（2）开辟新的细分市场

通过市场细分寻找新的目标市场，以扩大销售额。如万宝路香烟由最初的女性市场扩展到男性市场。

（3）进入新的分销渠道

着力建立新的分销网络，扩大销售网点，并建立好经销制度。

（4）改变广告宣传重点

随着产品市场逐步被打开，该类产品已被市场接受，同类产品的各种品牌都开始走俏。此时，企业广告的侧重点要从介绍产品转到建立产品形象上来，树立产品品牌，维系老顾客，吸引新顾客，使产品形象深入人心。

（5）适当降价

在扩大生产规模、降低生产成本的基础上，选择适当时机降价，适应多数消费者的承受力，并限制竞争者加入。

3. 成熟期的营销策略

一个产品的销售成长率在到达某一点后将放缓速度，并进入相对的成熟阶段，这个阶段的持续期一般长于前两个阶段。成熟期可以分为三个具体阶段：第一阶段是成长中的成熟，此时销售渠道达到饱和，销售增长率开始下降；第二阶段是稳定中的成熟，此时市场饱和，未来的购买只能是老顾客的重复需求和新增人口的需求；第三阶段为成熟中的衰退，此时消费者开始转向其他产品，销售水平开始下降。处于成熟期的产品，由于销售速度的减缓，导致了生产能力的过剩，供给大于需求，竞争力较弱的企业开始退出市场，该行业将由一些地位牢固的竞争者组成。我们生活中的大多数产品都属于生命周期的成熟阶段，成熟期的主要标志是产品的家庭占有率达到50%~80%。成熟期的主要特征是："二大一长"，即在这一阶段，产品生产量大、销售量大，阶段持续时间长。此时的市场竞争异常激烈。为此，企业总的营销策略是积极进攻。

（1）市场改进策略

①扩大顾客队伍。包括维持老顾客和吸引新顾客，能否保持老顾客是一个企业成熟与否的标志，同时企业还要努力将非使用者转变为使用者。如在放假或开学时，航空公司将飞机票价降为两折以吸引学生。

②进入新的细分市场。例如，强生婴儿润肤露是专为婴儿设计的，而如今"宝宝用好，您用也好"的宣传，使该产品的目标市场扩展到了成年人，这不仅扩大了产品的目标市场范围，还帮助产品进入了新的细分市场。

③争取竞争对手的顾客。如可口可乐与百事可乐之间一直以来都没有停止对顾客的争夺。

④增加顾客的使用次数。例如牙膏的生产厂商倡导消费者注意口腔卫生，一天至少刷两次牙，除此之外，最好能饭后刷牙。

⑤增加每个场合的使用量。如洗发水广告暗示我们，每次洗发时冲洗两次的效果比冲洗一次更好。

⑥开发新的和更多种用途。如某品牌的电视既可以唱卡拉OK，也可以下载电影。

（2）产品改进策略

①质量改进。目的是增加产品的耐用性、可靠性等。如电视机在我国已经进入成熟期，许多企业选择了降价，但有的企业却选择提高产品质量而不降价，大大树立了企业的形象。

②特点改进。目的是增加产品的特点，扩大产品的多功能性、安全性和便利性。通过改进现行产品的特性，以吸引新用户或增加新用户使用量。如吉列剃须刀从“安全剃须刀”“不锈钢剃须刀”到“双层剃须刀”“三层剃须刀”，不断改进产品，使其生命周期得以不断延长。

③式样改进。目的是增加对产品的美学诉求。如改变产品的外观和款式，迎合消费者的求新心理。

④服务改进。如技术咨询、免费维修等。

（3）营销组合改进策略

通过改变营销组织中各要素的先后次序和轻重缓急程度，来延长产品成熟期。如改进产品的包装、调整产品的价格、优化销售渠道等。促销应从宣传产品用途、宣传企业品牌转变为塑造企业形象、宣传企业的理念和社会目标上，努力提升企业的形象和声誉。

4. 衰退期营销策略

产品进入衰退期，销售量每况愈下；消费者已在期待新产品的出现或已转向；有些竞争者已退出市场，留下来的企业可能会减少产品的附带服务；企业经常调低价格，处理存货，这不仅会使利润下降，而且有损于企业声誉。因此，衰退期的营销策略主要有以下几个方面。

（1）收缩策略

即把企业的资源集中使用在最有利的细分市场、最有效的销售渠道和最易销售的品种上，力争在最有利的局部市场赢得尽可能多的利润。这是一种尽量降低促销费用，尽可能减少成本，以增加利润的市场营销策略。它可能加快产品在市场上的衰退速度，但也能从忠实于这种产品的顾客中得到利润。

（2）持续策略

持续策略是指在产品衰退阶段，竞争者相继退出市场，而市场上对此产品还有一定需求，成本降低的企业可继续保持细分市场，沿用过去的营销组合策略，将销售量维持在一定水平上，待到时机合适，再退出市场的营销策略。

（3）集中策略

由于市场容量衰退，企业应该放弃低效率的目标市场，在一定时期内集中力量经营少数效率较好的目标市场，从中获取更多的利润的营销策略。这一策略有利于延长产品退出市场的时间，让衰退期产品发挥更多余热，为企业创造更多的利润。

（4）放弃策略

放弃策略是指放弃经营衰退比较迅速的产品的市场营销策略。可以采取完全放弃的形式，如把产品完全转移出去或立即停止生产；也可采取逐步放弃的方式，使其所占用的资源逐步转向其他产品。

综上所述，在衰退期，企业应分析产品所处市场情况、竞争者情况及顾客对该产品的忠诚度等，并以此为依据做出相应的策略调整，此时企业应当面对现实。对于衰退期产品，企业应用最少的投入，获取最大的利润；另外，企业还应寻找新的产品和项目，将主要精力放在新产品的开发中，找到新的利润来源。

产品生命周期不同阶段的营销策略见表 4-1-4。

表 4-1-4　产品生命周期不同阶段的营销策略

	导入期	成长期	成熟期	衰退期
产品策略	确保产品的核心层次	提高质量、改进款式、体现特色	改进工艺、降低成本、改进产品	有计划地淘汰滞销品种
促销策略	介绍商品	品牌宣传	突出企业形象	维护声誉
分销策略	开始与中间商建立联系	选择有利的分销渠道	充分利用并扩大分销网络	处理淘汰产品的存货
价格策略	撇脂价或渗透价	适当调价	价格竞争	削价或大幅度削价

三、品牌决策

从饮料到软件，我们拥有无数的选择。只要打开电脑，单击鼠标，大量的商品及销售信息便会呈现在我们眼前。此时，如果没有品牌作为我们选择的依据，那购物将无从下手。在发达国家，对每个企业来说，现今品牌的重要性超过了以往任何时候。这种情况在我国的商品市场也已屡见不鲜。然而，品牌是一个重要的决策领域。因此，我们应更详细地讨论它。

（一）品牌相关概念

如今，企业已进入品牌竞争时代，以品牌为核心已成为企业重组和资源重新配置的重要机制。美国莱利莱特有一句名言，即拥有市场将会比拥有工厂更重要，拥有市场的唯一办法是拥有占市场主导地位的品牌。

1. 品牌的概念

许多人在谈策划谈营销谈品牌，但大多数人不知道品牌的含义。按中文字面意义来理解，它有点像是“品名”、“产品”、“品种”和“招牌”、“标牌”的综合表达。实质上，它是一个外来词。品牌的英文单词“brand”，源出古挪威文“brandr”，意思是“烧灼”。

科特勒对品牌的定义较普遍地被目前营销界认同和接受。品牌俗称牌子或厂牌，是制造商或经销商加在商品上的标志，用来区别于同行业其他企业同类产品的商业名称。品牌是一个集合概念，有品牌名称、术语、标记、符号、图案或是它们的组合。

他认为，品牌主要反映了六方面的内容：

（1）品牌属性。一个成功的品牌首先应给人们带来特定的属性，即该品牌产品区别于其他品牌产品的最本质的特征，如功能、质量、价格等。例如，奔驰车意味着工艺精湛、制造优良、昂贵、信誉好、声誉高、速度快等，这些属性是奔驰的生产者和经营者广为宣传的。

（2）品牌利益。即该品牌产品因能帮助消费者解决问题而带来的实惠利益。顾客不是购买属性，他们是购买利益，利益是属性转化而来的。例如，“耐用”的属性可以转化为功能利益，“我可以有好几年不用买新车了。”“昂贵”属性可以转化为情感利益，“这辆车会令我让人羡慕。”

（3）品牌价值。不同品牌会因其所代表的企业品质和声誉的不同而形成等级层次，从而在消费者心目中形成不同的价值和利益，同时也体现了企业在品牌设计中的某种特定的价值观。一个成功的品牌应该具备科技力、形象力、营销力三个基本要素。如奔驰代表着高效、安全、威望。

（4）品牌文化。品牌所具有的文化内涵。如奔驰代表着德国文化——有组织、有效率、高品质。

（5）品牌个性。品牌所具有的鲜明的个性特征。品牌不仅要在文字、符号和图形的表现形式上做到新颖独到，突出品牌所代表的特定个性，还要使人们联想到具有鲜明个性特征的人或物或其他熟悉的某一景象，其目的是使品牌产生更加有效的识别功能。奔驰可以让人想起一位严谨的老板，一头有权势的狮子或一座质朴的宫殿。

（6）购买使用者。即该品牌现实地被哪种类型的消费者所购买和使用，也即该品牌的目标消费者。

如果一个企业仅把品牌看成是一个名字，则会忽视品牌内容的关键。对品牌的挑战则是深度挖掘品牌的意义。一个品牌能被看出所有6层含义，我们称它为深意品牌；反之就是肤浅品牌。奔驰就是一个深意品牌，因为我们了解了它这6个方面的含义。品牌最持久的含义是价值、文化和个性，它们构成了品牌的基础，揭示了品牌间差异的实质。如果奔驰生产各种廉价汽车，这将是一个极大的错误，会严重降低奔驰公司苦心打造起来的品牌价值。

案例 4-1-8

“娃哈哈”商标的成功之处

杭州娃哈哈集团“娃哈哈”商标的成功之处体现在以下三方面：

（1）“娃哈哈”三个字的读音中的韵母a是孩子最容易发的音节，极易模仿，且发音响亮，音韵和谐，容易记忆。

（2）从字面上看，“娃哈哈”是各种肤色的人表达欢笑喜悦之情的共同表达方式，包含了一种健康和喜悦的寓意，不仅孩子喜欢，孩子的父母也会喜欢。

（3）同名儿歌以其特有的欢乐明快的音调和浓烈的民族色彩，唱遍了大江南北，把这样一首广为流传的民族歌曲与产品品牌联系起来，既为产品增强了文化色彩，又可以给千千万万个消费者带来艺术的体验，令他们在愉悦的心情中熟悉它、想起它、记住它，从而提高它的知名度。

（资料来源：https：//wenku. baidu. com/view/b7a2bb0390c69ec3d5bb7520. html）

品牌是一个复合概念，包括品牌名称、品牌标志和商标。

品牌名称，是指品牌中可以用语言称呼的部分，如“三星”“海尔”“娃哈哈”都是著名的品牌名称。名称是企业形象和品牌形象的核心要素，是构成形象概念的基础。在营销实践中，常有“名不正则言不顺”的案例。

案例 4-1-9

日本胶卷市场上市场占有率最大的是“富士”和“樱花”。20世纪50年代“樱花”

市场占有率超过50%，然而“富士”份额越来越大，成为市场霸主。根据调查，樱花公司的失败不是因为产品质量，而是因为产品名称，因为在日文里“樱花”一词代表软性的、模糊的、桃色的形象；相反，“富士”一词则和日本的圣山联系在一起。

（资料来源：https：//max. book118. com/html/2016/1231/78641406. shtm）

品牌标志，是指品牌中可以被识别但又不能用语言称呼的部分，如符号、字体、图案、色彩等。如耐克的“对勾”标志等。

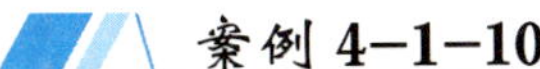

案例 4-1-10

品牌标志设计

奔驰：1909年6月戴姆勒公司申请登记了“三叉星”作为轿车的标志，象征着陆上、水上和空中的机械化。1916年在它的四周加上一个圆圈，在圆圈的上方镶嵌了4个小星，下面有梅赛德斯“Mercedes”字样。

宝马：中间的蓝白相间图案，代表蓝天、白云和旋转不停的螺旋桨，喻示着宝马公司悠久的历史，象征着公司的一贯宗旨和目标——在广阔的时空中，以先进、精湛技术，最新的理念，满足顾客的最大愿望。

奥迪：4个圆环表示当初是霍赫、奥迪、DKW和旺德诺4家公司合并而成的。每一环都是其中一个公司的象征。半径相等的四个圆环紧扣，象征着公司成员平等、互利、协作的亲密关系和奋发向上的精神。

法拉利：法拉利的标志是一匹跃起的马。在第一次世界大战中，意大利有一位表现非常出色的飞行员。他的飞机上就有这样一匹会给他带来好运的跃马。在法拉利最初的比赛获胜后，飞行员的父母亲，一对伯爵夫妇建议：法拉利也应该在车上印上这匹带来好运的跃马。后来这位飞行员战死了，马就变成了黑色。而标志底色为公司所在地摩德纳的金丝雀的颜色。

劳斯莱斯：罗尔斯先生出身贵族。他是一名赛车手，爱交际，广结友，一直想生产一部真正属于英国的车；罗伊斯先生则是一位杰出的工程师。他多才多艺，对罗尔斯的计划颇感兴趣。两人因此结缘，共同生产英国名车。劳斯莱斯汽车的标志图案采用两个“R”重叠在一起，象征着你中有我、我中有你，体现了两人融洽和谐的关系。

保时捷：采用斯图加特市的盾形市徽。商标中间是一匹骏马，代表斯图加特市盛产的一种名贵种马；左上方和右下方是鹿角的图案，表示斯图加特曾是狩猎的好地方；右上方和左下方的黄色条纹代表成熟了的麦子，喻示五谷丰登，黑色代表肥沃的土地，红色象征人们的智慧和对大自然的爱。

商标是一个法律术语，是指已获得专有权并受法律保护的一个品牌或品牌中的一部分。我国习惯上将一切品牌（不论注册与否）统称为商标，但有“注册商标”与“非注册商标”之分。注册商标受法律保护，而非注册商标不受法律保护。它们的联系在于：所有的商标都是品牌，但品牌不一定都是商标。只有注册了的品牌才是商标。

案例 4-1-11

"大白兔"的品牌回归

中华人民共和国成立前的"旧上海"有一家 ABC 糖果厂，该厂老板冯伯镛利用儿童喜爱"米老鼠"卡通片的心理，为自己的产品设计了一种米老鼠包装，并命名为"ABC 米老鼠"奶糖，结果一下走俏国内市场。中华人民共和国成立后，ABC 糖果厂并入上海冠生园，其主要产品仍是"米老鼠奶糖"。到了 20 世纪 50 年代，考虑到老鼠是"四害"之首，冠生园又设计了一种以大白兔为形象的包装，与米老鼠包装一起使用。

但由于没有产品整体观念和品牌意识，"大白兔"和"米老鼠"一直没有注册成为合法商标。1983 年，一家广州糖果厂到冠生园取经，之后他们也开始生产"米老鼠奶糖"，而且还抢先一步把"米老鼠"的商标注册了。不久之后，这家广州糖果厂又以仅仅 4 万美元把"米老鼠"卖给了美国的迪士尼。至此，这一由中国人创造并经营达半个世纪的著名品牌就由外国人控制了。

冠生园吸取了这次教训，立即为"大白兔"注册。为稳妥起见，冠生园不仅注册了"大白兔"，还把与"大白兔"近似的十几种"兔子"都进行了注册，使其组成了一个"立体防御体系"。着眼未来，冠生园还把"大白兔"的注册领域延伸到食品、钟表、玩具、服装等多个与儿童有关的行业。不仅如此，冠生园还在工业知识产权"马德里协定"的 20 多个成员国和另外 70 多个国家及地区拿到了"大白兔"的注册证。出色的商标战略，使得冠生园在国内企业中脱颖而出，成为市场竞争中的佼佼者。

超前性的商标注册，只是为"大白兔"的未来发展打下了基础，而真正关键的是如何让"大白兔"在国内和国际市场上活跃起来。冠生园根据时代的变化，开始重新塑造这只兔子。过去的那只"大白兔"只是作为一种简单的商品符号，从未想过要它"变化姿势"。而今天，经过一番精心设计，以一只跳跃的兔子为主体，以大蘑菇为背景的崭新的"大白兔"商标诞生了。这个漂亮的兔子形象，不仅加深了中国人对老品牌的印象，也受到世界消费者的欢迎。美国人就把听装的"大白兔"奶糖上的那只活泼可爱的兔子作为复活节的象征。接着，冠生园又创造了 20 多种卡通大白兔的形象，有唱歌的、跳舞的、划船的、钓鱼的、开摩托车的、打球的、射箭的，等等，都多姿多彩、美不胜收，"大白兔"终于"活"起来了。

（资料来源：http：//www. emkt. com. cn/article/667/66775. html）

2. 品牌的作用

（1）对于消费者的作用

①有助于消费者识别产品的来源或产品的制造厂家，更有效地选择或购买商品。②借助品牌，消费者可以得到相应的服务便利，如维修服务等。③品牌有利于消费者权益的保护，如选购时避免上当受骗，出现问题时便于索赔和更换等。④有助于消费者避免购买风险，降低购买成本，从而更有利于消费者选购商品。⑤好的品牌对消费者具有很强的吸引力，有利于消费者形成品牌偏好，满足消费者的精神需求。

（2）对于生产者的作用

①有助于产品的销售和占领市场。品牌知名度形成后，企业可利用品牌优势扩大市场，促成消费者对于品牌的忠诚。②有助于稳定产品的价格，减少价格弹性，增强对动态市场的适应性，减少未来的经营风险。③有助于细分市场，进而进行市场定位。根据消费者的不同要求来细分市场，在不同的细分市场上推出相应的产品品牌，以满足不同消费者的需要。④有助于新品的开发，节约产品投入成本。借助成功的品牌，扩大企业的产品组合或延伸产品线，采用现有的知名品牌，利用其知名度或美誉度，推出新品。⑤有助于企业抵御竞争者的攻击，保持竞争优势。

（3）对于竞争者的作用

①可以推出相对应的品牌进行反击。②竞争者可采用“品牌补缺”战略占领一部分市场，从而获取利润。竞争对手的品牌组合或产品组合无论多深多广，都很难满足所有消费者的需求。“没有饱和的市场，只有未被发现的市场”。③竞争者可不做品牌而做销售。

（二）品牌策略

品牌策略是企业依据产品状况和市场情况，合理、有效地运用品牌，以达到预期的营销目的。

1. 品牌化决策

企业首先要决定是否给产品建立一个品牌。并不是所有的产品都必须使用品牌，但市场上大多数产品都是使用品牌的。使用品牌，特别是运作比较成功的品牌，给企业带来的益处是不可低估的。可口可乐的老板曾宣称：“即使我的工厂在一夜间烧光，只要我的品牌还在，我就能马上恢复生产。”因为其品牌这一无形资产的价值，已超过了其有形资产的价值。

产品有可能是没有品牌的，因为建立品牌必然要支付相应的费用（包括设计费、制作费、注册登记费、广告费等），增加企业经营成本，并且当品牌不受顾客欢迎时，企业还要承担相应风险，所以出于对产品的特征和生产者降低成本的考虑，有些产品可不使用品牌，而只注明产地或生产厂家的名称。一般来说，以下几种情况可以不使用品牌。

（1）产品技术要求简单，不会因为企业不同而形成产品的不同特点，如纽扣、钉子、针线等。

（2）顾客习惯上不是认品牌而购买的产品，如打火机、白糖、面粉等。

（3）小范围的生产、销售、没有明确技术标准的产品，如土特产、手工艺品等。

（4）企业临时性或一次性生产的产品，如接受外来的加工业务等。

2. 品牌使用决策

品牌使用决策是指在决定使用品牌后，对要使用谁的品牌做出的决策。一般有三种选择。

（1）企业品牌。也称生产者品牌，即企业使用属于自己的品牌。如“海尔”电器为青岛海尔集团制造。

（2）中间商品牌。也称经销商品牌，即企业把产品销售给中间商，由中间商使用他们的品牌，以将产品转卖出去。

案例 4-1-12

耐克——中间商品牌

2017 年，耐克集团的年营业收入为 344 亿美元，位居全球十大运动品牌之首。

作为一个全球品牌，耐克享有很高知名度。然而，很多人不知道它没有自己的生产基地，耐克只是一个中间商品牌。为了显示自己在市场方面的核心优势，它没有建立自己的生产基地，自己并不生产耐克鞋，而是在全世界寻找条件最好的生产商为其生产。并且，它与生产商的签约期限不长，这将有利于耐克掌握主动权。耐克集团选择生产商的标准是：成本低，交货及时，品质有保证。这样，耐克规避了制造业公司的风险，专心于产品的研究与开发，快速推出新款式，大大缩短了产品生命周期。

耐克的成功在于它集中于做自己最擅长的事，把不擅长的事交给别人去做，这已经成为一种新的竞争战略。

中间商品牌能得到足够发展，其原因在于：①制造成本较低、包装简易、交易环节少、营业费用低，使得商品价格低廉。②大型零售商拥有覆盖面广、物流通畅的销售网络，其商品分销具有巨大的优势。③零售企业处于与顾客接触的最前沿，能够及时准确地把握市场需求，推进产品设计和开发。

（3）混合品牌。即企业对一部分产品用自己的品牌，而对另一部分产品用中间商的品牌。

3. 品牌名称决策

产品走向市场必须有一个名字，企业如何为产品命名，一般有以下几种策略可供选择：

（1）个别品牌策略

个别品牌策略是指企业给它的不同产品分别冠以不同的品牌。联合利华模式是个别品牌策略的典型。联合利华的每条产品线都设有独立品牌。如洗发水就有力士和夏士莲，各自针对不同的细分市场；洗衣粉有奥妙；冰激凌使用的是和路雪的品牌名称；红茶使用的品牌是立顿。该策略的优点是可以针对消费者的不同需求，设计不同品牌形象，有利于严格区分不同档次的产品，体现企业的雄厚实力。尤其对于那些生产或销售许多不同类型产品的企业而言，企业的整个声誉不至于受到某种商品的声誉的影响。当某个品牌得不到消费者的青睐时，还有其他品牌在做支撑，如果一个生产高档产品的企业在推出低档产品时，低档产品还有自己的品牌，则企业不会因低档产品的推出而影响到高档产品品牌的声誉。其缺点是广告和促销费用较高，而且，企业难以建立多个品牌统一的形象。

（2）统一品牌策略

统一品牌策略也称家族品牌策略，即使用相同的品牌将生产者的各种产品推向市场。如美国通用电气公司的所有产品只使用一个品牌——GE。

使用这一策略的优点在于：推出新产品可以省去命名的麻烦，可以节省发展多产品的费用，如节省广告费；能以同一品牌的众多产品来显示企业实力；可以借助已有品牌的信誉将新产品更容易地打入市场；如果企业的整体形象好，则其各种产品均能受益。其缺点是：家庭品牌中一个成员出了问题，很容易影响其他成员，甚至影响品牌声誉；难以区分档次、质量不同的产品。因此，使用统一品牌的企业，必须严加控制所有产品的质量。

（3）分类品牌策略

即企业在对所有产品进行分类的基础上，让各类产品使用不同的品牌。如美国斯威夫特既生产火腿又生产化肥，两种产品性质截然不同，该公司以“普莱姆”作为火腿品牌，以“维哥洛”作为化肥品牌，利于两类产品的销售。这种策略实际上是前两种策略的一种折中，它既可以区分在需求上具有显著差异的产品类别，又可以反映出产品优势，尤其适用于多角化经营企业。

（4）主副品牌策略

通常以企业名称作为主品牌，同时给各产品打一个副品牌，以副品牌来突出产品的个性形象。例如，“海尔-小神童”洗衣机，副品牌小神童表达了“体积小、电脑控制、全自动、智能型”等特点，但消费者对它的认可则主要是基于对海尔品牌的信赖。这种策略可以使新产品与老产品统一化，进而享受企业的整体信誉；同时，各种不同的新产品分别使用不同的品牌名称，又可以使新产品个性化。

（5）品牌延伸策略

指企业利用已经成功的品牌推出改良产品或新产品。如耐克，从运动鞋起步，后来逐步扩大到运动服和其他运动产品。这种策略的优点是可以降低广告宣传费用，有利于新产品投入市场，也有利于企业创名牌。但若推出的新产品不好，则会影响原来产品的形象。在产品组合策略部分，我们已经介绍了产品延伸策略。该策略在实践中，往往会陷入一种“品牌延伸陷阱”，具体表现如下。

陷阱之一，损害原品牌的高品质形象。

如果把高档品牌使用在低档产品上，就可能坠入这种陷阱。

陷阱之二，品牌淡化。

案例 4-1-13

若干年前，美国美能公司推出了一种洗发精和润发乳二合一的产品，取名为“蛋白21”。该产品一经投入市场，便很快取得了13%的市场占有率，成为知名品牌。之后，公司又用这一品牌继续推出蛋白21发胶、蛋白21润发乳、蛋白21浓缩洗发精等产品。然而，由于该公司的品牌延伸模糊了蛋白21作为二合一洗发护发用品的特征，使得消费者淡化了对该产品的偏好，结果蛋白21从13%的市场占有率降为2%。

陷阱之三，心理冲突。

案例 4-1-14

美国 Scott 公司生产一种舒洁牌卫生纸。舒洁本来是卫生纸市场的头号品牌，但随着舒洁餐巾纸的出现，消费者的心理发生了微妙的变化。结果舒洁卫生纸的头牌位置很快被宝洁公司的 Charmin 牌卫生纸取代。

陷阱之四，跷跷板效应。

案例 4-1-15

在美国，Heinz 原本是腌菜的品牌，而且它占有较大的市场份额。后来，公司又用 Heinz 代表番茄酱，做得也十分成功。Heinz 成为番茄酱品牌的第一位。但与此同时，Heinz 丧失了腌菜市场上的领先地位，由 Vlasic 取代。

（6）多品牌策略

指同一企业在同一种产品上设立两个或多个相互竞争的品牌。如美国的宝洁公司，它在洗发水等产品上同时使用海飞丝、飘柔、潘婷等品牌。

多品牌策略可以给企业带来好处：多种不同的品牌只要被零售商店接受，就可以占用更大的货架面积，而竞争者所占用的货架面积自然会相应减小；可以吸引喜爱新品牌的消费者；使组织内部直接产生竞争，有利于提高企业的工作效率和管理效率；可以满足不同细分市场的需要，为提高总销售量创造条件。其存在的风险是使用的品牌量过多，导致每种产品的市场份额很小，分散了企业资源。

（7）重新定位策略

指全部或部分调整或改变品牌原有市场定位的做法。由于市场环境的变化，品牌往往需要重新定位。品牌在重新定位时，一般需要改进产品性能、改变产品外观或广告宣传策略。如美国万宝路牌香烟原本是女性品牌，由于销路不畅，1954 年，万宝路以西部牛仔形象做广告，重新将其定位为男性香烟，获得巨大成功。

但是，有些著名品牌在消费者心目中的定位已经根深蒂固，很难改变。例如前面所谈到的派克笔，将其由高档向下延伸的做法则是错误的。

案例 4-1-16

名字，绝对是品牌要素中的重中之重

给自己的小孩起名是难事，给品牌起名更是难上加难。取的名字，不仅得好记好认，还得响亮有气势，最好还得符合品类特征和没有歧义……当然，最后一条难倒了一群英雄好汉：起码是别人还没注册的。

里斯曾经表示：“如果一个品牌的名字已经在很多顾客的心智中建立起来，那么公司几乎就永远不该修改这个品牌名。对于顾客来说，他们已经对先前的品牌名字非常熟悉，

要接受一个新品牌名就很困难。”

这话说得很正确，但如果一个品牌名确实阻碍到企业的发展和再扩大，通过更名可以扫清前进道路上的阻碍，那有时即使暂时付出一定的代价，我认为也是值得的。

一个现在看起来比较成功的例子就是天猫。

天猫的前身是“淘宝商城”，很多人诟病的“天猫”二字，我倒觉得挺好。用动物作品牌名和形象载体的案例数不胜数：有太多人开着捷豹车，穿着彪马鞋和鳄鱼上衣，喝着虎牌啤酒，背着有大象 logo 的爱华仕背包……在互联网名称上，更是不乏动物世界：有雅虎、搜狗、搜狐、艺龙、凤凰网、驴妈妈、途牛网、蜂鸟网……再多只天猫也没有什么大不了，“双 11”的惊人业绩已经证明，不说改名有多成功，但消费者似乎并不讨厌这个名字，或者说根本不在意。

今天，众人皆知宝马香车花满路，可谁又知道宝马始进中国时名唤“巴伊尔”？

如果纠正一个错误的成本还不太高，那就果断勇敢地去改正吧！

一家生产运动鞋的企业叫“别克”。这名字没有什么不好，但逼得通用汽车天天上门找它麻烦，于是这家运动鞋企业将“别克”改成了“361”。当时代理商的反对意见很强烈。的确，别克怎么说也有上百家店、几亿的销售额。但团队经过分析后指出：当时的本土运动品牌市场还处于初级竞争阶段，是产品和渠道量的竞争，谁渠道多谁就赚钱，把安踏改成踏安一样卖货。

（资料来源：叶茂中，品牌必须有核心关键字《销售与市场（管理版）》，2013 年 12 期）

四、产品包装

案例 4-1-17

香奈儿的包装

1921 年 5 月当香水创作师恩尼斯·鲍将他发明的多款香水呈现在香奈儿夫人面前让她选择时，香奈儿夫人毫不犹豫地选出了第五款，即现在享誉全球的香奈儿 5 号香水。然而，除了那独特的香味以外，真正让香奈儿 5 号香水成为“香水贵族中的贵族”的却是那个看起来不像香水瓶，反而像药瓶的创意包装。

香奈儿 5 号以其宝石切割般形态的瓶盖、透明水晶的方形瓶身造型、简单明了的线条，传达着一种新的美学观念，并迅速俘虏了消费者。从此，香奈儿 5 号香水在全世界畅销，经久不衰。

1959 年，香奈儿 5 号香水瓶以其所展现出来的独有的现代美荣获“当代杰出艺术品”称号，跻身于纽约现代艺术博物馆的展品行列。香奈儿 5 号香水瓶成为名副其实的艺术品。对此，时任中国工业设计协会副秘书长宋慰祖表示，香水作为一种奢侈品，最能体现其价值和品位的就是包装。“香水的包装本身不仅是艺术品，也是其最大的价值所在。包装的成本甚至可以占到整件商品价值的 80%。香奈儿 5 号的成功，依靠的就是它独特的、颠覆性的创意包装。”

一个设计良好的包装能为顾客创造便利价值和为产品创造促销价值。实际上，它们对产品的作用就像“5 秒钟广告”。营销人员必须建立一个包装概念，并设计出合理的包装策略，以保证它实现预期的目标。

（资料来源：https://mp. weixin. qq. com/s? src = 3×tamp = 1586764308&ver = 1&signature = 3vNiwCwpQCNEuXmuYGh6intKpIzT9ay8UAbI3mewR0TZRmtJ *-FyMtqQdja--B- *CY-wMqMmwEa2JTgrZlm7esygk6ip5wABmpHrlJH1QsjlfPIeEqPzgn6P0k8 AvfV - sSo1hqCCiUsor RsFC-wbdXdA = = ）

（一）包装及分类

俗话说“人要衣装，佛要金装”；“三分人才，七分打扮”；“货卖一张皮”。大多数产品，在从生产领域流转到消费领域的过程中，都需要有适当的包装，包装是产品实体的一个重要组成部分。在西方，包装一向受到生产者和经营者的高度重视，有些营销学家甚至把包装称为营销因素四个 P 之外的第五个 P（package）。

1. 包装的概念

包装是指产品的容器或外部包扎物，有着识别、便利、美化、增值和促销的功能。

产品包装一般包含三个部分：①内包装，即盛装产品的直接容器，如牙膏的软管。②中层包装，用来保护内包装和促进销售，如牙膏的纸盒，上面印有产品的商标、使用说明、生产厂家、生产日期、图案和色彩等。③外包装（运输包装），其作用是便于储存、搬运和辨认商品。运输包装必须标明各种标识，如识别标识（用于表示货物名称、收货人和发货人名称、目的地及件号、体积、重量、原产地等）、指示标识（用于注明注意事项，如防火、防潮、叠压程度、开启方向等）、警示标识（用于表示危险性质，如有毒品、易燃品、放射性商品等）。

2. 包装的作用

（1）保护商品和环境。这是包装最基本的作用，即保护商品的“安全”和“清洁”，使之在存储、运输、销售等过程中免受损伤和污染，并适当延长产品的保质期。例如，为了防止药品氧化变质，采用复合铝箔袋抽氧充氮的密封包装，效果极好。

（2）便于识别商品。专门设计的包装可作为产品的特定标志，以便于同竞争产品相区别。例如，我国传统出口产品——山东龙口粉丝，前些年因受伪冒产品的困扰，销量锐减，后来厂家采用了特制包装并申请了专利，才重新获得外商的信任，使出口量大增。

（3）便利经营和消费。良好的包装可为产品的买卖、陈列、储运提供便利；同时，也可为消费者的选购和使用提供方便，更好地满足消费者的需要。

（4）促进销售。好的包装，就是一个“无声的推销员”，不仅使产品看上去美观，有吸引力，而且能够树立品牌形象，激发顾客的购买欲望。美国杜邦公司研究发现，63%的消费者根据商品包装做出购买决定。

（5）增加附加利益。优良的包装能够使产品增值。

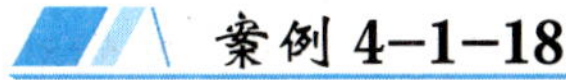

案例 4-1-18

榨菜的旅行

四川人在销售其“拳头”产品榨菜时，一开始是用大坛子将其卖给上海人；精明的上海人把榨菜装进小坛子后，出口日本；在销路不好的情况下，日本人将从上海进口的榨菜原封不动地卖给香港人；而富于创新精神的香港人，以片、丝的形式将榨菜分成真空的小袋包装后，再返销日本。从榨菜的“旅行”过程中，不难看出各方商人都赚了钱，但是靠包装赚大钱的还是香港人。

（资料来源：https：//wenku. baidu. com/view/288f85f7ba0d4a7302763a64. html）

（二）包装策略

1. 类似包装策略

指企业生产经营的各种产品，均采用相同或相近的图案、色彩、造型等，以便消费者辨认。这样，不仅可以提升企业形象，还有利于企业推出新产品和节省促销等费用。它适用于质量水平接近的产品。如日本三洋公司的电器产品包装都是蓝色的。

2. 等级包装策略

对于同一种产品，按照其价值、品质，分成若干等级，不同的等级采用不同的包装，且使包装与产品的价值相称。俗话说“一分钱，一分货”，通过等级包装策略，反映出商品质量越好，其价值越大，包装越精美。商品内在质量的差别可体现在商品的包装上。例如，优质包装与普通包装，豪华包装与简易包装等，有利于消费者辨别产品的档次和品质，可以适应不同层次消费者的购买力以及满足其购买心理。其缺点是增加了包装设计成本。

3. 配套包装策略

把几种相关的产品放在同一包装内销售的做法。例如，过年时的大礼包，将各种糖果、糕点装在一起出售。这种策略不仅有利于充分利用包装容器的空间，而且有利于同时满足同一消费者的多种需要，从而扩大销售。实施此策略时，要防止引起顾客反感的硬性搭配。

4. 附赠品包装策略

即在包装里面附有赠品或奖券，以吸引消费者，扩大销售量。例如，买儿童用品送玩具；买牛奶送杯子等。这种包装策略对少年儿童和低收入者非常有吸引力。附赠品包装策略还可以作为市场调查的一种手段。

5. 再使用包装策略

指在原包装的产品使用完后，其包装物还可以作其他用途，例如，装果汁的瓶子可以作茶杯。这样可以利用消费者一物多用的心理，使他们得到额外的使用价值；同时，包装物在使用过程中，也可以起到广告宣传的作用，引导消费者购买或引起消费者重复购买。

6. 性别包装策略

根据性别的不同而设计不同的包装。女性用品的包装体现温馨、秀丽、典雅等风格，男性用品的包装追求刚正、潇洒等风格，其目的在于满足不同性别消费者的需求。

7. 习惯使用量包装

根据消费者的使用习惯来设计不同分量的包装。如茶叶，为了适应家庭消费的习惯，采用大号包装；为了适应外出旅游、出差的需要，采用小包装等。

（三）包装设计

产品包装的设计应以包装的基本功能和作用为目的，要突出特定产品包装的主要功能。对于不同产品，其包装的功能不同，对包装设计的要求也不同。如有些包装以促销功能为主，有些以保护功能为主。就促销功能来说，生活消费品的包装设计，不仅要尽量满足目标市场的需要，还要符合以下要求。

1. 独具特色

包装应力求新颖别致，美观大方，有创意和特色，不模仿，避免雷同。尽量采用新材料、新图案、新风格。

2. 便利消费

包装应方便消费者选购、携带、使用、保存，满足不同消费者的需要，应有不同的规格。注重便携式包装、喷雾式包装、易开式包装、定量式包装的科学设计，以尽可能方便消费者。

3. 安全卫生，绿色环保

包装要注意安全和卫生，坚决避免使用有害材料；尽量减少材料的浪费，节约社会资源，严格控制废弃包装物对环境的污染。

4. 与质量或价值水平相适应

应按照高、中、低档次来进行包装。包装具有促销作用，并能增加产品的价值，但它不可能也不应该成为产品价值的主要部分。一般产品包装应与产品的价值和质量水平相匹配，包装费用不宜超过产品价值的 13%～15%。如果包装在产品价值中所占的比例过高，会让顾客难以接受；相反，高档优质的产品，如果包装的质量低劣，也会贬低产品价值。

5. 尊重风俗习惯和宗教禁忌

包装的造型、图案、色彩和文字要符合当地的风俗习惯和人们的宗教信仰。图案、颜色的含义对不同国家和地区的顾客可能是截然不同的，甚至是完全相反的。如在喜庆节日，中国人喜欢用红色，而日本人却喜欢互赠白色毛巾；乌龟在日本代表长寿，而在其他许多地区都代表丑恶。

五、新产品开发

在竞争激烈的市场上，企业要想长久地占领市场，仅靠现有产品是绝对不行的，必须不断更新，才能适应不断变化的市场以及科学技术快速发展的要求。因此，开发新产品越来越成为企业生存与发展的重点问题。

案例 4-1-19

新可乐的失败，品牌对情感的背离

20 世纪 80 年代，可口可乐在饮料市场的领导者地位受到了百事可乐的挑战。期间，百事可乐公司大胆地对客户口感试验进行了现场直播，即在不告知参与者是在进行直播的情况下，请他们品尝各种没有品牌标识的饮料，然后说出哪一种口感最好。百事可乐公司的这次冒险成功了，品尝者都认为百事可乐更好喝，“百事挑战”系列广告使其在美国的饮料市场份额从 6%猛升至 14%。

为了应对百事可乐的挑战，1985 年 4 月，可口可乐董事长戈伊祖艾塔宣布，可口可乐公司决定放弃它一成不变的传统配方而更改配方，调整口味，推出新一代可口可乐。消息迅速地传播开来，81%的美国人在 24 小时内知道了这种转变。

然而，在新可乐上市 4 小时之内，接到抗议更改可乐口味的电话达 650 个；到 5 月中旬，批评电话每天多达 5000 个；6 月份这个数字上升为 8000 多个。由于宣传媒介的煽动，怒气迅速扩展到全国。

对一种具有 99 年历史的饮料配方的改变变成了对人们爱国心的伤害。堪萨斯大学社会学家罗伯特·安东尼奥论述道“有些人感到一种神圣的象征被粗暴地践踏了。”人们纷纷指责可口可乐作为美国的一个象征和一个老朋友，突然之间就背叛了他们。

公司的调查也证实了一股正在增长的消极情绪的存在。新可口可乐面市后的三个月，其销量仍不见起色，而公众的抗议却愈演愈烈。最终可口可乐决定恢复传统配方的生产。这一消息立刻使美国上下一片沸腾，当天即有 18000 个感激电话打入公司免费热线。当月，可口可乐的销量同比增长了 8%。但是可口可乐公司已经在这次的行动中遭受了巨额的损失。

（资料来源：https：//www. jinchutou. com/p-116970619. html）

（一）新产品的类别

1. 新产品的含义

新产品，是指在结构、功能或形态上发生改变，并推向市场的产品。注意，新产品并不一定是新发明的产品；从营销的角度来看，第一次被消费者接触到的产品也是新产品；从企业的角度看，本企业从来没有经营过的产品，第一次标出本企业的招牌的也是新产品。

2. 新产品类型

（1）全新产品：指应用新的技术、新的材料研制出的具有全新功能的产品。如电话、汽车在刚投入市场时都属于全新产品。这类产品的开发难度最大、费用高、成功率低，据调查，新产品中全新产品只占 10%。

（2）换代产品：指在原有产品的基础上，采用或部分采用新技术、新材料、新工艺研制出来的产品。普通自行车—电动自行车、模拟电视—数字电视。

（3）改进产品：指对老产品的性能、结构、功能加以改进，使其与老产品有较显著的差别的产品。普通牙膏—药物牙膏。

（4）仿制产品：指对国际或国内市场上已经出现的产品进行引进或模仿、研制生产出的产品。如市场上出现的新牌号的电视机、手机等大都是模仿已有的产品生产的。

（5）重新定位产品：指对现有产品开发新用途，或者为现有产品寻找新的消费群，使其畅销起来。如，20 世纪 40 年代麦氏速溶咖啡的定位由上市时的"快捷方便"改变为后来的"美味、芳香、质地醇厚"，同时改变了包装，使其很快从滞销产品改变为深受消费者喜爱的畅销产品。

案例 4-1-20

给电话簿上的每户寄去口香糖！

纽约人托马斯·亚当斯购买了 1 吨橡胶用以生产四轮大车用的橡胶外胎。结果优质外胎没有做成，还剩下大量的备用橡胶。如何是好？亚当斯回想起印第安人曾嚼过小块的橡胶。于是，他把橡胶放在糖浆里熬煮制成了第一代的口香糖。这种被称为"亚当斯的纽约 1 号"的口香糖，开始在美国的所有商店里销售，并且赢得了许多人的喜爱。

继亚当斯之后，许多公司投入了口香糖的生产。其中有一家公司的会计沃尔捷尔·季梅尔在自家的厨房里反复进行试验，以研制新的口香糖。经过不懈努力，季梅尔终于成功了！他研制成的弹性极好的新型口香糖，还可以吹出很大的气泡。这种口香糖后来起名叫"bubblegum"，也就是我们常说的泡泡糖，这款新产品受到了消费者的青睐。

然而，使现代口香糖举世闻名的还得数肥皂厂老板的儿子威廉·里格利。他对生产过程进行了改革，改进了口香糖的味道和质量，并于 1892 年生产出了小有名气的"里格利留兰香（白箭）"口香糖，而一年以后"里格利多汁果（黄箭）"口香糖面世。

直到现在，箭牌口香糖在美国仍然是口香糖中的佼佼者。除了提升口香糖的口感外，里格利还研究了口香糖的外形，其中薄片形、球形和棒形口香糖都是按照他的思路开发出来的。不仅如此，里格利还想到了一个新款的广告创意；他搞到了一本电话簿，按地址给电话簿上的每户都寄去 3 片口香糖，以便让每一个用户都有可能对它做出正确评价。从此以后，里格利口香糖的销量不断攀升，其口香糖的名声也开始传播到其他国家。

（资料来源：http：//www. doc88. com/p-8085463320819. html）

3. 企业开发新产品的原因

（1）产品生命周期理论要求企业不断开发新产品。如果企业不开发新产品，则当产品走向衰落时，企业也同样走到了生命周期的终点。相反，企业如能不断开发新产品，就可以在原有产品退出市场舞台时利用新产品占领市场。

（2）消费需求的变化要求不断开发新产品。消费结构的变化加快，消费选择更加多样化，产品生命周期日益缩短。

（3）科学技术的发展推动着企业不断开发新产品。科学技术的迅速发展导致许多高科技产品的出现，并加快了产品更新换代的速度。

（4）市场竞争的加剧迫使企业不断开发新产品。只有不断创新，开发新产品，企业才能在市场上占据领先地位，提升活力。

企业要得到新产品，并不意味着必须由企业独立完成新产品的创意到生产的全过程。除了自己开发外，企业还可以通过购买专利、经营特许、联合经营，甚至直接购买现成的新产品等方式来取得新产品。

（二）新产品开发程序

对于不同的新产品，其开发程序不可能完全一样；但一般来说，一个新产品从独立构思到研制成功，主要会经历八个阶段，即寻求创意、甄别创意、产品概念的发展和试验、制定市场营销战略、进行营业分析、进行产品开发、进行市场试验、商业化。

1. 寻求创意

所谓创意，就是开发新产品的设想。一个好的产品构思或创意是新产品成功的关键。

新产品创意的主要来源有：顾客、科学家、竞争对手、企业的推销人员和经销商、企业高层管理人员、市场研究公司、广告代理商等。按照市场营销的概念，顾客需求和欲望是寻找新产品创意的起点。据美国专家调查，60%~80%的新产品来自顾客的建议。在此，企业不仅要把顾客合理的要求作为构思的源泉，也要注意一些听起来不甚合理的要求。

案例 4-1-21

沙漏的用处

沙漏是一件古来的器具，在时钟未发明前它可用来测量每日的时辰。时钟问世后，沙漏完成了它的使命，而有一个人却把它作为一种玩具来生产和销售；但是沙漏作为玩具，趣味性不强，孩子们自然不太喜爱，因此其销量很小。

后来，沙漏的需求越来越少，这个人的沙漏几乎要停产了。

有一天，当这个人看到别人在长时间地打电话，并且因无法控制话费而苦恼时，一个构思立刻闪现在他的脑海：做个限时三分钟的沙漏。在三分钟内，沙漏上的沙会完全落到下面。把它装在电话机旁，这样打长途时就不会超过三分钟，也可以有效地控制电话费。

这个东西的设计非常简单，在沙漏的两端嵌上一个精致的小木板，再接上一条铜链，然后用螺丝钉钉在电话机旁。不打电话时，还可以将沙漏作为装饰品，看它点点滴滴落下来。

担心电话费支出的人很多，新沙漏可以有效地控制通话时间，售价又非常便宜，因此一上市，销量就很不错。这项创新使看不到市场前途的沙漏瞬间成为对生活有益的用品，销量成千倍地增加，面临倒闭的小作坊很快变成了一个大企业。

（资料来源：https://wenku.baidu.com/view/7c79f98f760bf78a6529647d27284b73f2423683.html）

案例 4-1-22

小创意，大收益

高露洁公司是美国一家生产经营洗涤品、牙膏、化妆品的跨国公司，该公司以经营牙膏为主。创立的头几年，尽管其产品质量优良，但销量总上不去。公司的决策者为了企业的生存和发展绞尽脑汁，但一直想不出一种有效办法。后来老板下决心公开征集良策。他在媒介上登出告示："谁若能想出使高露洁牙膏销路激增的创意，即赠送10万美元奖金。"

10万美元的奖金是充满诱惑力的，来自世界各地的应征者数以万计。这些应征"创意"中有不少是很有见地的，但高露洁公司决策者仅选中一个。有个创意很简单——如果把高露洁牙膏的管口放大50%，那么消费者每天在匆忙中所挤出的牙膏，自然会多出一半，牙膏的销量因而会激增。高露洁公司执行了该创意以后，果然销量急速上升。直至今天，高露洁牙膏的管口依然保持着这一"创意"。

（资料来源：高媛，高露洁的管理及行销策略，《中外企业文化》，2008-4）

2. 甄别创意

甄别创意，是指采用适当的评价系统及科学的评价方法对各种创意进行比较分析，依据市场需求量、产品质量、性能、成本、价格、分销渠道、产品发展趋向、顾客反应、资金、技术水平、设备能力、营销能力、管理水平等因素，开展可行性研究，选出最佳创意的过程。在甄别创意阶段，企业要避免两种过失：①"误弃"，即公司未认识到该创意的发展潜力而将其误弃。②"误用"，即公司将一个没有发展前途的创意付诸开发并投放市场。

3. 产品概念的发展和试验

应当明确产品创意、产品概念和产品形象之间的区别。所谓产品创意，是指企业从自身角度考虑的能够向市场提供可能产品的构想。所谓产品概念，是指企业从消费者的角度对这种创意所做的详尽的描述。而产品形象，则是消费者对某种现实产品或潜在产品所形成的特定形象。

对产品和品牌的市场进行定位后，就应当对产品概念进行试验，以确定最佳产品概念。所谓产品概念的试验，就是用文字、图画描述或者用实物将产品概念展示于目标顾客前，观察他们的反应。例如，一台冰箱，从企业角度看，它是制冷剂、压缩机、箱体、制造过程、管理手段和成本核算。而对消费者而言，则要考虑电冰箱的外形、价格、控温性能、保修期等。

案例 4-1-23

共享电动车概念的形成与评估

随着共享经济的产生，共享单车、共享电瓶车、共享电动车逐步出现。消费者对于代步工具有这样一种感觉：骑自行车上下班，用脚蹬太费力；开车上下班太耗油，还有堵车、停车难等问题……因此，消费者就想要一种既环保，又不用考虑停车问题的代步工具。这只是一个创意，但是要将这个创意落实下来，却是有一定难度的。例如，它既然是汽车的一种，应该也是四个轮子，但是自行车是靠脚蹬的，汽车是有燃油发动机的，那这种车到底用什么作为动力呢。最后尝试用电瓶，就是今天的电动车，且通过图纸的形式将产品的概念确定下来。

在概念确定下来之后，就要进行概念的评估了。共享电动车，定位于工薪层上下班使用。这种车的车型小巧，停车方便，不管是蓄电池的容量还是时速都适中，同时充一次电可以跑一天，租金也适中。有一部分人已经开始尝试用共享电动车上下班了。

4. 制定市场营销战略

（1）描述目标市场的规模、结构形式、购买行为，新产品在目标市场上的定位、前几年的销售额、市场占有率、利润目标等。

（2）简述新产品的计划价格、分销战略以及第一年的市场营销预算。

（3）简述计划长期销售额和目标利润以及不同时间的市场营销组合。

5. 进行营业分析

在这一阶段，企业市场营销管理者要复查新产品将来的销售额、成本和利润的估计，看看它们是否符合企业的目标。如果符合，就可以进行新产品的开发。

6. 进行产品开发

完成以上程序，新产品仍然还是纸上谈兵，只有进入试制阶段，构思才开始成为实实在在的产品。经过研究、开发、技术和生产部门的共同合作，将产品概念付诸现实。经过开发、试制出来的产品如果符合以下要求，就可以认为是成功的：①在消费者看来，产品具备了产品概念中所列举的各项主要指标；②在一般用途和正常条件下，可以安全地发挥功能；③能在已定的生产成本预算范围内生产成品。

7. 进行市场试验

由于新产品在销售过程中，会有许多意想不到的事情发生，所以先要进行试销。试销的目的就在于了解经销商和消费者对于经营、使用和购买该产品的情况。通过试销，企业可以获得不少有价值的信息。市场试验的规模决定于两个方面：一是投资费用和风险大小。对于投资费用大和风险大的新产品，规模应大一些。二是市场试验费用和时间。市场试验费用大和时间长的新产品，规模应小一些。

8. 商业化

（1）何时推出新产品：指企业高层管理者要决定在什么时候将新产品投放市场最适宜。如果新产品是替代老产品的，就应该尽快将老产品卖掉，然后再推出新产品，以免影响老产品销售，造成损失。如果新产品的需求有一定的季节性，就应该在销售旺季刚开始时将新产品推出。

（2）何地推出新产品：指企业高层管理者要决定在什么地方（某一地区、某些地区、全国市场或国际市场）推出新产品最适宜。应该在市场购买力高、有潜力、企业在该地区的声誉好、投放成本较低、容易进入市场的地区投放，然后再逐渐扩展到其他地区。如康师傅方便面，就是把城市作为首选市场，在城市打响之后，再迅速深入农村，并成为我国目前最具价值的方便面名牌。

（3）向谁推出新产品：指企业高层管理者要把它的分销和促销目标面向最优秀的顾客群。应当以早期使用者、能够较多使用的消费者、在社会上影响力较大的消费者为投放的最佳对象，利用他们来带动其他消费者。

（4）如何推出新产品：企业管理部门要制定开始投放市场的市场营销战略。

（三）新产品采用者的类型

在新产品的市场扩散过程中，由于个人性格、文化背景、受教育程度和社会地位等因素的影响，不同的消费者对新产品接受的快慢程度不同。

1. 创新采用者

创新采用者的特点：富有个性，受过高等教育，勇于革新冒险，性格活泼，消费行为很少听取他人意见，经济宽裕，社会地位较高。该类采用者占全部潜在采用者的2.5%。广告等促销手段对他们有很大的影响力。

2. 早期采用者

早期采用者的特点：一般也接受过较高程度的教育，年轻且富于探索精神，对新事物比较敏感，有较强的适应性，经济情况良好，他们对早期采用新产品具有自豪感。该类采用者占全部潜在采用者的13.5%。这类消费者对广告及其他渠道传播的新产品信息很少有成见，促销媒体对他们有较大的影响力。

3. 早期大众

早期大众的特点：一般较少有保守思想，接受过一定的教育，有较好的工作环境和固定的收入，对社会中有影响的人物的消费行为有较强的模仿心理。这类群体不甘落后于潮流，但由于他们特定的经济地位所限，在购买高档产品时，一般持非常谨慎的态度。他们常常是在征询了早期采用者的意见后才采纳新产品。这类采用者的采用时间较平均采用时间要早，占有34%的市场份额。

4. 晚期大众

晚期大众的特点：较晚跟上消费潮流的人，其工作岗位、受教育水平及收入状况往往比早期大众略差，他们对新事物、新环境多持怀疑态度，对周围的一切变化持观望的态度，他们的购买行为往往发生在产品成熟阶段。这类群体的采用时间较平均采用时间稍晚，占有34%的市场份额。

5. 落后采用者

落后采用者的特点：受传统思想束缚很深，思想非常保守，怀疑任何变化，对新事物、新变化多持反对态度，固守传统消费行为方式。这类群体是采用创新产品的落伍者，占有16%的市场份额。

任务二 价格策略

任务目标

【知识目标】了解企业定价的意义、依据；熟悉企业定价的影响因素，企业定价的方法以及价格调整；掌握企业定价策略；

【能力目标】能根据定价策略相关知识对产品价格进行定价，并对价格进行灵活调整；

【核心能力】产品定价及价格调整。

引导案例

格兰仕的成本领先与定价策略

广东格兰仕集团有限公司堪称是一家全球化家电专业生产企业，是中国家电业优秀企业之一。格兰仕的核心竞争力归纳起来就是八个字：规模制造，低价制胜。

格兰仕赖以发家，并屡试不爽的秘诀在于其“总成本领先”战略——依托其强大的规模和成本控制能力，以此保持对竞争对手的成本优势和价格战资本。曾一度信奉“价格是最高级竞争手段”的执行总裁梁昭贤，凭借总成本领先战略，当规模每上一个台阶就大幅降价，不断地提升微波炉行业的“入门标准”。生产规模达到125万台时，格兰仕就把出厂价定在规模为80万台的企业成本线以下；规模达到300万台时，格兰仕又把出厂价调到规模为200万台的企业成本线以下。至今，格兰仕已经把微波炉行业的入门标准提升到了年产1200万台的规模，在1200万台产量以下的企业，不得不面临亏损，多生产一台，就多亏损一台。

格兰仕这样做，就是要摧毁竞争对手的信心，让这个产业有市场但没有任何投资价值，并由此构筑了自己的经营安全防线。强大的规模壁垒令众多的有意进入微波炉行业的厂商不寒而栗，就连与格兰仕在全球市场上火拼数年的LG电子也面临持续的亏损，使得它不得不做出调整，有计划地撤出微波炉行业。

格兰仕之所以能够如此频繁地大幅度降价，就在于其成本比竞争对手低许多，有足够大的利润空间。一方面，迅速扩大生产能力，实现规模经济；另一方面，通过降价和立体促销来扩大市场容量，提高市场占有率，从而在短期内使自己的实力获得迅猛提高。格兰仕实施规模化战略的根本目的就在于市场的迅速扩大，通过规模效应，降低经营成本；通过规模效应，增加技术投入；通过规模效应，提高国际竞争力等。格兰仕通过几年的努力，在微波炉领域真正实现了规模化经营，专业化、集约化生产，使企业走上了良性发展的轨道。

据了解，格兰仕在降低采购成本、行政管理成本、营销成本和物流成本方面做出了巨大努力。各种成本不断降低，加上廉价的劳动力，使得格兰仕在综合成本竞争中占据很大优势。

在格兰仕价格的强力打击下，格兰仕以2000万台的全球销量在2005年夺取了全球50%以上、国内70%以上的市场份额。但问题是，如此高集中度甚至可以说是垄断性地微波炉行业却是一个极其微利的行业，梁昭贤也很无奈地表示："我们其实过得很辛苦。"

确实，仅靠降价促销，发展空间有限。从目前情况看，非烧烤型微波炉已降到300多元每台，卖一台微波炉送出的赠品从5件增加到10件，再增加到15件，给消费者的感觉是价格已经低得不能再低了，赠品多得不能再多了。如此下去，价格还有多少可降？赠品还有多少可送？

明眼人发现，格兰仕的口号由此前的"世界品质，全球制造"悄悄改成了"世界领导品牌"，格兰仕由单纯的制造领先转向创造领先，由价格型企业转向价值型企业的雏形已经显露无遗。

（案例来源：https://wenku.baidu.com/view/e7ca7a88846a561252d380eb6294dd 88d1d23d1e.html）

一、影响定价的主要因素

（一）企业定价的意义

1. 价格直接影响企业盈利的实现

在市场经济条件下，企业作为独立的商品生产者和经营者，具有独立的经济利益。企业生产的直接目的是追求利润的最大化，而利润又受到价格变动的直接影响，在销售量和生产或经营成本一定的条件下，价格高低直接决定企业盈利的多少。

2. 价格是消费者最敏感的因素

价格水平的高低，直接关系到消费者的切身利益。购买作为一种经济行为，购买者首先必须考虑自己对价格的承受能力，购买价廉物美的商品，是消费者的共性。价格是促使消费者发生购买行为的最具影响力的一个因素。价格提高，会使需求量减少；价格降低，会使需求量增加。因而，价格在市场上最富有弹性，既可促进消费，又可抑制消费，是消费者最为重视、最为敏感的因素之一。

3. 价格是市场竞争的重要手段

市场竞争有多种方法，运用价格进行竞争是其中的重要手段之一。当市场竞争激烈时，企业可根据情况，适当降低价格，以价廉取胜，即采取薄利多销的方针来扩大销售，提高市场占有率，这是一种建立在降低成本基础上的竞争策略。而单纯的价格竞争，是为了扩大销售而将价格降到正常水平以下，甚至低于成本，将竞争对手挤出市场后再提高价格，以获取超额利润。这种价格竞争是最原始、最简单、也最容易被竞争对手所仿效的一种手段，其结果往往会造成众败俱伤。

案例 4-2-1

商家虚构原价后打折，可构成价格欺诈被追责

打折促销深受商家的青睐，更是受到众多消费者的喜爱。但是，细心的消费者都有这个体会，促销活动前后商品标价往往有较大出入，甚至部分商品打折后的价格和平常价格相差不大，消费者在商家的圈套中并没得到什么实惠。那么，这种行为是否构成侵权，以及应如何维权，消费者却不太清楚。

一件衣服去年售价300元，最近的最低售价是100元，现在降到80元，商家在促销时写上"原价300元，现价80元"，这种行为今后将视为价格欺诈。针对当前商家虚假优惠折价的促销行为，国家发改委出台了《禁止价格欺诈行为的规定》（简称《规定》），明确规定抬价打折的行为属于价格欺诈。该《规定》已于2002年1月1日起执行，根据《规定》的解释意见，"原价"是指本次降价前7天内销售的最低价格，所以上述案例的"原价"应为100元。

物价局提醒，经营者要增强价格诚信意识，诚信守法经营；消费者要提高维权意识，维护自身权益。目前，"原价""特价"以及"最低折扣"等广告宣传是消费者最常看到的，实际上这恰恰是消费者最容易中招的地方。在购物的过程中，如果看到类似的字眼，一定不要盲目购买。以"原价"为例，商品"原价"是指经营者在本次降价以前7天内在本交易场所成交的有交易票据的最低交易价格。如果前7天内没有交易价格，以本次降价前最后一次交易价格作为原价。"原价"必须是有真实成交记录的，有些商家虚构一个原价然后打折，这都属于价格欺诈。消费者在消费过程中要注重查看相关标示，如查看海报标价与现场标价是否一致。购物结算后，要注意核对结算价与现场标价签所标价格是否一致。

（资料来源：佰佰安全网 https：www. bbaqw. com/cs/179882. htm）

（二）企业定价的依据

1. 产品价格的构成

价格是产品价值的货币表现，价格主要是由生产成本、流通费用、税金和利润构成的。价格构成的要素中任何一个要素变化，都会引起价格的变化。

（1）生产成本。生产成本是商品价值中生产资料转移价值和支付工人报酬的货币表现，在商品价值构成中占主要部分。生产成本是制定价格的最低界限，如果产品价格低于其生产成本，就会导致企业亏损，甚至倒闭。

（2）流通费用。流通费用是指商品从生产领域到消费领域转移过程中所发生的劳动耗费的货币表现。具体来讲，一部分是生产领域的生产企业为推销商品而发生的销售费用，它和生产成本共同构成生产企业的全部成本；另一部分是在流通领域发生的商业流通费用。根据商业流转环节的不同，流通费用还要划分为采购商业费用、批发商业费用和零售商业费用，作为批发价格和零售价格的组成部分。

（3）税金。税金是企业依照税法向国家交纳的一部分企业纯收入，是价格的重要组成

因素。国家合理规定不同行业和产品的税率，能起到调节生产、企业利润和价格的作用。

（4）利润。劳动者在生产和流通过程中为社会所创造的价值，在补偿商品的生产成本及流通费用后的余额，称为利润。利润包括生产利润和商业利润。利润水平是反映企业经济活动的效果好坏的重要指标，直接关系到国家、企业、消费者、职工的利益。

2. 产品价值是企业的定价依据

产品价值是价格制定的基础，是企业定价的依据。所谓价值，就是凝结于产品中一般的人类劳动或物化劳动。只有生产这种产品的劳动量才能进行比较，这个劳动量是由生产它的社会必要劳动时间决定的。所以，生产产品所消耗的社会必要劳动时间，就代表着产品的价值。如果某一种产品在生产上耗费的劳动时间低于社会必要劳动时间，企业就能得到更多的利润；反之，如果某一种产品的个别劳动时间超过社会必要劳动时间，企业盈利就会减少，甚至出现亏损。

3. 价格是围绕价值波动的

在现实经济活动中，由于市场供求关系、竞争状况和国家经济政策等多种因素的影响，不可避免地会出现产品价格偏离价值的现象。但从总的趋势来看，这种偏离不会长久，价格总是围绕价值为中心上下波动，产品的总价格仍与总价值相等。因此，价格以价值为中心发生波动的现象，并不是对价值规律的否定，相反，它正是价值规律起作用的表现形式。

（三）企业定价的影响因素

现实中企业价格的制定和实现还受多方面因素的影响和制约，企业应给予充分的重视和全面的考虑。

1. 商品因素

企业在定价时必须参照商品价值及成本，此外还需要关注商品与商品之间形成的各类关系。这些是企业在定价时的重要影响因素之一。

（1）商品价值

商品价值量的大小决定着商品价格高低。价值反映社会必要劳动消耗，而社会必要劳动消耗是由生产资料消耗价值（C）、活劳动消耗的补偿价值（V）、剩余产品价值（M）组成，即商品价值=$C+V+M$。因此，企业制定营销价格时必须首先考虑商品价值的三个组成因素。但是，在一定时期内，价格与价值并不总是一致的，而是围绕着价值上下波动的，当商品供过于求时，价格就会下降；当商品求过于供时，价格就会上升。因此，不能把价值看成是影响营销价格的唯一因素。

（2）商品成本

成本是商品价格构成中最基本、最重要的因素之一，也是商品价格的最低经济界限。在一般情况下，商品的成本高，其价格也高，反之亦然。商品的成本因素主要包括生产成本、销售成本、储运成本和机会成本。

（3）生产成本

生产成本是企业生产过程中所支出的全部生产费用，是从已经消耗的生产资料的价值和生产者所耗费的劳动的价值转化而来的。当企业具有适当的规模时，产品的成本最低。

但不同的商品，在不同的条件下，各有自己理想的批量限度，其生产超过了这个规模和限度，成本反而要增加。

(4) 销售成本

销售成本是商品流通领域中的广告、推销费用。在计划经济体制下，销售成本在商品成本中所占比例很小，因而对商品价格的影响也微乎其微。但在市场经济体制下，广告、推销等是商品实现其价值的重要手段，用于广告、推销的费用在商品成本中所占的比例也日益增加。因此，在确定商品的营销价格时必须考虑销售成本这一因素。

(5) 储运成本

储运成本是商品的运输和储存费用。商品畅销时，储运成本较少；商品滞销时，储运成本增加。

(6) 机会成本

机会成本是企业从事某一项经营活动而放弃另一项经营活动的机会，另一项经营活动所应取得的收益。但是，商品的成本不是个别企业的商品成本，而是所有生产同一产品的生产部门的平均生产成本。在通常情况下，机会成本对个别企业的商品成本影响比较大，对平均生产成本的影响比较小，因而对商品价格的影响也很小。

2. 商品差价因素

商品差价是指同一商品由于销售地区、流转环节、销售季节、质量高低、用途等的不同而形成的价格差额。商品差价形成的主要理论依据是，上述各种情况下耗用的劳动量不同。其形式有地区差价、季节差价、质量差价、平议差价、用途差价等。

3. 商品比价因素

商品比价是指在同一条件下不同商品价格的比例。它由不同商品之间价格量的比值和不同商品的供求状况决定。比价因素主要有制成品与投入要素比价因素、替代品比价因素、连带品比价因素等。

(1) 制成品与投入要素比价因素

这种比价是指制成品与原材料、半成品、零部件等投入要素价格之间的比例。企业应当考虑：第一，如果投入要素价格低，而制成品企业定价偏高，则投入要素企业会提高其商品价格，或促使零部件企业自行组装整机。这样当制成品供应量增多时，会使制成品企业的产品积压。同样，如果制成品价格低，投入要素企业定价偏高，最终也会使投入要素企业的产品积压。第二，在一定时期内，当制成品与投入要素的价格升降幅度悬殊时，会造成购销双方的利益矛盾，甚至使相关企业间长期建立的协作关系毁于一旦。

(2) 替代品比价因素

当同类商品中某一种商品的功能、用途等可由另一种商品所代替时，两种商品的价格比例则为替代品比价。按替代程度可划分为完全替代和不完全替代两种。完全替代是指替代品与被替代品的功能、用途基本相同；不完全替代是指替代品与被替代品的用途相似，但功能有差异，其中一种商品只能满足消费者部分需求。对于前者，在一般情况下，消费者购买的随意性较大，而当两者比价悬殊时，顾客就会慎重选购。对于后者，在比价合理的情况下，购买的选择性不强，不同的消费者将按各自的需要购买商品；而当比价幅度很大时，顾客将会选购既能基本满足需求，价格又较廉的商品。此外，当不完全替代程度很高时，即使功能较优的商品价格较高，消费者也乐于接受这种高价商品。因此，在竞争激烈的市场中，企业既要考虑产品的功能设计，保证产品质量，又要考虑竞争对手的商品价格策略。

（3）连带品比价因素

在同一类消费中，必须把两种或两种以上的商品结合起来才能满足需求的商品称为连带品（互补品），而连带品价格之比则称为连带品比价。按照连带程度，可分为直接和间接连带品。企业定价时，通常应以有助于基础商品销售为原则，协调好连带品间的比价关系。间接连带是指在同一消费中两种或两种以上商品没有确定性连带特征，这类商品一般由多个企业生产并协商定价，力求协作效益或由某一企业采用多角经营的方式，发挥商品间的连带效益。

4. 市场需求因素

在竞争激烈的市场条件下，供求对价格的影响是极大的，具体表现如下。

（1）供需情况会影响价格水平

在其他因素不变的情况下，价格与市场上商品的供给量与需求量有如下关系：当商品供给量大于需求量时，价格会下降；当商品供给量小于需求量时，价格会上涨。

（2）价格对需求又产生作用

价格变化对需求量的变化起着很大的作用。我们称需求量对价格变动的反应程度为需求弹性，又称需求价格弹性，它是指由于价格变动而引起的需求量发生相应变化的程度。需求弹性系数=需求量变动的百分率/价格变动的百分率。

不同产品具有不同的需求弹性，可根据弹性的大小决定企业的价格决策。

需求量与价格的变化是相反的，也可能为负数。需求价格弹性为正还是为负，所表示的仅仅是有关变量变化的方向性关系，而需求价格弹性的绝对值的大小则表示了变化程度的大小。

当需求价格弹性等于 1 时，称为标准弹性，采用通行市场价格。

当需求价格弹性大于 1 时，称为富于弹性，即需求量变动百分数大于价格变动百分数，宜采用降价策略。

当需求价格弹性小于 1 时，称为缺乏弹性，即需求量变动百分数小于价格变动百分数，宜采用提价策略。例如生活必需品如大米、盐等，其需求就缺乏弹性。

5. 竞争因素

市场竞争也是影响价格制定的重要因素。根据竞争程度的不同，企业定价策略会有所不同。按照市场竞争程度，可以分为完全竞争、垄断竞争与寡头垄断和完全垄断几种情况。

（1）完全竞争市场

完全竞争市场是指竞争充分而不受任何阻碍和干扰的一种市场结构。在这种市场类型中，买卖人数众多，买者和卖者是价格的接受者，资源可自由流动，信息具有完全性。

（2）垄断竞争市场

垄断竞争市场是一种介于完全竞争和完全垄断之间的市场组织形式，在这种市场中，既存在着激烈的竞争，又具有垄断的因素，指一种既有垄断又有竞争，既不是完全竞争又不是完全垄断的市场，是处于完全竞争和完全垄断之间的一种市场。

（3）寡头垄断市场

寡头垄断市场是介于垄断竞争与完全垄断之间的一种比较现实的混合市场，是指少数几个企业控制整个市场的生产和销售的市场结构，这几个企业被称为寡头企业。

（4）完全垄断市场

完全垄断市场是指在市场上只存在一个供给者和众多需求者的市场结构。完全垄断市场的假设条件有三点：第一，市场上只有唯一一个厂商生产和销售商品；第二，该厂商生产的商品没有任何替代品；第三，其他厂商进入该行业都极为困难或不可能，所以垄断厂商可以控制和操控市场价格。

完全竞争与完全垄断是竞争的两个极端，中间状况是不完全竞争。在不完全竞争条件下，竞争的强度对企业的价格策略有重要影响。所以，企业首先要了解竞争的强度。竞争的强度主要取决于产品制作技术的难易，是否有专利保护，供求形势以及具体的竞争格局。其次，要了解竞争对手的价格策略以及竞争对手的实力。最后，还要了解、分析本企业在竞争中的地位。

6. 企业状况

（1）企业的规模与实力。规模大、实力强的企业在价格制定上的余地大，规模小、实力弱的企业的生产成本一般高于大企业，在价格的制定上往往比较被动。

（2）企业的销售渠道。渠道成员有力、控制程度高的企业在价格决策上可以有较大的灵活性。

（3）企业的信息沟通。企业在信息畅通、与消费者保持良好关系时，可适时调整价格并容易得到消费者的理解和认可。

（4）企业营销人员的素质和能力。拥有熟悉生产经营环节、掌握市场销售、供求变化等情况并具备价格理论知识和一定的实践能力的营销人员，是企业制定出最有利价格和最适当调整价格的必要条件。

7. 企业定价目标

企业定价还受企业定价目标的影响，不同的定价目标会导致企业采取不同的定价方法和策略，从而定出不同的价格。

（1）获取理想利润目标

这一目标指企业期望通过制定较高价格，迅速获取最大利润。采取这种定价目标的企业，其产品多处于绝对有利的地位。一般而言，企业必须具备两个条件：一是企业的个别成本低于部门平均成本，二是该产品的市场需求大于供应。在这种情况下，企业可以把价格定得高于按平均利润率计算的价格。

但使用这种定价目标要注意的问题是，由于消费者的抵抗、竞争者的加入、代用品的盛行等原因，企业某种有利的地位不会持续长久，高价也最终会降至正常水平。因此，企业应该着眼于长期理想利润目标，兼顾短期利润目标，不断提高技术水平，改善经营管理条件，增强竞争力。

（2）适当投资利润率目标

这一目标指企业通过定价，使价格有利于实现一定的投资报酬。采取这种定价目标的企业，一般是根据投资额规定的利润率，然后计算出各单位产品的利润额，把它加在产品的成本上，就成为该产品的出售价格。

采用这种定价目标，应该注意两个问题：第一，要确定合理的利润率。一般来说，预期的利润率应该高于银行的存款利息率，但又不能太高，否则消费者不能接受。第二，产品必须是畅销的，否则就不能实现预期的投资利润率。

（3）维持和提高市场占有率目标

市场占有率也称市场份额，是指在一定时空条件下，本企业产品销售量（额）在同类产品销售量（额）中所占的比例，一般用百分比表示。这一目标着眼于追求企业的长远利益，有时它比获取理想利益目标更重要。市场占有率的高低反映了该企业的经营状况和竞争能力，它关系到企业的发展前景。因为从长期来看，企业的盈利状况与其市场占有率呈正相关关系。美国市场营销战略影响利润系统的分析指出：当市场占有率在10%以下时，投资收益率大约为8%；当市场占有率为10%～20%时，投资收益率在14%以上；当市场占有率在20%～30%时，投资收益率约为22%；当市场占有率为30%～40%时，投资收益率约为24%；当市场占有率在40%以上时，投资收益率约为29%。

为了扩大市场占有率，企业必须相对降低产品的价格水平和利润水平。但是，采用这一策略时，必须将其与大批量生产能力结合起来，因为降价后市场需求量急剧增加，如果生产能力跟不上，造成供不应求的状况，竞争者就会乘虚而入，反而会损害企业利益。

（4）稳定市场价格目标

这种定价目标是指在产品的市场竞争和供求关系比较正常的情况下，企业为在稳定的价格中取得合理的利润而制定的商品价格目标。这一策略往往是行业中处于领先地位的大企业所采取的。这样做的优点在于：市场需求发生急剧变化时，价格也不致发生大的波动，有利于大企业稳固地占领市场。

（5）应付竞争目标

这是竞争性较强的企业常采用的定价策略。为应对竞争，在定价前企业应注意收集同类产品的质量和价格资料，并将其与自己的商品进行比较，然后选择应付竞争的价格：对于力量较弱的企业，应采用与竞争者价格相同或略低于竞争者的价格；对于力量较强又想扩大市场占有率的企业，可采用低于竞争者的价格；对于资本雄厚，并拥有特殊技术的企业，可采用高于竞争者的价格；有时可采取低价，从而迫使对手退出市场或阻止对手进入市场。

8. 其他因素

企业的定价策略除受成本、需求以及竞争状况、政府状况的影响外，还受到其他多种因素的影响。这些因素包括政府或行业组织的干预、国家指导性定价、市场调节定价、消费者习惯和心理、企业或产品的形象、产品差异性、企业销售能力等。

（1）政府或行业组织干预

政府为了维护经济秩序，或为了其他目的，可能通过立法或者其他途径对企业的价格策略进行干预。政府的干预包括规定毛利率，规定最高、最低限价，限制价格的浮动幅度或者规定价格变动的审批手续，实行价格补贴等。例如，美国某些州政府通过租金控制法将房租控制在较低的水平上，将牛奶价格控制在较高的水平上；法国政府将宝石的价格控制在低水平，将面包价格控制在高水平；我国某些地方为反暴利而对商业毛利率进行限制等。一些贸易协会或行业性垄断组织也会对企业的价格策略造成影响。

（2）国家指导性定价

它是指国家物价部门和业务主管部门规定定价权限与范围，指导价格制定和调整的企业定价方式。其定价方式有以下三种：

第一，浮动定价。它是指国家规定商品的基准价格、浮动幅度和方向，由企业在规定的范围内自主定价。

第二，比率控制定价。它是指国家规定商品的差价率、利润率与最高限价范围，由企业自行灵活地确定价格。企业商品价格可采用高进高出，低进低出或高进低出等形式，但不得超过规定的控制比率。

第三，行业定价。它是指为了避免同行业企业在生产和流通中盲目竞争，国家采取计划指导，由同行营销者共同协商制定商品的统一价格，并由协商者共同遵守执行。这能防止价格向垄断转化，有利于市场竞争。

（3）市场调节定价

它是指在遵守政策和法规的前提下，根据市场供求状况、市场竞争程度、消费者行为及企业自身条件等因素的变化趋势，由营销者自行确定商品价格。这种定价主要适用于生产分散、营销量大、品种规格繁多、供求情况复杂、难以计划管理的商品，且主要依靠价值规律自发地调节商品价格。市场调节定价有下列两种形式：

第一，协议定价。是指买卖双方在不受第三者影响的情况下，相互协商议定商品价格。

第二，企业议价。是指实行部分指令性计划价格商品的企业，在完成国家任务后，超产部分，企业根据市场状况确定其价格。这是国家为了增强企业活力，提高企业积极性所采用的一种鼓励性措施。

（4）消费者习惯和心理

价格的制定和变动在消费者心理上的反映也是价格策略必须考虑的因素。在现实生活中，很多消费者存在“一分钱一分货”的观念。面对不太熟悉的商品，消费者常常从价格上判断商品的好坏，从经验上把价格同商品的使用价值挂钩。消费者心理和习惯上的反应是很复杂的，某些情况下会出现完全相反的反应。例如，在一般情况下，涨价会减少购买，但有时涨价会引起抢购，反而会增加购买。因此，在研究消费者心理对定价的影响时，要持谨慎态度，要仔细了解消费者心理及其变化规律。

（5）企业或产品的形象因素

有时企业会根据企业理念和企业形象设计的要求，对产品价格做出限制。例如，企业为了树立热心公益事业的形象，会将某些有关公益事业的产品价格定得较低；为了打造高贵的企业形象，将某些产品价格定得较高等。

（6）产品差异性

产品差异性不仅指实体本身，而且包括产品设计、商标品牌、款式和销售服务方式等。对于有差异性的产品，其定价灵活性较大，可以使企业在行业中获得较高的利润。

（7）企业销售能力

企业销售能力差，对中间商依赖程度大，对最终价格的决定所受的约束就大；企业销售能力强，对中间商依赖程度小，对最终价格的决定所受约束就小。

二、企业定价的方法

（一）成本导向定价法

成本导向定价法是一种主要以成本为依据的定价方法，包括成本加成定价法、边际成本定价法、盈亏平衡定价法、目标收益定价法等几种具体的定价方法。

1. 成本加成定价法

所谓成本加成定价法是指按照单位成本加上一定百分比的加成来制定产品销售价格。加成的含义就是一定比率的利润。其计算公式为：

单位产品价格（P）= 单位产品总成本（C）×［1+成本加成率（R）］

例如，某企业生产一种皮鞋，单位销售成本为100元，按30%的成本加成率计算，该皮鞋售价为100×（1+30%）= 130元。采用这种方法定价的关键是成本加成率的确定。如考虑不周，产品定价太高或太低都可能给企业造成不应有的损失。

优点：计算简便，在正常情况下，可以保证企业获得正常利润。

缺点：只考虑了产品本身的成本和预期利润，忽视了产品的社会价值、供求和竞争的情况。用这种方法计算出来的价格，很可能不为消费者所接受，或缺乏市场竞争力。

2. 边际成本定价法

不计算固定成本，而以单位变动成本作为定价的基本依据。一般是在卖主竞争激烈时，企业为迅速开拓市场而采用的较灵活的做法。这种方法极易掌握降价幅度，售价只需高于变动成本即可，有利于企业选择和接受市场价格，提高企业的竞争能力。可见，只要边际贡献大于零，每多出售一件产品，就能对固定成本有所补偿。在市场竞争激烈、企业订货不足、存在剩余生产能力时，可以考虑采用边际成本定价法。

边际成本是增加一单位产量所增加的总成本量。

边际成本 =（增加一单位产品成本后的总成本-原来的总成本）/（增加一单位产品后的产量-原来的产量）= 总成本增量/产量增量

进一步计算产品定价为：

单位产品定价 =（原产品产量×原销售价格+边际成本）/现定生产量

3. 盈亏平衡定价法

是运用损益平衡原理实行的一种保本定价方法。它规定了在产量一定的情况下，保证企业不亏本的最下限价格。

损益平衡点产量 = 固定成本/（单位产品价格-单位可变成本）

当企业产量达到损益平衡点产量时，企业不盈不亏，收支平衡，保本经营。

保本定价 =（固定成本/损益平衡销售量）+单位产品变动成本

如果企业把价格定在保本定价点上，则只能收回成本，不能盈利；若高于保本定价，则可获利，其获利水平取决于高于保本点的距离。

4. 目标收益定价法

所谓目标收益定价法就是指企业以投资额为基础，加上投资希望达到的目标利润而进行定价的一种方法。

（二）竞争导向定价法

1. 随行就市定价法

指企业根据同行业企业的平均价格水平定价。该价格主要基于竞争者的价格，很少注意自己的成本或需求。在竞争激烈的情况下，这是一种比较稳妥的定价方法，可避免风险。公司定的价格可以比竞争者高或低，或与它一样。

2. 追随定价法

指企业以同行业主导企业的价格为标准来制定本企业的商品价格。此方法可避免企业之间的正面价格竞争。采用这种定价方法时，必须以产品质量不低于竞争对手或者高于竞争对手为前提，否则，很难赢得顾客。

3. 密封投标定价法

密封投标定价法是指当买主通过招标方式购买时，参加投标的企业为了能够中标而根据对竞争者报价的估计来确定本企业产品价格的定价方法。当前，政府采购、大型成套设备的采购和工程承包等，多采用公开招标方式。这种招标方式的流程是：采购单位在报刊或其他公开媒体上刊登招标公告（说明拟采购商品的品种、规格、数量等要求），邀请供应商在规定期限内投标，然后在规定日期开标，选择报价最低和最有利的供应商成交，最后签订采购合同。供货企业要想做成这笔生意，就必须参加投标，即在规定期限内填写标书，注明可提供商品的名称、品种、规格、价格、交货日期等，然后密封送交给招标人。由于供货企业参加投标的目的在于中标，因此，它的报价不是根据成本费用或市场需求来制定的，而是根据对竞争者的报价的估计来确定的，即一般要低于竞争对手价格。

采用密封投标定价法时，报价高低是中标的影响因素，但也影响着企业的利润水平。一般来说，报价高，利润大，但中标机会较小，甚至如果不能中标，利润就降为零；报价低，中标机会大，但利润较少，甚至会出现亏损。因此，企业在报价时，既要考虑中标概率，又要考虑有利因素，一般来说，最佳报价应是预期利润最大化时的报价。所谓预期利润是指企业中标所能够获得的利润与中标概率的乘积，也就是说，目标利润与中标概率的最佳组合就是企业的最佳报价。因此，企业在报价时必须在目标利润和中标概率的各种组合之间进行选择。

密封投标定价法的最大困难在于如何正确估计中标概率，它涉及对竞争者投标情报的掌握。因此，企业可通过市场调查和对过去投标资料的分析来大致估计。

（三）需求导向定价法

以消费者的需求为中心的企业定价方法。根据消费者对商品需求程度和对商品价值的认识程度来制定价格，而不是用产品的成本来定价。

1. 理解价值定价法

也叫认知价值定价法，指企业按照购买者或消费者对商品及其价值的认识程度和感觉来定价。企业利用营销组合中的非价格变量，在购买者心目中建立地位，价格就依此感受价值来决定。不同消费者对商品价值的理解是不同的，企业应当研究该商品在不同消费者心中的理解价值，并运用产品质量、服务、广告、宣传、包装等来加深消费者对产品的印象。

案例 4-2-2

美国卡特彼勒公司的理解定价

美国卡特彼勒公司销售某一型号拖拉机，成功地使用了理解定价法。他们以高质服务获得市场占有率，虽然其价格比市场上的同类产品高 4 000 美元，但销量仍很大。公司销售人员对其产品价格高的原因，做如下解释：

• 与同类产品同价	20 000 美元
• 比同类产品耐用	多收 3 000 美元
• 比同类产品可靠、安全	多收 2 000 美元
• 比同类产品服务优良	多收 3 000 美元
实际价格	28 000 美元
实行价格折让	-4 000 美元
最终定价	24 000 美元

运用理解定价法的关键，是把自己的产品同竞争者的产品相比较，准确估计消费者对本产品的理解价值。因此企业在定价前必须做好市场调查，定价过高或过低都会造成损失。如果定价高于买方的理解价值，顾客就会转移到其他地方，企业销售额就会受到损害；定价低于买方的理解价值，必然使销售额减少，企业也同样会遭受损失。

（资料来源：http：//www. doc88. com/p-9147657380893. html）

案例 4-2-3

星巴克在华定价全球最贵

据央视报道，同款的星巴克咖啡，在中国售价最高。他们采访并对比了北京、伦敦、纽约、孟买的星巴克同款拿铁咖啡的价格，北京最贵 27 元，孟买的最便宜，只有 14 元。这杯售价 27 元的拿铁咖啡，物料成本不足 5 元。

对于在中国的高利润，星巴克给予了书面的声明，称定价基于原料设备、员工福利等多重因素考虑，这样的情况造成了星巴克在全球门店的价格差异大。而在中国的高利润率则因为其在中国直营门店的数量比较少，合资店只计入利润，不计入之前投入的成本，因此显得利润较高。

星巴克相关人士回应说，星巴克有自己的定价体系，星巴克提供的不只是一杯咖啡，而是除了家、公司之外的第三空间，在星巴克可以找到全世界最美妙的咖啡体验和休闲文化。

“咖啡行业在一线城市，现在的利润空间并不像大家想象的那么大。”铂澜咖啡学院创始人齐鸣表示，“在美国星巴克，外带的比例高达 86%，这意味着有将近九成的人对他的装修、对它的体量没有太多要求，不会占用城市空间。”

“而在中国，七八成的消费人群会在店内坐几个小时，它消费的不只是咖啡，还包括房租、服务、沙发、背景音乐、整个空间……这种背景下，怎么可能是一样的定价呢？”齐鸣表示。

（资料来源：李欣忆，星巴克在华定价全球最贵拿铁卖 27 元成本不足 5 元，新华网）

2. 区分需求定价法

又称差别定价法，是指在特定条件下，根据需求中的某些差异而使价格有差别的定价方法。

（1）以顾客为基础细分定价。如根据需求弹性、客户类型、购买用途、消费心理、购买习惯等。

（2）以产品样式为基础定价。如某厂生产的浴霸有普通型和豪华型。两种产品的成本不同，其售价也不同，消费者的需求也不同。

（3）以形象为基础定价。例如一家香水制造商可将香水装入一种瓶子，给予一定形象并命名，每盎司（1 盎司≈28 克）定价 10 美元；然后用一种花式瓶子装上这种香水，给以不同形象并命名，每盎司定价 30 美元。

（4）以地点为基础定价。因为同一种商品在不同地理位置的市场上存在着不同的需求强度，此时也应该定不同的价格。如影剧院、体育馆的门票价，酒店的客房价。

（5）以时间为基础定价。如平时的长途话费要高于周末。时间定价的一种特定形式是占位定位。旅馆和航空公司为了保证高占位，常采用这种定价方法。例如，游船为了保证满座，在开航前 2 天购票可以给予降价。又如电视台的广告收费、旅游淡旺季、娱乐场所节假日与平时的收费标准。

采用这种方式，应具备的条件为：市场可以细分，且不同的细分市场能反映出需求方面的差异；细分市场不会增加开支；采用差别定价不会导致消费者的误解。

案例 4-2-4

差别定价

差别定价最常见的莫过于酒店的定价模式，酒店的房间分为：单人间、标准间、商务间、套间、豪华套间、总统套房等等。房间根据面积的大小、物品配置、楼层、房间的朝向、装修等分成不同的价格。另外，酒店内的自助餐也是按时段分成了“三六九等”来定价，午餐价、晚餐价、双休日价。一些游乐场也是按照这种模式进行价格制定，单个项目 30-80 元、5 个项目套票 120 元、通票 398 元、通票加餐饮 498 元等等。

［资料来源：差异化定价丨给商品分成三六九等 - 知乎（zhihu. com）］

三、定价策略

定价策略是指制定或调整价格的对策或技巧。定价策略和定价方法密切相关，定价方法可用来确定产品的基本价格；定价策略是指根据营销的需要而对基本价格进行动态的调整，在基本价格的原则上运用价格手段来更有效地实现定价目标和营销目标。

（一）新产品定价策略

新产品上市时，缺乏价格的参照系，通常难以把握定价的准确性，这时市场的竞争者少，产品富有特色，企业定价的自主权较大；新产品正式投放市场前，企业应先通过一定的方式预测价格的大体水平，再制定预期价格。企业根据具体营销目标的不同，可有三种新产品定价策略。

1. 撇脂定价策略

也称速取策略或高额定价策略。撇脂定价策略，指产品定价比其成本高出许多，即高定价策略，当新产品刚刚上市，类似产品还没有出现之前，为在最短时间内获得最大利润，企业通常采取这一定价策略。其做法很像是从牛奶的表面撇取奶油，故又称“取脂法”。

撇脂定价法的适用条件是：

（1）消费者购买力强且对价格不敏感。

（2）高价带来的消费者数量的减少不会抵消高价所带来的利益。

（3）产品有特色，有专利，独家经营，无竞争者。

案例 4-2-5

苹果 ipad 成功运用撇脂定价策略

苹果 ipad 是近几年来最成功的消费类数码产品之一。第一款 ipad 的零售价高达 399 美元，即使对于美国人来说，也是属于高价位产品，但是有很多“苹果迷”既有钱又愿意花钱，所以纷纷购买；苹果公司认为还可以“撇到更多的脂”，于是不到半年又推出了一款容量更大的 ipad，定价 499 美元，其销量仍然很好。苹果的撇脂定价大获成功。

（资料来源：http：//www. docin. com/p-1729610313. html）

案例 4-2-6

雷诺公司“原子笔”的成功

1945 年圣诞节到来之前，为了欢度第二次世界大战后的第一个圣诞节，美国人急切希望能买到新颖别致的商品作为圣诞礼物。美国雷诺公司购买了阿根廷专利，推出了“原子笔”。当时这种笔的生产成本每支仅 0.5 美元，售价却达到 20 美元。首次销售时竟然出现了 5000 人争购的壮观场面，大量订单飞向雷诺公司。短短半年时间，雷诺公司生产原子笔所投入的 2.6 万美元，竟获得了近 15.6 万美元的丰厚利润。等到其他竞争对手进入市场时，雷诺公司将售价降为 0.7 美元。

（资料来源：http：//www. doc88. com/p-87187073974115. html）

2. 渗透定价策略

渗透定价与撇脂定价的做法正好相反，为了让消费者迅速地接受新产品，尽快地扩大产品销售量，占领更大的市场份额，企业则有意将产品价格定得很低。采用渗透定价策略不仅可以以最快速度占领市场，而且可以有效阻止其他企业进入这一产品生产领域。

案例 4-2-7

苹果 ipad 成功运用渗透定价策略

苹果 ipad 在采取撇脂定价法取得成功后，根据外部环境的变化，主动改变了定价方法。2004 年，苹果推出了一款大众化产品 ipad shuffle，价格降到 99 美元。之所以在这个时候推出大众化产品，一方面是因为市场容量已经很大，占据低端市场也能获得大量利润；另一方面是因为竞争对手也推出了类似产品，苹果急需推出低价产品来抗衡。苹果公司在产品线上形成了"高低搭配"的良好结构，改变了原来只有高端产品的格局。

苹果的 ipad 产品在几年内的价格变化是撇脂定价和渗透定价的交互运用的典范。

（资料来源：http：//www. docin. com/p-1729610313. html）

案例 4-2-8

小米手机的渗透定价

小米一经面世，就给广大用户树立了"高性能，低价格"的品牌印象，旗舰机型只卖 1999 元，小米 2A、MAX 等更是降到了 1699 元、1499 元，更不用提定位更低端的红米系列了。一方面，小米通过给自己的用户打上手机发烧友的标签来奠定用户基础；另一方面，小米有如此有竞争力的价格护航，故它迅速占领了市场。之后，它又凭借越发成熟的产研供系统，使手机生产与分销的单位成本随生产经验的积累而下降，可谓是渗透定价的完美执行者了。

（资料来源：https://wenku.baidu.com/view/28753749852458fb770b56ad.html）

3. 适宜定价策略

又称中间定价策略，是使新产品的价格介于上述两种方法确定的产品价格之间，即处于一种比较合理的水平上。这是介于"撇脂"与"渗透"之间的定价策略，是一种"随大流"的策略。

"中间定价"的最大优点是"稳"，通过对两种策略的调和和折中来避免前两者的明显缺点，但同时也在很大程度上将两种策略的优点抹杀。采用此策略时最应注意的问题是避免商品没有特色而打不开销路。

（二）折扣定价策略

企业为调动各方面积极性或鼓励顾客而做出的有利于企业的购买行为的常用策略。

1. 数量折扣

指按消费者购买数量的多少，企业分别给予不同的折扣。消费者购买数量愈多，企业给予的折扣愈大。其目的是鼓励消费者大量购买，或集中向本企业购买。数量折扣包括累计数量折扣和非累计数量折扣两种形式。

第一，累计数量折扣指的是规定消费者在一定时期内，购买本企业产品；若累计达到一定数量或金额，就可以获得相应的价格折扣。其目的是鼓励消费者经常购买本企业产品，成为可信赖的长期客户。

第二，非累计数量折扣是指消费者一次性购买本企业某种产品达到规定数量或购买本企业多种产品达到规定金额，则给予价格折扣优惠。其目的是鼓励消费者大批量购买本企业产品，促进产品多销、快销。

2. 季节折扣

季节折扣又称季节差价，是企业给那些购买季节性强的商品或服务的顾客的一种减价，使企业的生产和销售在一年四季保持相对稳定。企业利用这种折扣鼓励批发商、零售商提早进货或在淡季购买，从而使自己获得资金和维持稳定的生产。

3. 现金折扣

现金折扣是企业对在规定的时间内提前付款或用现金付款的消费者，所给予的一种价格折扣。其目的是鼓励消费者尽早付款，加速企业资金周转，降低产品销售费用，减少财务风险。采用现金折扣一般要考虑三个因素：折扣比例；给予折扣的时间限制；付清全部货款的期限。

在西方国家，典型的付款期限折扣表示为“3/20，Net 60”。其含义是在交易后 20 天内付款，消费者可以得到 3%的折扣；超过 20 天，在 60 天内付款不给予消费者折扣；超过 60 天付款，消费者要加付利息。

4. 业务折扣

业务折扣也叫功能折扣，指企业根据中间商的不同类型和不同分销渠道所提供的不同服务，以及给予的不同折扣。功能折扣的比例，主要考虑中间商在分销渠道中的地位、对生产企业产品销售的重要性、购买批量、完成的促销功能、承担的风险、服务水平、履行的商业责任以及产品在分销中所经历的层次和在市场上的最终售价等。功能折扣的结果是形成购销差价和批零差价。

（三）心理定价策略

心理定价策略，指企业针对消费者的心理活动及其变化来定价的方法与技巧，一般在零售企业中对最终消费者应用得比较多。

1. 尾数定价策略

也称“缺额原则”，它利用了消费者的求准心理。定价时不进位、留零头，不仅使消费者有价格较低廉的感觉，还能促使消费者认为有尾数的价格是经过认真的成本核算才产生的，从而使消费者对定价产生信任感。尾数定价策略适用于需求价格弹性大的中低档商品。

2. 整数定价策略

整数定价与尾数定价正好相反，它利用的是顾客的求真心理。定价时取整数、不要零头，企业有意将产品价格定为整数，以显示产品具有一定质量。整数定价多用于价格较贵的耐用品或礼品，以及消费者不太了解的产品；对于价格较贵的高档产品，顾客对其质量较为重视，往往把价格高低作为衡量产品质量的标准之一，容易产生“一分价钱一分货”的感觉，从而有利于销售。

另外，对于一些需求价格弹性不高的商品，也常采用整数定价，以方便结算。

3. 声望定价策略

声望定价策略是指针对消费者“便宜无好货、价高质必优”的心理，对在消费者心目中享有一定声望、具有较高信誉的产品制定高价。不少高级名牌产品和稀缺产品，如豪华轿车、高档手表、名牌时装、名人字画、珠宝古董等，在消费者心目中享有极高的声望价值。购买这些产品的人，往往不在意产品价格，他们最关心的是产品能否显示其身份和地位，且产品价格越高，其心理满足的程度也就越大。

4. 习惯定价策略

有些产品在长期的市场交换过程中已经形成了为消费者所适应的价格，成为习惯价格。企业对这类产品定价时要充分考虑消费者的习惯倾向，采用“习惯成自然”的定价策略。对消费者已经习惯了的价格，不宜轻易变动。降低价格会使消费者怀疑产品质量是否有问题。提高价格会使消费者产生不满情绪，导致购买的转移。在不得不需要提价时，应采取改换包装或品牌等措施，减少消费者的抵触心理，并引导他们逐步形成新的习惯价格。如啤酒、食用盐。

5. 招徕定价策略

利用消费者的求廉心理，特意将某几种产品的价格定得较低，或者利用节假日和换季时机举行大甩卖、限时抢购等活动，把部分商品打折出售，其目的是吸引顾客，促进全部产品的销售。

案例 4-2-9

日本药房的招徕定价策略

日本创意药房在将一瓶 200 元的补药以 80 元超低价出售时，每天都有大批人潮涌进店中抢购补药，按说如此下去肯定赔本，但财务账目显示出盈余逐月骤增，其原因就在于没有人来店里只买一种药。人们看到补药便宜，就会联想到其他药也一定便宜，从而促成了盲目的购买行动。

（资料来源：https：//wenku. baidu. com/view/bfca2fed6294dd88d0d26b25. html）

（四）产品组合定价策略

产品组合定价策略是指处理本企业各种产品之间价格关系的策略。它包括系列产品定价策略、互补产品定价策略和成套产品定价策略。这是对不同组合产品之间的关系和市场表现进行灵活定价的策略。一般是对相关商品按一定的综合毛利率联合定价，对于互替商品，适当提高畅销品价格，降低滞销品价格，以扩大后者的销售，使两者销售相互得益，增加企业总盈利。对于互补商品，有意识降低购买率低、需求价格弹性高的商品价格，同时提高购买率高而需求价格弹性低的商品价格，会在提高各种商品销售量的同时取得良好的效果。

1. 产品线定价策略

产品线定价策略是指企业就同一系列产品的不同规格、型号和质量，按照相近原则，把产品划分为若干个档次，不同档次制定不同价格的策略。

进行产品定价时，首先确定某种产品的最低价格，让它在产品线中充当领袖价格，以吸引消费者购买产品线中的其他产品；其次，确定产品线中某种产品的最高价格，让它在产品线中充当品牌质量和收回投资的角色；最后，对产品线中的其他产品也分别依据其在产品线中的角色而制定不同的价格。营销者的任务就是区分认知质量差别，使价格差别合理化。

2. 选择品定价策略

许多企业在提供主要产品的同时，还会提供与主产品密切相关，但又可独立使用的产品，如自行车的车篮、车锁，汽车用户可以订购的电子开窗控制器、扫雾器和减光器等。选择品定价策略主要有两种：第一，是将选择品的价格定得较高，使其成为企业盈利的一个来源；第二，是将选择品价格定得较低或免费提供，以吸引消费者购买。

案例 4-2-10

美国航空公司的定价策略

美国的一家小航空公司——“人民特快”航空公司为了赢得顾客，推出了乘机费用、机上用餐费用、托运行李费用互相分离的新招。这样，乘客在搭乘飞机时，若不用餐、不托运行李，花 99 美元就可以买到纽约到伦敦的来回票。这一策略使“人民特快”航空公司顾客盈门。这家公司成功的原因在于，在美国，很多人都是自费坐飞机，他们对飞机上“免费”供应的昂贵的餐饮并不感兴趣；同时，很多人都只有随身携带的小件行李，并无托运行李的必要。“人民特快”航空公司推出的这一新招正是迎合了这类乘客的需要，因而大受欢迎。

（资料来源：https：//max. book118. com/html/2018/0412/161267897. shtm）

3. 互补产品定价策略

如果一种产品的销售会促进另一种产品的销售，则这两种产品互为补充品。有些产品需要附属产品或补充产品，例如剃须刀片和胶卷。企业经常为主要产品（剃须刀和照相机）制定较低的价格，而为附属产品制定较高的价格。有两种情况可以使两种产品互为互补品。一种情况是，这两种产品一起使用可以让消费者感到更满意。如电影票和爆米花就是互补品。另一种情况是，如果一起购买某些产品非常方便，那么它们也会成为互补品。例如，有些消费者为了节省时间，喜欢在一个商店购买很多东西，比如说旅游用品商店。

消费者可能还会在其他地方找到一部分比这里更便宜的产品，但由于方便性，会在这家店里购买全部产品，或者购买同一厂家的其他产品。

4. 两段定价策略

在服务业中，两段定价策略是经常采用的方法，即企业先收取一定的固定费用，在此基础上再加收一定的可变使用费用。例如，电信企业在手机的收费中一般先收取一定的固定月租费，再在此基础上按实际通话时间收取话费。大型游乐场也先收取门票费用，再在游乐场内各具体游乐项目上再分别收取不同的票价。一般来说，固定定价应较低，以推动消费者购买服务，利润可以从使用费中获取。

5. 副产品定价策略

在生产加工肉类、石油产品和其他化工产品的过程中，经常有副产品。如果副产品价值很低，处理费用昂贵，就会影响到主要产品的定价。企业确定的主要产品价格必须能够弥补副产品的处理费用。如果副产品对某一消费者有价值、能带来收入，则主要产品的价格在必要的时候可定得低一些，以提高企业产品的竞争力。

6. 捆绑定价策略

捆绑定价策略是指将数种产品组合在一起以低于分别销售时支付总额的价格销售的策略。例如，企业可以将护肤品组合在一起来销售。

（五）地理定价策略

1. 产地交货价格策略

产地交货价格策略是指卖方按出厂价格交货或将货物送到买方指定的某种运输工具上交货的价格策略。在国际贸易术语中，这种价格称为离岸价格或船上交货价格。交货后的产品所有权归买方所有，运输过程中的一切费用和保险费均由买方承担。产地交货价格策略对卖方来说较为便利，费用最省，风险最小，但对扩大销售有一定影响。

2. 目的地交货价格策略

目的地交货价格策略，是指由卖方承担从产地到目的地的运费及保险费的价格。在国际贸易术语中，这种价格称为到岸价格或成本加运费和保险费价格。还可分为目的地船上交货价格、目的地码头交货价格以及买方指定地点交货价格。目的地交货价格由出厂价格、产地至目的地的手续费、运费和保险费等构成，虽然手续较烦琐，卖方承担的费用和风险较大，但有利于扩大产品销售。

3. 统一交货价格策略

统一交货价格策略，也称送货制价格策略，即卖方将产品送到买方所在地，不分路途远近，统一制定同样的价格策略。这种价格类似于到岸价格，其运费按平均运输成本核算，这样不仅可减轻较远地区顾客的价格负担，使买方认为运送产品是一项免费的附加服务，从而乐于购买，还有利于扩大市场占有率。同时，能使企业维持一个全国性的广告价格，易于管理。该策略适用于体积小、质量轻、运费低或运费占成本比例较小的产品。

4. 分区运送价格策略

分区运送价格策略，也称区域价格策略，指卖方根据顾客所在地区距离的远近，将产品覆盖的整个市场分成若干个区域，在每个区域内实行统一价格的策略。这种价格介于产地交货价格和统一交货价格之间。实行这种办法时，处于同一价格区域内的顾客就得不到来自卖方的价格优惠，而处于两个价格区域交界地的顾客之间就得承受不同的价格负担。

5. 运费津贴价格策略

运费津贴价格策略，是指为弥补产地交货价格策略的不足，减轻买方的运杂费、保险费等负担，由卖方补贴其部分或全部运费的策略。该策略有利于减轻边远地区顾客的运费负担，使企业保持市场占有率，并不断开拓新市场。

四、价格调整

（一）价格调整方式

企业制定的价格并非一成不变的，而是在某些条件下会做出适当的调整。价格调整的方式和原因如下所示。

1. 降低价格

对企业来说，降低价格往往是迫于无奈；但在以下情况下，则必须考虑降价。

（1）产品供过于求，生产能力过剩。

（2）市场竞争激烈，产品市场占有率下降。

（3）生产成本下降，为挤占竞争对手市场。

（4）企业通过降价来开拓新市场。

（5）企业转产，对老产品进行清仓处理。在新产品上市前，及时清理积压存货。

（6）政治、法律环境及经济形势的变化，迫使企业降价。

2. 提高价格

提高价格常会引起消费者和中间商的不满，从而拒绝或减少购买和进货。一般仅在某些特殊情况下采用此策略，具体为：

（1）通货膨胀或原材料等的价格上涨，引起企业成本增加。

（2）为应付产品成本的增加，降低成本压力。

（3）为了适应通货膨胀，减少企业损失。

（4）产品供不应求，遏制过度消费。

（5）利用顾客心理，创造优质效应。

为了保证提价策略的顺利实现，提价时机可选择在以下几种情况下：

（1）产品在市场上处于优势地位；

（2）产品进入成长期；

（3）季节性商品达到销售旺季；

（4）竞争对手产品提价。

此外，在方式选择上，企业应尽可能多采用间接提价方式，把提价的不利因素降到最低程度，使提价不影响销量和利润，而且能被潜在消费者普遍接受。同时，企业提价时应采取各种渠道向顾客说明提价的原因，配之以产品策略和促销策略，并帮助顾客寻找节约途径，以减少顾客的不满，维护企业形象，提高消费者信心，从而刺激消费者的需求和购买行为。

（二）价格变动反应

1. 消费者对价格变动的反应

不同市场的消费者对价格变动的反应是不同的，即使处于同一市场的消费者，其对价格变动的反应也可能不同。

（1）一定范围内的价格变动是可以被消费者接受的；提价幅度超过可接受价格的上限，则会引起消费者的不满，使之产生抵触情绪而不愿购买该企业产品；降价幅度低于下限，则会导致消费者产生种种疑虑，对实际购买行为产生抑制作用。

（2）在产品知名度因广告而提高、消费者收入增加、市场通货膨胀等条件下，消费者可接受价格上限会提高；在消费者对产品质量有明确认识、消费者收入减少、市场价格连续下跌等条件下，消费者可接受价格下限则会降低。

（3）消费者对某种产品削价的可能反应是：产品将马上因式样陈旧、质量低劣而被淘汰；企业遇到财务困难，很快将会停产或转产；价格还要进一步下降；产品成本降低了。而对于某种产品的提价，则可能这样理解：很多人购买这种产品，我也应赶快购买，以免价格继续上涨；提价意味着产品质量的改进；企业将高价作为一种策略，以树立名牌形象；卖主想尽量取得更多利润；各种商品价格都在上涨，提价很正常。

2. 竞争者对价格变动的反应

虽然透彻地了解竞争者对价格变动的反应几乎不可能，但为了保证调价策略的成功，主动调价的企业则必须考虑竞争者的价格反应。没有估计竞争者反应的调价，往往难以成功，至少是不会取得预期效果。

在实践中，为了减少因无法确切知晓竞争者对价格变化的反应而带来的风险，企业在主动调价之前必须明确以下问题：

第一，本行业产品有何特点？本企业在行业中处于何种地位？

第二，本企业的主要竞争者是谁？竞争对手会怎样理解我方的价格调整？

第三，针对本企业的价格调整，竞争者会采取什么对策？这些对策是价格性的还是非价格性的？它们是否会联合做出反应？

第四，针对竞争者可能的反应，企业的对策又是什么？企业有无可行的应对方案？

在细致分析的基础上，企业方可确定价格调整的幅度和时机。

案例 4-2-11

宝洁公司的洗发水市场定价

1998 年宝洁公司的销售在进入中国市场 10 年来一反常态地出现了倒退，且幅度惊人。随后两年里，颓势继续。在对宝洁最具有战略意义的洗发水市场，宝洁的市场占有率从 60%跌到 40%。其竞争对手的队伍在扩大，除了联合利华之外，还多了一批中国本土日化企业，其中最强劲的竞争对手是武汉的丝宝集团。

2000 年，在宝洁系列的洗发水品牌市场份额中，飘柔、海飞丝和潘婷品牌均下降了

3个百分点，舒蕾牌洗发水却在此时脱颖而出，市场份额比上一年增长了一倍，并超过了宝洁当年力推的“沙宣”系列。在洗衣粉、沐浴露等其他日化产品中，宝洁更是遭遇到了严重的打击，中国一些本土品牌在整个市场份额上已占据了绝对优势。

为了冲出重围，宝洁欲以低价挽回自己所丢失的领地，更重要的是打压本土日化企业。2003年11月中旬，宝洁推出零售价仅9.9元的200 mL瓶装飘柔洗发水，而同样包装的飘柔的正常价格则是13.5元。在此之前，宝洁在2003年已发动了多轮降价战——汰渍、舒肤佳、玉兰油等品牌纷纷加入降价阵营，且幅度均达20%以上。

与此时宝洁抢占低端市场做法相反的是，以价格战擅长的本土日化企业却开始向中高端转型，积极塑造品牌形象，提高产品美誉度。

（资料来源：http://www.docin.com/p-495514756.html）

（三）价格调整策略

1. 保持相对稳定

指在一定时期内，企业对产品价格不做大的变动，保持稳定。对于与人们生活关系密切的日常生活必需品，价格应保持相对稳定，不宜多变和大变。

2. 小幅度调整

指随着企业内外部环境的变化，对产品价格做小幅度的变动。大多数产品由于生产成本、供求状况的变化，价格也常需调整。这是市场经济的客观要求和必然反应。企业应善于收集信息，适时地对价格进行微调。

3. 大幅度调整

为了战胜或应付竞争对手，在特殊情况下，有时需要大幅度调整价格。但企业在应用这种策略时须特别慎重。尤其是大幅度降价，往往会成为价格战的导火索，要尽量避免由此造成的于己于人都不利的后果。大幅度提价也会使企业失去一部分顾客而导致销售量下降。

案例 4-2-12

价格欺诈陷阱

欺诈陷阱一：虚假价格

某眼镜店将一款眼镜架、镜片分别标示为850元、1050元，在此基础上打折促销。实际镜架和镜片的成本价格分别为150元、95元。经营者将价格标得奇高，再打折促销，利用大幅优惠价格吸引顾客，属虚假价格行为。

欺诈陷阱二：虚假降价

品牌衬衫降价销售，其经营者在店内显著位置标出价格1500元，现打五折，以大幅折扣来吸引消费者购买。其在降价前是以650元销售，促销时打五折的价格还要高于降价前的零售价格，以此诱导消费者购买，属虚假打折行为。

欺诈陷阱三：模糊赠售

指经营者采取价外馈赠方式销售商品和提供服务时，不如实标示馈赠物品的品名、数量或者馈赠物品为假劣商品。

欺诈陷阱四：隐蔽价格附加条件

消费者购买电器时，商家告知免费送货上门，而当其送货到家安装后，强行收取 XX 元安装费等。

欺诈陷阱五：不履行价格承诺

某公司称连续订 3 个月的酸牛奶可获得 XX 元价格优惠，同时赠 XX 盒酸奶。在用户连续订购 3 个月后，该公司却没有兑现赠送酸奶的承诺。

欺诈陷阱六：诱导消费价格

商场在销售商品时宣传“全场满 100 减 50 元”。其服装单款价格都是 99 元、199 元、299 元等，其单款 99 元就不能享受满 100 减 50 元的折扣；199 元商品只能享受一次满减折扣，同时参加满减活动的柜台限制在某些柜台。

欺诈陷阱七：低价承诺高价卖

某渔村为就餐者提供某些鱼类价格时，口头报为 68 元每斤，而其在结账时却按菜谱标示的价格 198 元每斤结算，属于低价承诺高价结算的欺诈行为。

（资料来源：黑龙江晨报，2012-05-08，主编范思齐，有改动）

任务三　渠道策略

任务目标

【知识目标】了解分销渠道的模式；了解分销渠道的类型；掌握设计与管理分销渠道的方法；熟悉中间商的类型。

【能力目标】能够设计与管理分销渠道；能够区别批发与零售。

【核心能力】能够为产品制定分销渠道方案。

引导案例

让总统帮你做推销

有一位出版商，手上有一种滞销书，积压了好长时间也无法脱手。愁苦之际，他突然想到应该找一位大人物来帮他。

于是，他给总统送去了一本，并三番五次地去征求总统的意见。总统日理万机，根本没有时间去看他的书，于是礼节性地说：“这本书不错。”出版商大做广告：现在有总统喜欢的书出售。果然，不出几天，那本滞销书便被抢购一空。

后来，出版商又有一种书滞销。他就又给总统送去了一本。总统不愿再上当，没好气地说："这本书糟糕透了。"谁知，没过多久，这本书还是脱销了。原来，这次的广告语变成了——现在有让总统讨厌的书出售。

当这位出版商第三次有书积压在手中时，他还是想到了总统。总统拿到书后，接受教训，任凭出版商再三征求意见，他就是不做任何回答。出版商却大做广告："现有令总统难以下结论的书，欲购从速。"书居然又被一抢而空。

总统哭笑不得，商人大发其财。

（资料来源：蒲冰，市场营销实务，四川大学出版社，2016. 07）

一、分销渠道概述

（一）分销渠道概念

分销渠道，也称为分配渠道，是指产品从生产者向消费者或用户转移过程中所经过的一切取得所有权（或协助所有权转移）的商业组织和个人，即将产品所有权转移过程中所经过的各个环节连接起来形成的通道。

分销渠道主要包括商业中间商（他们取得所有权）和代理中间商（他们帮助转移所有权）。

分销渠道具有以下三个特征：

第一，分销渠道的起点是生产者，终点是个人消费者或用户。

第二，分销渠道是一组路线，其参与者是由商品流通过程中各种类型的中间商，在肯定了生产者是分销渠道的起点这个前提下组成的。商品在转移过程中是"五流合一"（商流、物流、货币流、信息流和促销流）的过程。制造商、中间商、顾客是分销渠道的主要成员，这是"五流"聚焦所在。物流企业、银行、广告代理商等也是分销网络不可缺少的成员，没有他们的参与，"五流"不可能顺利展开。

- 商流：产品从生产领域向消费领域转移过程的一系列买卖交易活动。产品的所有权从一个渠道成员向另一个渠道成员转移。例如，在汽车的分销中，汽车的所有权从制造商转到代理商再到顾客。
- 物流：产品转移过程中的一系列产品实体运动，包括原材料采购供应，生产各工序间的运输，产品的分类、包装、运输、保管等。
- 货币流：产品转移过程中的货币运动。货币如何支付，与商流的方向相反，一般要以银行或其他金融结构作为中介。
- 信息流：产品转移过程中所发生的信息收集、传递和处理活动。信息流的运转是双向的。
- 促销流：产品转移过程中，企业通过各类传媒进行的一切促销努力。

第三，在分销渠道中生产者向消费者或用户转移产品或劳务，应以商品所有权的转移为前提（见图 4-3-1）。

（二）分销渠道的作用

制造商通过分销渠道将商品转移到消费者手里，在这个过程中，它最重要的工作是缩

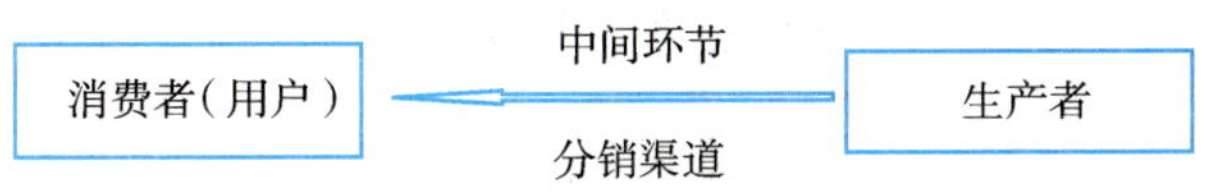

图 4-3-1 分销渠道示意图

小生产商的产品与消费者或最终用户之间在时间和空间上的距离。因此，分销渠道的成员发挥了重要作用（见表 4-3-1）。

表 4-3-1 分销渠道的作用

渠道的作用	渠道的作业
信息收集与传播	收集和传播有关潜在顾客、现行顾客、竞争对手和其他参与者的营销调研信息
实体占有与转移	从制造商到最终顾客的连续的储运工作与转移工作
所有权转移	产品物权通过渠道成员从制造商最终转移到消费者
分担风险	渠道成员分担各种经营风险
付款（回款）	通过银行和其他金融机构向生产者承付销售账款
订货	渠道成员向制造商进行有购买意图的反向沟通行为
促销	通过渠道成员传播有关产品的富有说服力的沟通材料，吸引更多的顾客购买
谈判	相互协商以达成有关产品的价格和其他条件的最终协议
融资	渠道成员间通过汇集和分散资金，以负担渠道工作所需费用
服务	售前、售中、售后服务及管理咨询服务

（三）分销渠道的基本模式

1. 消费品分销渠道模式

消费品市场产品分销渠道，概括起来有以下五种模式（见图 4-3-2）。

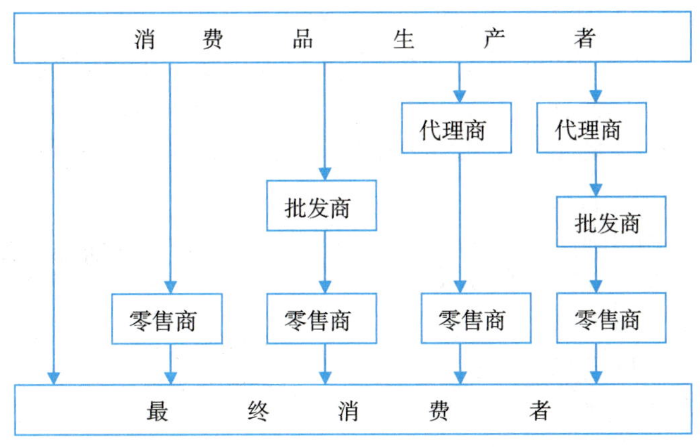

图 4-3-2 消费品分销渠道模式

零级渠道：生产者→消费者

一级渠道：生产者→零售商→消费者

二级渠道：生产者→批发商→零售商→消费者

二级渠道：生产者→代理商→零售商→消费者

三级渠道：生产者→代理商→批发商→零售商→消费者

2. 生产资料分销渠道模式

生产资料商品分销渠道要求环节尽量少，渠道尽量短，主要可以有以下四种（见图4-3-3）。

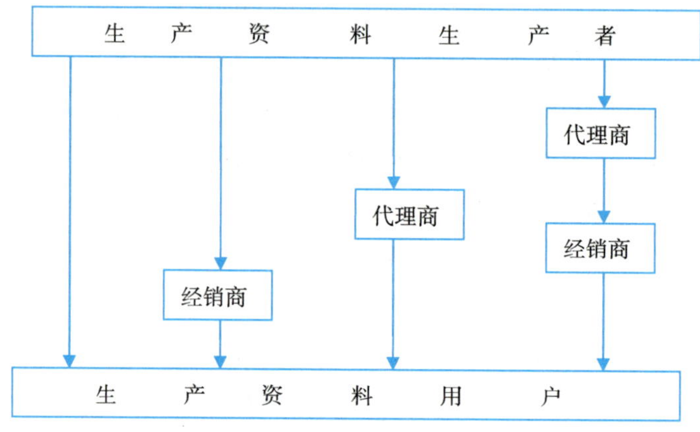

图 4-3-3 生产资料分销渠道模式

零级渠道：生产者→生产资料用户

一级渠道：生产者→生产资料经销商→生产资料用户

一级渠道：生产者→代理商→生产资料用户

二级渠道：生产者→代理商→生产资料经销商→生产资料用户

从图 4-3-2 和图 4-3-3 可以看出，分销渠道的模式有以下几种：

（1）零级渠道，即产品由制造商直接到消费者的过程中不经过任何中间商转手的分销渠道。直接渠道多用于分销产业用品，因为许多产业用品要按照用户的特殊需要制造，有较高的技术要求；制造商要派遣专家去指导用户安装、操作、维护设备；另外，产业用品的用户数目少，某些行业的工厂往往集中在某一地区，这些产业用品的单价高，用户购买批量大。

（2）一级渠道，即由制造商通过零售商到消费者。一个渠道系统中只包括一级销售中间机构。在消费品市场，这个中间机构通常是零售商；而在生产资料市场，它通常是销售代理商或佣金商。

（3）二级渠道，即制造商—批发商—零售商—消费者，多见于消费品分销；或者是制造商—代理商—零售商—消费者，多见于生产资料分销。

一个渠道系统中包括两级中间机构。在消费品市场上，通常是批发商和零售商；在工业品市场上，它们可能是工业品批发商和销售代理。

（4）三级渠道，即制造商—代理商—批发商—零售商—消费者。一个渠道系统中包括三级中间机构。例如，在批发商和零售商之间通常还有中间商或专业批发商，服务于一些小型零售商，而这些小型零售商一般不是大型批发商的服务对象，如肉类食品及包装类产品。

当然，还有层次环节更多的渠道模式，但不多见。因为环节越多，越难以管理，并会产生流通费用和产品售价过高、信息传递不灵通等不良后果。

（四）分销渠道的类型

分销渠道可以按照不同的依据分为若干种类型，按是否使用中间商，分为直接渠道与间接渠道；按使用中间商环节的多少，可分为长渠道与短渠道；按各环节使用同种类型中间商数目的多少，可以分为宽渠道和窄渠道。

1. 直接渠道和间接渠道

（1）直接渠道。是指生产者将产品直接供应给消费者或用户，没有中间商介入。直接渠道的形式是：生产者—用户。直接渠道是工业品分销的主要类型，例如大型设备、专用工具及技术复杂等需要提供专门服务的产品；消费品中有部分也采用直接渠道，诸如鲜活商品等。直接渠道是工业品分销的主要类型，约80%以上的工业品及20%左右的消费品采用直接渠道。

企业直接分销的方式比较多，但概括起来有如下几种：

①订购分销。它是指生产企业与用户先签订购销合同或协议，在规定时间内按合同条款供应商品，交付款项。一般来说，主动接洽方多数是销售生产方（如生产厂家派员推销），也有一些走俏产品或紧俏原材料、备件等由用户上门求货。

②自开门市部销售。它是指生产企业通常将门市部设立在生产区外、用户较集中的地方或商业区。也有一些邻近于用户或商业区的生产企业将门市部设立于厂前。

③联营分销。如工商企业之间、生产企业之间联合起来进行销售。

另外，直销的方式还有邮购、电子通信营销、电视直销等。

直接渠道的优点为：

①有利于产、需双方沟通信息，可以按需生产，更好地满足目标顾客的需要。由于是面对面的销售，用户可更好地掌握商品的性能、特点和使用方法；生产者能直接了解用户的需求、购买特点及其变化趋势，进而了解竞争对手的优势和劣势及其营销环境的变化，为按需生产创造了条件。

②可以降低产品在流通过程中的损耗。由于去掉了商品流转的中间环节，减少了销售损失，有时也能加快商品的流转。

③可以使购销双方在营销上相对稳定。一般来说，用直销渠道进行商品交换时，都签订了合同，数量、时间、价格、质量、服务等都按合同规定履行，购销双方的关系以法律的形式于一定时期内固定下来，使双方把精力用于其他方面的战略性谋划。

④可以在销售过程中直接进行促销。企业直接分销，实际上又往往是直接促销的活动。例如，企业派员直销，不仅促进了用户订货，同时也扩大了企业和产品在市场中的影响，促进了新用户的订货。

直接渠道的缺点是：

①在产品和目标顾客方面：对于绝大多数生活资料商品，其购买具有小型化、多样化和重复性特点。生产者若凭自己的力量去广设销售网点，往往力不从心，甚至事与愿违，很难使产品在短期内实现广泛分销以及迅速占领或巩固市场，企业目标顾客的需要得不到及时满足，势必转移方向购买其他厂家的产品，这就意味着企业失去目标顾客和市场占有率。

②在商业协作伙伴方面：商业企业在销售方面比生产企业的经验丰富，这些中间商最了解顾客的需求和购买习惯，在商业流转中起着不可缺少的桥梁作用。而生产企业自销产品，就拆除了这一桥梁，势必得自己去进行市场调查，这不仅包揽了中间商所承担的人、财、物等费用，还加重了生产者的工作负荷，分散了生产者的精力。更重要的是，生产者将失去中间商在销售方面的协作，给产品价值的实现增加了新的困难，目标顾客的需求难以得到及时满足。

③在生产者与生产者之间：当生产者仅以直接分销渠道销售商品，致使目标顾客的需求得不到及时满足时，同行生产者就可能趁机进入目标市场，夺走目标顾客和商品协作伙伴。在生产性团体市场中，企业的目标顾客常常是购买本企业产品的生产性用户，他们又往往是本企业的专业化协作伙伴。所以，失去目标顾客，又意味着失去了协作伙伴。当生产者之间在科学技术和管理经验上的交流受到阻碍以后，将使本企业在专业化协作中更加艰难，这又影响着本企业的产品实现市场份额和商业协作，从而产生一种不良循环。

案例 4-3-1

直销与传销

直销，按世界直销联盟的定义，指以面对面且非定点的方式销售商品和服务。直销者绕过传统批发商或零售通路，直接从顾客处接收订单。

不同的公司，这些直接销售人员被称为销售商、销售代表、顾问等，他们主要通过上门展示产品、开办活动或者是一对一销售的方式来推销产品。

直销模式有两大类。

第一类：狭义直销。即产品生产商、制造商、进口商通过直销商（兼消费者）以面对面的方式将产品销售给消费者，含单层次直销和多层次直销。单层次直销是直销商（兼消费者）将公司产品或服务销售给消费者，根据其销售业绩向公司领取奖金的销售模式；多层次直销是根据公司的奖励制度，直销商（兼消费者）除了将公司的产品或服务销售给消费者之外，还可以吸收、辅导、培训消费者以使其成为他的下线直销商，他则成为上线直销商，上线直销商可以根据下线直销商的人数、代数、业绩晋升来获得不同比例的奖金。

第二类：直复营销。即产品生产商、制造商、进口商通过媒体（邮寄 DM、电视购物频道、互联网）将产品或者资讯传递给消费者。直复营销中的“直”，是指不通过分销商而直接销售给消费者，“复”字是指企业与顾客之间的交互，顾客对企业营销努力有一个明确的回复（买与不买），企业可统计到明确的回复数据，由此对以往的营销效果做出评价。

“传销”是指组织者或者经营者发展人员，通过对被发展人员以其直接或者间接发展的人员数量或者销售业绩为依据计算和给付报酬，或者要求被发展人员以缴纳一定费用为条件取得加入资格等方式牟取非法利益，扰乱经济秩序，影响社会稳定的行为。

直销和传销的具体区别如下：

推销的商品不同，传销的产品大多是没有品牌、质次价高的商品，而直销的商品大都为一些著名的品牌，在国内外有一定的认知度。

推销员加入的方式不同。传销要求推销员加入时，上线要收取下线的商品押金，一般以购物或资金形式收取“入门费”。

营销管理方式不同。传销管理很混乱，上线推销员是通过欺骗下线推销员来获得自己的利益。采用“复式计酬”方式，即销售报酬并非仅仅来自商品利润本身，而是按发展传销人员的“人头”计算提成。而直销的管理比较严格，推销员不直接跟商品和钱接触，自己的业绩由公司来考核，由公司进行分配。

根本目的不同。传销的根本目的是无限期地发展下线，千方百计通过扩大下线来赚钱，而直销最终面对的终端用户是客户，由客户来进行商品交易。

（资料来源：http：//blog. sina. com. cn/s/blog_ 5e32e66f0102ysxg. html）

（2）间接渠道。是指生产者利用中间商将商品供应给消费者或用户，中间商介入交换活动。现阶段，我国消费品需求总量和市场潜力很大，且多数商品的市场正逐渐由卖方市场向买方市场转化。如何利用间接渠道使自己的产品广泛分销，已成为现代企业进行市场营销时所研究的重要问题之一。

间接渠道的优点为：

①有助于产品广泛分销。中间商在商品流转的始点同生产者相连，在其终点与消费者相连，从而有利于调节生产与消费在品种、数量、时间与空间等方面的矛盾。它既有利于满足生产厂家目标顾客的需求，也有利于生产企业产品价值的实现，更能使产品广泛地分销，巩固已有的目标市场，扩大新的市场。

②缓解生产者人、财、物等力量的不足。中间商购买了生产者的产品并交付了款项，就使生产者提前实现了产品的价值，开始新的资金循环和生产过程。此外，中间商还承担销售过程中的仓储、运输等费用，也承担着其他方面的人力和物力，这就弥补了生产者在营销方面的不足。

③间接促销。消费者往往是在货比数家后才购买产品，而某一中间商通常会经销多个厂家的产品，中间商对同类产品的不同介绍和宣传，对产品的销售影响甚大。此外，实力较强的中间商还能支付一定的广告宣传费用，具有一定的售后服务能力。所以，生产者若能与中间商取得良好协作，就可以促进产品的销售，并从中间商那里及时获取市场信息。

④有利于企业之间的专业化协作。现代机器大工业生产的日益社会化和科学技术的突飞猛进，使专业化分工日益精细，企业只有广泛地进行专业化协作，才能更好地迎接新技术、新材料的挑战，才能经受住市场的严峻考验，才能大批量、高效率地进行生产。中间商是专业化协作发展的产物。生产者产销合一，既难以有效地组织商品的流通，又使生产精力分散。有了中间商的协作，生产者可以从烦琐的销售业务中解脱出来，集中力量进行

生产，专心致志地从事技术研究和技术革新，促进生产企业之间的专业化协作，以提高生产经营的效率。

间接分销渠道的缺点：

①可能形成“需求滞后差”。中间商购买了产品，并不意味着产品就从中间商手中销售出去了，也有可能会销售受阻。对于某一生产者而言，一旦多数中间商的销售受阻，就形成了“需求滞后差”，即需求在时间或空间上滞后于供给。但生产规模既定，生产难以剧减。当需求继续减少，就会导致产品的供给更加大于需求。若多数商品出现类似情况，便会造成所谓的市场疲软现象。

②可能加重消费者的负担，导致抵触情绪。流通环节会增大储存或运输中的商品损耗，如果都转嫁到价格中，就会增加消费者的负担。此外，中间商服务工作欠佳，可能导致顾客对商品有抵触情绪，甚至引起购买的转移。

③不便于直接沟通信息。如果与中间商协作不好，生产企业就难以从中间商的销售中了解和掌握消费者对产品的意见、竞争者产品的情况、企业与竞争对手的优势和劣势、目标市场状况的变化趋势等。在当今风云变幻、信息爆炸的市场中，若企业信息不灵，则其生产经营必然会迷失方向，难以保持较高的营销效益。

2. 长渠道和短渠道

长渠道是指生产者在产品销售过程中利用两个或两个以上的中间商分销商品。长渠道的优点是渠道长、分布密、触角多，能有效地覆盖市场，扩大商品的销售，能充分利用中间商的职能作用，其市场风险小。长渠道的缺点是，会使生产者市场信息迟滞；生产者、中间商、消费者之间关系复杂，难以协调；另外，其商品价格一般较高，不利于市场竞争。

短渠道是指生产者仅利用一个中间商或自己销售产品。短渠道类型主要有两种。短渠道能减少流通环节，流通时间短，费用省，产品最终价格较低，能增强市场竞争力；信息传播和反馈速度快；由于环节少，生产者和中间商较易建立直接的、密切的合作关系。但短渠道迫使生产者承担更多的商业职能，不利于集中精力搞好生产。

3. 宽渠道与窄渠道

渠道宽窄取决于渠道的每个环节中使用同类型中间商数目的多少。企业使用的同类中间商多，产品在市场上的分销面广，称为宽渠道。如一般的日用消费品（毛巾、牙刷、开水瓶等），由多家批发商经销，又转卖给更多的零售商，能大量接触消费者，大批量地销售产品。企业使用的同类中间商少，分销渠道窄，称为窄渠道，它一般适用于专业性强的产品，或贵重耐用的消费品，由一家中间商统包，几家经销。它使生产企业容易控制分销，但市场分销面受到限制。

4. 单渠道和多渠道

当企业全部产品都由自己直接所设的门市部销售，或全部交给批发商经销时，称之为单渠道。多渠道时，则可能在本地区采用直接渠道，在外地采用间接渠道；在有些地区独家经销，在另一些地区多家分销；对消费品市场用长渠道，对生产资料市场采用短渠道等。

二、分销渠道设计与管理

（一）影响分销渠道决策的因素

企业进行渠道设计的中心环节是为了确定将产品送达消费者的最佳途径，没有任何一种渠道可以适应所有的企业、所有的产品，有时甚至是同一种产品也不得不采用迥然不同的分销渠道。因此，企业在进行渠道设计时必须要充分考虑影响渠道设计的主要因素。

影响分销渠道设计的因素很多，其中主要因素有以下几种。

1. 市场因素

市场是分销渠道设计时最重要的影响因素之一。影响渠道市场特征的主要因素如下：

（1）市场类型

不同类型的市场，要求不同的渠道与之相适应。例如，生产消费品的最终消费者购买行为与生产资料用户的购买行为不同，所以就需要有不同的分销渠道。

（2）市场规模

一个产品的潜在顾客比较少，企业可以自己派销售人员进行推销；如果市场面大，分销渠道就应该长些、宽些。

（3）顾客集中度

在顾客数量一定的条件下，如果顾客集中在某一地区，则可由企业派人直接销售；如果顾客比较分散，则必须通过中间商将产品转移到顾客手中。

（4）用户购买习惯

如果用户每次购买的数量大，购买频率低，可采用直接分销渠道；如果用户每次购买数量小、购买频率高时，则宜采用长而宽的渠道。一家食品生产企业可以向一家大型超市提供直接销售，因为其订购数量庞大。但是，同样的这家企业，它会通过批发商向小型食品店供货，因为这些小商店的订购量太小，不宜采取过短的渠道。

（5）竞争者的分销渠道

在选择分销渠道时，一般来说，应该尽量避免和竞争者使用相同的分销渠道。如果自己的产品比竞争者有优势，可选择同样的渠道，以便让顾客进行产品价格、质量等方面的比较；反之，则应尽量避开竞争者常用的渠道。

2. 产品因素

产品的特性不同，对分销渠道的要求也不同。

（1）价格高低

一般而言，商品单价越低，分销渠道一般宽又长，以追求规模效益，如香皂、牙膏等。反之，单价越高，路线越短，渠道越窄，如贵重商品。

（2）体积与质量

体积庞大、质量较大的产品，如建材、水泥、大型机器设备等，要求采取运输路线最短、搬运过程中搬运次数最少的渠道，这样可以节省物流费用。

（3）变异性

易腐烂、保质期短的产品，如新鲜蔬菜、水果、肉类等，一般要求较直接的分销方式，因为时间拖延和重复搬运会造成巨大损失。同样，对式样、款式变化快的时尚商品，也应采取短而宽的渠道，以避免不必要的损失。

（4）标准化程度

产品的标准化程度越高，采用中间商的可能性越大。例如，毛巾、洗衣粉等日用品，以及标准工具等，单价低、毛利低，往往通过批发商转手。而对于一些技术性较强或是一些定制产品，企业要根据顾客要求进行生产，一般由生产者自己派员直接销售。

（5）技术性

产品的技术含量越高，渠道就越短，常常是直接向工业用户销售，因为技术性产品，一般需要提供各种售前售后服务。消费品市场上，技术性产品的分销是一个难题，因为生产者不可能直接面对众多的消费者，生产者通常直接向零售商推销，通过零售商提供各种技术服务。

3. 企业自身因素

企业自身因素是分销渠道选择和设计的根本立足点。

（1）企业的规模、实力和声誉

企业规模大、实力强，往往有能力提供部分商业职能，如仓储、运输、设立销售机构等，有条件采取短渠道。而规模小、实力弱的企业，则无力销售自己的产品，只能采用长渠道。声誉好的企业，希望为之推销产品的中间商就多，生产者容易找到理想的中间商进行合作；反之则不然。

（2）企业的营销管理能力和经验

管理能力和经验较强的企业往往可以选择较短的渠道，甚至直销；而管理能力和经验较差的企业一般将产品的分销工作交给中间商去完成，自己则专心于产品的生产。

（3）对分销渠道的控制能力

生产者为了实现其战略目标，往往要求对分销渠道实行不同程度的控制。如果这种愿望强，就会采取短渠道；反之，渠道可适当长些。

4. 环境因素

影响分销渠道设计的环境因素既多又复杂。如科学技术发展可为某些产品创造新的分销渠道；食品保鲜技术的发展，使水果、蔬菜等的销售渠道有可能从短渠道变为长渠道。又如经济萧条时迫使企业缩短渠道。

5. 法律和政府政策

指与分销渠道有关的各种法规、执法机构及社会团体的活动。在我国，与渠道有关的法律有《中华人民共和国反不正当竞争法》《中华人民共和国价格法》《中华人民共和国产品质量法》。

6. 中间商因素

（1）中间商的能力和服务

不同类型的中间商在执行分销任务时各自有其优势和劣势，分销渠道设计应充分考虑不同中间商的特征。一些技术性较强的产品，一般要选择具备相应技术能力或设备的中间商进行销售。有些产品需要一定的储备（如冷藏产品、季节性产品等），就需要寻找拥有相应储备能力的中间商进行经营。零售商的实力较强，经营规模较大，企业就可直接通过零售商经销产品；零售商实力较弱，规模较小，企业只能通过批发商进行分销。

（2）成本

中间商成本包括由中间商的服务效率所决定的经营成本，以及与中间商合作的谈判、矛盾协调等的交易成本。如果中间商成本过高，将影响渠道选择。

（二）分销渠道设计

渠道设计的中心环节是确定达到目标市场的最佳途径。渠道目标应表述为企业预期达到的顾客服务水平（何时、何处、如何对目标顾客提供产品和实现服务）以及中间商应执行的职能。无论是创建渠道，还是对原有渠道进行变更，设计者都必须将企业的渠道设计目标明确地列示出来（表 4-3-2）。

表 4-3-2　渠道设计的九项目标

目标	操作说明
顺畅	最基本的功能之一，直销或短渠道较为合适
增大流量	追求铺货率，广泛布局，多路并进
便利	应最大限度地贴近消费者，广设网点，灵活经营
开拓市场	一般较多地依赖中间商，等站稳脚跟后，再组建自己的网络
提高市场占有率	渠道保养至关重要
扩大品牌知名度	争取和维护客户对品牌的信任度和忠诚度
市场覆盖面积和密度	多家分销和密集分销
经济性	要考虑渠道的建设成本、维系成本、替代成本和收益
控制渠道	厂家应扎实地提高自身能力，以管理、资金、经验等来掌握渠道主动性

分销渠道设计是渠道决策的核心。分销渠道的设计主要包括确定渠道模式、确定中间商的数目、界定渠道成员的权利和责任。

1. 确定渠道模式

企业分销渠道设计首先是要决定采取什么类型的分销渠道，是派推销人员上门推销或以其他方式自销，还是通过中间商分销。如果决定用中间商分销，还要进一步决定选用什么类型和规模的中间商。

2. 中间商数目的选择

营销渠道结构除长度以外，还有宽度问题。根据同一层次中间商数目的多少，可以有三种形式的渠道宽度结构，即密集型分销渠道、独家分销渠道及选择性分销渠道。

（1）密集型分销渠道

密集型分销渠道，也称为广泛型分销渠道，或普通型分销渠道，就是指制造商在同一渠道层级上选用尽可能多的渠道中间商来分销自己的产品的一种渠道类型。这种渠道可以使产品在目标市场上形成铺天盖地之势，以达到使自己产品品牌充分显露，实现路人皆知且随处可买，最广泛地占领目标市场的目的。密集型分销渠道，多见于消费品领域中的便利品，比如牙膏、牙刷、饮料等。

密集型分销渠道的优点是市场覆盖率高，顾客购买比较方便。其缺点是市场、价格竞争激烈，导致市场混乱；企业需向中间商提供一定的支持，导致企业的渠道费用增加；由于中间商的数目多，企业无法控制渠道行为，故会给渠道管理增加一定的难度。

（2）独家分销渠道

独家分销渠道，是指在特定市场上的一定时间内只选择一家中间商，给予其对本企业产品的独家经销或独家代理权。通常产销双方签订经销合同，规定经销商不得再经营其他竞争性产品。这是一种最窄的销售渠道。一般适用于技术性强、价格较高、售前售后服务水平要求比较高的产品。

独家分销渠道的优点：有利于控制市场营销，提高中间商的积极性；加强与中间商的合作关系，使企业在推销方面得到中间商的大力协助；提高生产企业的经营效率，节约费用，降低销售成本；提高中间商对顾客的服务质量；排斥竞争产品进入同一市场，提高企业的国际竞争力。其缺点为：对中间商的依赖性太强，市场覆盖面窄；这种政策意味着放弃一部分潜在顾客，具有极有限的渠道宽度，使企业适应性较差，销量难以扩大。

（3）选择性分销渠道

选择性分销渠道，是指在某一层级上选择少量的中间商进行商品分销的渠道，是介于密集型分销渠道与独家分销两种渠道之间的一种宽度渠道。

选择性分销渠道的优点：可以节省费用开支，提高营销的效率；生产企业通过优选中间商，还可维护企业和产品的声誉，对市场加以控制；当生产企业缺乏国际市场经营的经验时，在进入市场的初期选用几个中间商进行试探性的销售，待企业积累了一定的经验，或其他条件具备以后，再调整市场销售策略，以减少销售风险。其缺点为：企业难以在营销环境宽松的条件下实现多种经营目标；渠道对非选购品缺乏足够的适应性；企业要为被选用的中间商提供较多的服务，并承担一定的市场风险。

选择性分销渠道是选择一些条件好的批发商、零售企业作为自己的中间商。与密集型分销相比，可以集中地使用企业的资源，相对节省费用并能较好地控制渠道行为。企业可以获得比采用密集型或独家分销两种渠道更多的利益。

在某一环节采用独家经销，其渠道宽度最窄；而在某一环节采用所有可能的经销方式（密集型分销），其渠道宽度表现为最宽。渠道宽度的选择取决于企业的战略目标、产品特点和顾客分散程度。实际上，大多数营销渠道的每一层次，既不是最宽，也不是最窄，宽窄只是相对而言的。

3. 界定渠道成员的权利和责任

在确定了渠道的长度和宽度之后，企业还要规定出与中间商彼此之间的权利和责任，如对不同地区、不同类型的中间商和不同的购买量给予不同的价格折扣，提供质量保证和跌价保证，以促使中间商积极进货。还要规定交货和结算条件，以及规定彼此能为对方提供哪些服务，如产方提供零配件，代培技术人员，协助促销；销方提供市场信息和各种业务统计资料等。

（三）分销渠道管理

渠道管理是指制造商为实现公司分销的目标而对现有渠道进行管理，以确保渠道成员间、公司和渠道成员间相互协调和通力合作的一切活动，其意义在于共同谋求最大化的长远利益。渠道管理分为选择渠道成员、激励渠道成员、评估渠道成员、调整渠道成员等过程。

1. 选择渠道成员

知名度高的、实力雄厚的生产者很容易找到适合的中间商；而知名度低的、新的、中小生产者较难找到合适的中间商。无论难易，生产者选择渠道成员时应注意以下条件：能否接近企业的目标市场；地理位置是否有利；市场覆盖面有多大；中间商对产品的销售对象和使用对象是否熟悉；中间商经营的商品大类中，是否有相互促进的产品或竞争产品；资金链大小，信誉度高低，营业历史的长短及经验是否丰富；拥有的业务设施情况等，如交通运输、仓储条件、样品陈列设备等；从业人员的数量及素质的高低；销售能力和售后服务能力的强弱；管理能力和信息反馈能力的强弱。

2. 激励渠道成员

激励渠道成员，是指减少生产企业与中间商的矛盾，使其出色地完成销售任务。生产企业对中间商应以利益均沾、风险分担的原则，密切加强双方的合作关系，共同搞好营销。有必要制定一些考核和奖惩办法，对经营效果好的中间商，给予奖励或优惠待遇，以此建立长期合作关系。要激励渠道成员，必须先了解中间商的需要与愿望，同时要处理好与渠道成员的关系，其方法有：

（1）合作。生产者与中间商的合作，应采用积极的激励手段，如给较高利润，交易中给特殊照顾，给予促销津贴等；偶尔采用消极的制裁办法，诸如减少利润、推迟交货或终止关系等。

（2）合伙。生产者与中间商在销售区域、产品供应、市场开发、财务要求、市场信息、技术指导、售后服务等方面进行合作，按中间商遵守合同程度给予激励。

（3）经销规划。这是最先进的方法之一。这应由有计划的实行专业化管理的垂直市场营销系统，将生产者与中间商的需要结合起来，在企业营销部门内设一个分销规划部，同分销商共同规划营销目标、存货水平、场地及形象化管理计划、人员推销、广告及促销计划等。

（4）对重要中间商施以特殊政策。重要的中间商指生产者的主要分销商，他们的分销积极性至关重要。对于这些分销商应给予必要的政策倾斜：

①互相投资、控股。生产者和中间商通过相互投资，成为紧密利益统一体，从经济利益机制上保证双方合作得更一致、更愉快。

②给予独家经销权和独家代理权。在某一时段、某一地区只选择一家重要中间商来分销商品，有利于充分调动其积极性。

③建立分销委员会。吸收重要中间商加入分销委员会，共同商量决定商品分销的政策，协调行动，统一思想。

（5）随着产品的技术含量越来越高，对中间商的培训也越来越重要，生产者应定期向中间商提供这种服务，尤其是对销售人员和维修人员的培训。

（6）除了销售利润外，生产者还应给予销售业绩优秀者一定的奖励。奖励可以是奖金，也可以是奖品，也包括免费旅游或精神奖励。

（7）物质利益保证。为进入市场，扩大市场份额和争取中间商，往往需要给中间商一个具有竞争力的销售量边际利润，这是一种简单而直接的手段。如果中间商经销产品的利润不高，他就会缺少积极性。有的生产者为鼓励重要中间商全心全意地经销本企业产品，承诺“只要认真经销本产品，保证不亏本”。有的企业为了获取中间商的全面合作，建立起报酬制度。

3. 评估渠道成员

生产者除了选择和激励渠道成员外，还必须定期地、客观地评估他们的绩效。如果某一渠道成员的绩效过分低于既定标准，则需找出主要原因，同时还应考虑可能的补救方法。当放弃或更换中间商将导致更坏的结果时，生产者只好容忍这种令人不满的局面；当不致出现更坏的结果时，生产者应要求工作业绩欠佳的中间商在一定时期内有所改进，否则就要取消它的资格。

4. 调整渠道成员

根据实际情况、渠道成员的实绩，对渠道结构加以调整：增减渠道成员、增减销售渠道、变动分销系统。即

（1）增减分销渠道中的中间商。

（2）增减某一种分销渠道。

（3）调整整个分销渠道。

案例 4-3-2

狗熊招聘记

森林的河边住着一只狗熊，它是钓鱼的能手，每天都能钓到两大桶鲜鱼。狗熊自己吃不了多少，剩下的就扛到市场上出售。随着狗熊逐年衰老，每天打鱼贩卖已让它力不从心，于是它决定聘请其他动物帮它完成销售的工作，每卖掉一桶鱼就给予对方 10 元的奖励。狗熊的招聘启事一贴出，马上吸引了三只动物来应征：狐狸、猴子和猪。

狐狸一见面就口若悬河地大谈自己的销售经验，但狗熊几乎想都没想就把它淘汰了，因为它知道狐狸很狡猾，如果它把吃掉的鱼说成是卖掉的，在骗取奖励的同时不是减少了自己的收益吗？最后，不吃荤腥的猴子和猪被留下来。猴子的确很聪明，它灵活的销售技巧和讨人喜欢的形象让狗熊的鱼大受欢迎。为了激励猴子，狗熊支付给它每桶鱼 12 元的佣金。得到更大利益的猴子卖起鱼来自然更加卖力。而老实的猪却成为狗熊的一块心病，它总是在卖鱼的时候打盹儿，鱼很久都卖不出去，经常闷死在桶里。无奈之下，狗熊只好辞掉了猪。

这个小故事所讲述的是渠道管理的过程。企业一旦选择并设计好销售渠道，就必须监管好选中的渠道。

（资料来源：http：//www. doc88. com/p-9746725040288. html）

三、分销渠道中的中间商

（一）中间商的概念

中间商是商品生产和流通社会化的必然产物。在销售渠道中，中间商占有特别重要的地位，从某种意义上讲，分销渠道策略所研究的内容，就是如何选择中间商，将产品有效地从生产企业转移到消费者和用户手中。

中间商是指在生产者与消费者（或用户）之间，参与商品交易业务，促使买卖行为发生和实现的具有法人资格的组织或个人，或者说，中间商是生产者向消费者（或用户）出售产品时的中介机构。

（二）中间商的作用

1. 提高销售活动的效率

如今，全球经济迅速发展，若是没有中间商，商品是由生产制造厂家直接销售给消费者，则生产制造厂家的工作将非常复杂，而且工作量特别大。对于消费者来说，没有中间商，他们的购买时间就会大大增加。例如，中间商可以同时销售很多厂家的商品，消费者在一个中间商那里就能对很多厂家的商品进行比较，这比没有中间商时跑到各个厂家观察商品要节约时间。

2. 储存和分销产品

中间商从不同的生产厂家购买产品，再将产品分销到消费者手中，在这个过程中，中间商要储存、保护和运输产品。

3. 监督检查产品

中间商在订购商品时就考察了厂家在产品方面的设计、工艺、生产、服务等质量保证体系，或者根据生产厂家的信誉、产品的名牌效应来选择产品；进货时，将按有关标准严格检查产品；销售产品时，一般会给产品划分等级。这一系列的工作起到了监督检查产品的作用。

4. 传递信息

中间商在从生产厂家购买产品和向消费者销售产品的过程中，将向厂家介绍消费者的需求、市场的信息、同类产品各厂家的情况，也会向消费者介绍各厂家的特点。这无形中传递了信息，促进了竞争，有利于产品质量的提高。

（三）中间商的类型

1. 中间商分类

按是否拥有商品所有权，中间商可分为经销商、代理商和经纪人（见表 4-3-3）。

表 4-3-3　三种类型中间商的比较

类型	商品所有权	利润来源	销售风险	业务特点
经销商	取得	购销差价	自己承担	购进售出商品
代理商	不取得	佣金	不承担	代理销售商品
经纪人	不取得	佣金	不承担	不取得商品，撮合交易

按照在流通转让过程中的地位和作用的不同，可划分为批发商和零售商。

批发商是指那些主要从事批发业务的企业。

零售商是指向最终消费者直接销售商品的，从事零售业务的企业或个人。

2. 批发商

（1）批发和批发商的概念

批发是指将商品转售给为了转卖或者为了商业用途而进行购买的人的活动。

批发商的主要业务活动是批发商品的流转活动，即批发商品的购、销、存、运活动。也就是指供转售、进一步加工或改变商业用途而销售商品的各种交易活动。批发商处于商品流通的起点和中间阶段，交易对象是生产企业和零售商，一方面它向生产企业收购商品，另一方面它又向零售商业批销商品，并且是按批发价格经营大宗商品，每次的交易量比较大。其业务活动结束后，商品仍处于流通领域中，并不直接服务于最终消费者。

（2）批发商的类型

①商人批发商（或商业批发商）。

商人批发商也称独立批发商，占整个批发业的 50%，是批发商最主要的类型之一，是指自己进货，取得产品所有权后再批发出售的商业企业，对其所经营的商品拥有所有权，也被称作中盘商（批发商）、分销商，或者配售商，他们还可以进一步细分为执行全部批发职能的完全服务批发商和执行部分批发职能的有限服务批发商。

②代理批发商。

它们不拥有商品所有权，主要功能就是促进买卖，获得销售佣金。多见于食品、不动产、保险和证券交易业务等。代理批发商有以下四种类型：

制造代理商。制造代理商也称制造商代表，他们代表两个或若干个互补的产品线的制造商，分别和每个制造商签订有关定价政策、销售区域、订单处理程序、送货服务和各种保证以及佣金比例等方面的正式书面合同。他们了解每个制造商的产品线，并销售这些产品。

销售代理商。销售代理商是在签订合同的基础上，为委托人销售某些特定商品或全部商品的代理商，对价格、条款及其他交易条件可全权处理。常见于纺织、木材、某些金属产品、某些食品、服装等行业。

采购代理商。采购代理商一般与顾客有长期关系。他们代顾客进行采购，负责为其收货、验货、储运货物，并将货物运送给买主。他们消息灵通，不仅可向客户提供有用的市场信息，而且还能以最低价格买到好的货物。

佣金商。佣金商又称佣金行，佣金商是取得商品实体所有权，并处理商品销售的代理商，一般与委托人没有长期关系。通常备有仓库，替委托人储存、保管货物。此外，佣金商还替委托人发现潜在买主，具有能获得最好价格、分等、再打包、送货、给委托人和购买者以商业信用（即预付货款和赊销）、提供市场信息等职能。佣金商卖出货物后，扣除佣金和其他费用，再将余款汇给委托人。

通过代理商推销产品、开拓市场是现代市场营销的常用方法，这在经济发达国家十分普遍，目前在我国也开始出现。

③制造商和零售商的分部和营业所。

它的两种形式分别为，一是销售分部和营业所，制造商开设自己的销售分部和营业所。销售分部备有存货，常见于木材、汽车设备和配件等行业，营业所不存货；另一个是采购办事处，又叫进货营业所。许多零售商在大的市场中心，如纽约和芝加哥等地设立采购办事处。

④代销品批发商。

其特点是将批发商品放在零售商的货架上出售，同时保留对未出售商品的所有权，并定期与零售商结清已售出产品的账目。代销品批发商在商业活动中大大减少了零售商的风险，他们的业务被零售商广为接受。只有畅销的商品才会被零售商接受。现在比较大的商店以代销形式分销商品的现象极为普遍，特别是食品方面的商品。

⑤机动式批发商。

这种批发商一般都有一个不太大的仓库和一些运输的车辆，先将商品购进，放在仓库储存，根据订货合同或用户电话临时购货，迅速将商品运达零售商或用户处。例如，肉类、奶制品、面包等。一些餐馆的食品原料供应也是由机动批发商供给的。

⑥仓储式批发商。

这种批发商不负责货物的运输，不提供商品信用，也不向客户传递市场与商品信息，只把商品销售给来仓库购货的客户，并当场结清账目。例如，目前的水果批发市场就属于仓储式批发商。

⑦其他批发商。如农产品集货商、散装石油厂和油站、拍卖公司等。

3. 零售商

（1）零售和零售商的概念

零售的基本任务是直接为最终消费者服务，它的职能包括购、销、调、存、加工、拆零、分包、传递信息、提供销售服务等。

零售商是指将商品直接销售给最终消费者的中间商，处于商品流通的最终阶段。零售业务与批发业务的本质区别就在于零售面对个人消费者市场，是整个营销网络系统的出口，也是商品流通的最后环节。

（2）零售商特征

终端服务：零售商面对的终端顾客每次购买数量小，要求商品档次、花色品种齐全，提供购买与消费的方便服务。为此，零售经营者通常要多品种小批量进货，以加快销售过程，提高资金的周转率。这就形成了零售商少量多次进货、低库存和重视现场促销服务的经营特点。

业态多元：为解决顾客需求多样、快速变化与零售经营规模效益之间的矛盾，且适应不同消费群体的需要，零售业的经营方式（即零售业态）呈现多元化特点。如商店就有百货商店、超级市场、专业商店、连锁商店、折扣商店、便利店和杂货店等各具特色的多种业态形式，而且还在不断创新。

销售地域范围小：与批发销售不同，零售商的顾客主要是营业点附近的居民和流动人口。因此，零售经营地点的选择（零售选点）就成为经营成败的关键。这是零售商经营的重要特点。

竞争激烈：与其他行业相比，零售业者之间的竞争显得更为直接、激烈，手法也更加多样。如为了适应顾客的随意性购买及零售市场竞争，零售商千方百计整饰销售现场及周边环境，加强商店整体设计和形象宣传；为了吸引并留住顾客，零售商不断强化特色定位，纷纷对商店位置、营业时间、商品结构、服务项目、广告宣传、促销手段等各种因素进行综合战略策划，实施差异化营销。

（3）零售商的类型

①商店零售

专用品商店。是专业化程度较高的零售商店，特色是专门经营某一大类产品。如服装店、运动用品店、家具店、花店和书店等。

百货商店。其经营产品的范围广泛，种类繁多，规格齐全，分类组织与管理，且一般设立在城镇交通中心和商业中心。

超级市场。其规模很大、成本低，采用自助的服务方式，因而商品价格也较低廉。主要经营各种食品、洗涤用品、家居日常用品等。

便利店。便利店是设在居民区附近的小型商店，主要销售家庭日常用品、食品等。一周营业七天，每天的营业时间很长，以方便顾客随时购买。人们的购买目的是临时补缺，即使价格相对比较高，也会愿意支付。

超级商店、联合商店和特级商场。超级商店比传统的超级市场更大，主要销售各种食品和日用品，提供各项服务。联合商店的面积比超级市场和超级商店更大，呈现出一种经营多元化的趋势，主要向医药领域发展。特级商场比联合商店还要大，综合了超级市场、折扣店和仓储零售的经营理念，其经营品种不仅限于日常用品，还包括家具、家用器具、服装和其他品种，其基本方法是原装产品陈列，尽量由商店人员搬运，同时向愿意自行搬运大型家用器具的顾客提供折扣。

折扣店。折扣店以薄利多销的方式通过比较低的价格销售标准商品。

仓储商店。是一种集仓储、批发、零售于一体的自选商场。这种商场形似仓库，内部不做豪华装饰，是一种不重形式，以大批量、低成本、低售价和微利促销、服务有限为特征的零售形式。

②无店铺零售

直销。是指生产者自身或通过推销人员（直销员）向消费者销售产品的零售方式，也叫人员推销，包括集市摆卖、上门推销、举办家庭销售会等。

直复营销。直复营销是一种为了在任何地方产生可度量的反应和达成交易而使用的一种或多种广告媒体互相作用的市场营销系统。直复营销的传统形式主要有邮购目录、直接邮寄、电话营销和电视营销。现在，网络已成为直复营销的最佳工具。网络营销也必将成为最重要的直复营销方式之一。今天，邮购与电话订购、电视购物、网上购物等方式，已逐步渗入消费者的生活，并渐渐成为主流。

自动售货。使用硬币控制的机器自动售货是自第二次世界大战后出现的一个主要的发展领域。自动售货已经被用在相当多的产品上，包括习惯性购买的产品（如香烟、软饮料、糖果、报纸和热饮料等）和其他产品（如袜子、化妆品、胶卷、书、光盘等）。自动售货机被广泛安装在工厂、办公室、大型零售商店、加油站、街道等地，以向顾客提供24小时售货、自我服务和无须搬运产品等便利条件。自动售货机提供的服务越来越多，如投币式自动点唱机、新型电脑游戏机和银行的ATM自动取款机等。

③零售组织

零售组织是以多店铺联盟的组织形式来开展零售活动的。参与组织的商店可以是同一个所有者开办的若干店铺，也可以是不同所有者的若干商店。通过商店之间的联合，可以避免过度竞争，提高零售的规模经济效益，节约成本。具体形式主要有连锁商店和特许经营。

连锁商店。指在同一个总公司的控制下，统一店名、统一管理、统一经营、实行集中采购和销售，还可能由有相似的建筑风格和标志的两个或两个以上分店组成的商业集团。连锁店由于规模大，具有大量采购、大量销售的能力，因此可获得规模经济效益。但缺点是权力过于集中，灵活性和应变能力较差。连锁是一种组织形式，而非经营方式。根据所有权和集中管理程度的不同，连锁店可分为直营连锁店、自愿连锁店和零售合作组织几种。其中，直营连锁店为同一所有者，统一店名，统一管理；后两种的组织所有权是各自独立的。20世纪90年代以来，连锁商店在我国也获得了迅速发展。连锁的发展有助于克服零售企业店址固定、单店规模小、经营成本高的限制，使企业可通过统一进货、统一的标准化管理和广告宣传形成规模效益。连锁经营无论是对大公司还是对小公司都适合，在我国很有发展前途。

特许经营。特许经营是指特许权授予人与特许权被授予人之间通过协议授权受许人使用特许人已经开发出来的品牌、商号、经营技术、经营规模的权利。为此，受许人必须先付一笔首期特许费，此后每年按一定比例的销售收入来支付特许权使用费，以换得在一定区域内使用该商号出售该商品或服务的权利，且必须遵守合同中的其他规定。特许经营被誉为当今零售和服务行业最有潜力和效率的经营组织形式，特别适合那些规模小而且分散的零售和服务业。

四、产品实体分配

（一）实体分配职能的含义

实体分配职能，又称为物资转移的职能，是指为了满足消费者的需求，将商品从产地运到消费地期间，从生产时期的保管到消费时期的运输、保管及其相关的一系列经济活动。由于这种活动主要是将商品进行物理上、技术上的转移和处理，所以是一种“使生产和消费在物理上、技术上相适合的职能”。

实体分配职能的内容，一般包括运输、保管、装卸、包装等活动。在这些活动要素中，以运输、保管活动最为重要。如同克拉克所指出的那样，运输活动可以创造地点效用，保管活动可以创造时间效用。当然，作为实体分配职能的系统活动，包装和装卸也是不可缺少的。

（二）实体分配的目标

实体分配的目标是，把该运的货物以最低的成本，在准确的时间运到准确的地点，并要求提高对顾客的服务质量。为此，实体分配必须妥善处理好以下四个方面的问题。

1. 订单处理

实体分配开始于顾客的订货。订货部门备有各种多联单，分发给各部门。仓库中缺货的商品备目以后补交，发运的商品要附上发运和开单凭证并将单据副本送各部门。

2. 仓储

仓库数目多，就意味着能够较快将货送达顾客处，但是，仓储成本也将增加，因此仓库数目必须在顾客服务水平和分销成本之间取得平衡。可选择的仓库包括私人仓库、公共仓库、储备仓库、中转仓库、旧式的多层建筑仓库、新式的单层的自动化仓库。

3. 存货

存货水平代表了另一个影响顾客满意程度的实体分配决策。存货决策的制定包括何时进货和进多少货，其主要指标是最佳订货量。最佳订货量可以通过观察在不同的可能订货水平上的订货处理成本与存货维持成本之和的情况来决定。单位订货处理成本随着订货量增加而下降，这是因为订货成本被分摊到更多的单位上去的缘故。单位存货维持成本则随订货量增加而上升，这是因为每单位的储存时间相对地长了，这两条成本曲线垂直相加，即为总成本曲线。总成本曲线上弯向横轴的最低点就是最佳订货量（见图 4-3-4）。

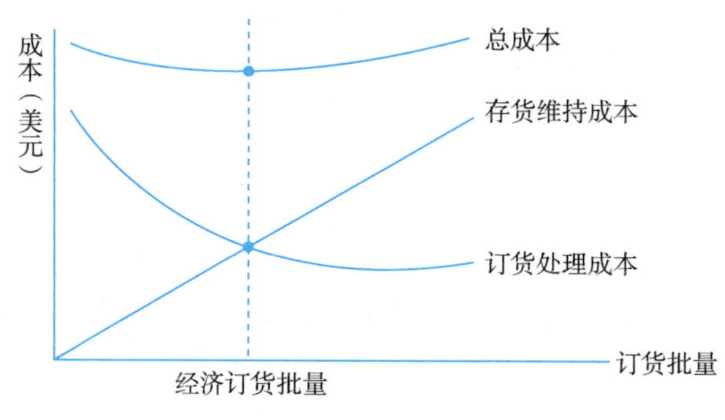

图 4-3-4　确定最佳订货量

4. 运输

运输策略是一种重要的物流策略。目前，主要的运输形式有六种：铁路运输、公路运输、水运、空运、管道运输和集装箱运输。

（1）铁路运输。它特别适用于长距离地运输沉重、庞大的物品，这些物品价值相对较低。铁路运输的主要优点是运输量大，运输费用比较低。其缺点是铁路设施投入巨大，固定成本高，运输速度比较慢，不灵活，不能送货上门。

（2）公路运输。它特别适合于中短途运输，其主要优点是灵活、迅速，可直达顾客单位。其缺点是运量有限，价格较高。

（3）水运。它比较适合于运输体积大、价值低、不易腐烂变质的产品，如各种矿产品。水运的主要优点是运输量大，运输成本较低。其缺点是需要具备配套的条件，如相应的码头等，运输速度比较慢，受气候条件的影响大。

（4）空运。它适用于高档、易腐烂的鲜活产品等的运输。它的优点是起运点较低，运输速度快。最大的缺点在于运费昂贵。

（5）管道运输。这是一种专门由生产地向市场输送专一产品的运输方式。在管道内，物流运动是连续不断的，没有中断，就没有库存（除了用容器装的以外）和中间储存场所。处理和劳工费用也较低。尽管管道很可靠，但只有一些特定的物品可以通过它来运送，如气体和石油类产品。

（6）集装箱运输。这是一种规格标准化，便于机械装卸、搬运和仓储的货箱。大运输中使用集装箱，可以充分利用运输工具的载重量和容积，装卸省时，可以充分发挥运输场地的设备、人力资源等要素的效率。

对企业而言，确定运输策略的实质，就是在运输成本、时间、市场机会、存货成本之间寻求一种平衡。由于不同的运输方式在运费、单位运量、速度、准时性等方面都存在差异，同时仓储、转运能力等也要考虑进来，因此，运输的相对成本并不是一成不变的，必须根据具体情况不断调整。

如果托运人以速度为目标，则空运和卡车就是主要的竞争对手；如果以费用低为目标，那么水路运输和管道运输就成为最重要的选择对象。卡车在大多数标准上都是名列前茅的，这正说明了它在运输量中的比例日益上升。当不同的运输方式所伴随的成本随时间的推移而发生变化时，公司应该重新分析其选择，以便找到最佳实体分配安排。

（三）实体分配的战略方案

在设计实体分配系统时，常常要在几种不同的战略中进行选择。一般来讲，可供选择的战略主要有以下几种：

1. 单一工厂，单一市场

这些单一工厂通常设在所服务的市场的中央，这样可以节省运费。但是，设在离市场较远的地方，也可能获得低廉的工地、劳动力、能源和原料成本。企业在两个设厂地点进行选择时，不仅应审慎地估计目前各战略的成本，而且需要考虑未来各战略的成本。

2. 单一工厂，多个市场

①直接运送产品至顾客

这时必须考虑：该产品的特性（如单位，易腐性和季节性）；所需运费与成本；顾客订货多少与货物重量；地理位置与方向。

②大批整车运送到靠近市场的仓库

与直运相比，将成品大批运送到靠近市场的仓库，再根据每一订单要求将其从仓库运送给顾客的方式所需费用要少。一般来说，若增加新地区仓储所节约的运费与所能增加的顾客惠顾利益大于建立仓储所增加的成本，那么就应在这一地区增设仓储。如果考虑用仓库，那么是应租赁还是应自建呢？租赁的弹性较大、风险较小，在多数情况下比较有利，只有在市场规模很大而且市场需求稳定时，自建仓库才有意义。

③将零件运到靠近市场的装配厂

建立装配厂的最大好处是运费较低，有利于增加销售额；不利之处是要增加资金成本和固定的维持费用。建厂必须考虑该地区未来的销售量是否稳定，以及数量是否会多到足以保证在扣除这些固定成本后仍有一定利润。

④建立地区性制造厂

在诸多因素中，最重要的因素是该行业的大规模生产必须具备一定的经济性，即在需要大量投资的行业中，工厂规模必须较大才能得到经济的生产成本。

3. 多个工厂，多个市场

企业有两种选择目标：一是短期最佳化，即在既定的工厂和仓库位置上制定一系列由工厂到仓库的运输方案，使运输成本最低；二是长期最佳化，即决定设备的数量与区位，使总分配成本最低。短期最佳化的有效工具是线性规划技术；而长期最佳化的有效工具是系统模拟技术。

任务四 促 销 策 略

任务目标

【知识目标】掌握促销及促销组合的含义；了解广告媒体的分类；了解营业推广的方式。

【能力目标】能够运用广告进行营销；能够进行产品的推广并制定营销推广方案。

【核心能力】能够运用促销组合的方式对产品进行促销。

引导案例

某酒厂的促销故事

某酒厂效益一直不好。有一天，厂长打电话给北京一家咨询公司的老总张教授，以请求管理咨询。张教授随即发了一份调查表让厂长填写。厂长填好后传真给张教授，让张教授大致了解了情况。不久张教授带着自己的团队来到该厂。

张教授认为产品价格太低，包装简陋。于是提出抬高价格，改进产品品质，并更换包装，采用高档款式推向市场的方式。结果，经销商不愿经销该产品，认为价格太高，他们接受不了。怎么办？张教授想，经销商不愿经销，那么只能让消费者拉动市场，于是向消费者展开攻势。

第一步，张教授让员工在该地张贴小广告，宣称招聘空姐促销队。于是，很多人议论——这么一个小厂怎么能招空姐呢？之后，全城的百姓都在议论，也有很多女孩纷纷报名。最终，经过筛选，有60人入选。

第二步就是培训，其培训内容有：第一，穿着空姐服军训；第二，培训白酒的专业知识；第三，培训礼仪知识；第四，清扫该城主要干道。此举引起当地老百姓好感。

与此同时，该厂请知名教授、企业家对全市各酒店老板进行管理专题免费培训。培训期间宣传该酒店的新举措、新形象。自此之后，很多人来到酒店聚餐，点名就要该厂生产的新款白酒。但厂长采用了饥饿营销法。比如，今天某酒店需要150瓶，结果该厂仅提供120瓶，来吊消费者胃口。通过这一系列举措，酒厂效益慢慢好了起来。

一、促销和促销组合的含义

（一）促销的含义

促销即促进产品销售，是企业通过人员和非人员的方式把企业的产品及提供的服务信息有效地传递给客户，激发客户的购买欲望，影响和促成客户购买行为的各种活动的总称。在任何社会化大生产和商品经济条件下，一方面，生产者不可能完全清楚谁需要什么商品，何地需要，何时需要，何价格消费者愿意并能够接受等；另一方面，广大消费者也不可能完全清楚什么商品由谁供应，何地供应，何时供应，价格高低等。正因为客观上存在着这种生产者与消费者间“信息分离”的“产”“消”矛盾，故企业必须通过沟通活动，利用广告、宣传报道、人员推销等促销手段，把生产、产品等信息传递给消费者和用户，以增进其了解、信赖并购买本企业产品，达到扩大销售的目的。

（二）促销的方式

促销主要有两种方式：一是人员促销，即企业派出营销人员直接访问潜在客户，进行面对面的直接沟通，说服顾客购买；另一种是非人员促销，即通过大众传播媒介在同一时间向大量消费者传递信息，主要包括广告、公共关系和营业推广等多种方式（见图4-4-1）。

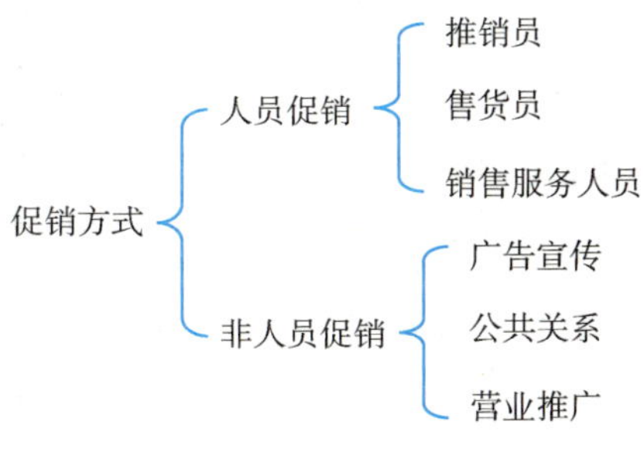

图4-4-1　促销方式示意图

一般来说，人员促销的针对性较强，但影响面窄；而非人员促销的影响面较宽，但针对性较差。

（三）促销组合的含义及方式

1. 促销组合的含义

促销组合，是指企业根据促销工作的需要，对广告、人员推销、公关、营业推广这四种促销手段的有机结合与综合运用。

促销组合体现了现代市场营销理论的核心思想——整体营销。促销组合是一种系统化的整体策略，四种基本促销方式则构成了这一整体策略的四个子系统。每个子系统都包含了一些可变因素，即具体的促销手段或工具，某一因素的改变意味着组合关系的变化，也就意味着一个新的促销策略。

2. 促销组合的方式

（1）人员推销

指企业派出推销人员或委托推销人员，直接与消费者接触，向目标顾客进行产品介绍、推广，促进销售的沟通活动。

（2）广告促销

指企业按照一定的预算方式，支付一定数额的费用，通过不同的媒体对产品进行广泛宣传，促进产品销售的传播活动。

（3）营业推广

指企业为刺激消费者购买，由一系列具有短期诱导性的营业方法组成的沟通活动。

（4）公关促销

指企业通过开展公共关系活动或通过第三方在各种传播媒体上宣传企业形象，促进与内部员工、外部公众良好关系的沟通活动。促销组合形式的比较见表 4-4-1。

表 4-4-1　促销组合形式的比较

	人员推销	广告促销	营业推广	公关促销
沟通方式	双方	单向	单向	双向
促销功效	与用户建立合作伙伴关系	提高产品的知名度	短时期内提升销售量	树立良好的公众形象
时效性	中长期	中长期	短期	长期
特征	直接信息的沟通，反馈及时，可当面促成交易	传播速度快，涵盖面广，形象生动，渗透力强	激发购买兴趣，促成用户立即采取购买行为	提高企业及其产品的声誉，传达力较强，节省费用
局限	占有人员多	广而告之，不能立即成交	偶尔会引起用户的误会或猜疑	见效慢，可控性低

（四）影响促销组合的因素

1. 促销目标

作为促销活动的策划者，要考虑企业和中间商目前的整体目标，目标的阶段性意味着它有侧重点，因此促销组合也应因时因地制宜。以提高商品的知名度和塑造良好形象为主要目标时，应以公共关系和广告为主；以增加销售额为主要目标时，公关是基础，广告是重点，人员推销是前提，营业推广是关键。

2. 产品类型

通常，一般消费品应选择广告作为重点促销手段。因为这类产品的消费需求大，品种多，产品更新换代快，需要频繁地向消费者宣传，所以需要较多地使用广告；然后是用营业推广、人员推销的方式来开展市场传播。需要注意的是，一般消费品大多是由经销商销售给消费者，这就要求企业在制定促销策划方案时，还要考虑这些中间渠道的特点。为了使得销售渠道更广泛，人员推销也是不可忽视的。

生产资料产品更多地采用人员推销的方式，然后是营业推广、广告促销和公关促销。这是因为这类产品的技术壁垒高，需要生产者提供较多的技术支持和服务，行业差别大，购买者多属特定用户，因此要采用人员推销的方式以加强技术服务。

3. 产品生命周期

在产品生命周期的不同阶段，促销工作具有不同效益。这就决定了在不同阶段要有不同的促销策略。一般而言，在投入期，企业的促销目标是让消费者认识和了解产品，因此需要广告宣传，辅之以人员推销和营业推广方式；在成长期，由于产品销量迅速增长，竞争对手介入，企业的促销目标是进一步开发消费者的购买兴趣，激发其购买行为，因此要注意宣传企业产品的特色，使消费者逐渐对企业产品产生偏好；在成熟期，竞争对手增多，企业的促销目标是增加消费者对产品的信任感，保持市场占有率，因此企业应该多采用公关促销等手段来提高企业和产品的声誉；在衰退期，企业的促销目标是使一些老顾客继续使用本产品，因此应采用营业推广手段，辅之以公关促销和广告促销方式（见表4-4-2）。

表 4-4-2 产品生命周期与促销方式

产品生命周期	促销的主要目的	促销的主要方法
导入期	使消费者认识商品，使中间商愿意经营	广告介绍，对中间商采用人员推销的方式
成长期	使消费者感兴趣，扩大市场占有率	扩大广告宣传，搞好公共关系
成熟期	保持竞争优势，继续扩大市场	加强公关促销，树立品牌形象
衰退期	保持市场占有率，保持老顾客和用户，推陈出新	以营业推广为主，辅之广告和公关促销方式

4. “推式策略”和“拉式策略”

（1）推式策略

推式策略是指利用推销人员与中间商促销，将产品推入渠道的策略。这一策略需利用大量的推销人员推销产品，它适用于生产者和中间商对产品前景看法一致的情形。推式策略风险小、推销周期短、资金回收快，但其前提条件是要有中间商的共识和配合。

推式策略常用的方式有：派出推销人员上门推销产品，提供各种售前、售中、售后服务等。

（2）拉式策略

拉式策略是企业针对最终消费者展开广告攻势，把产品信息介绍给目标市场的消费者，使人产生强烈的购买欲望，形成急切的市场需求，然后“拉引”中间商纷纷要求经销这种产品。

在市场营销过程中，由于中间商与生产者对某些新产品的市场前景常有不同的看法，因此，很多新产品上市时，中间商往往因过高估计市场风险而不愿经销。在这种情况下，生产者只能先向消费者直接推销，然后拉引中间商经销。

拉式策略常用的方式有：价格促销、广告、展览促销、代销、试销等。

（3）推拉结合策略

通常情况下，企业也可以把上述两种策略配合起来运用，在向中间商进行大力促销的同时，通过广告刺激市场需求。

在“推式”促销的同时进行“拉式”促销，努力用双向的促销策略把商品推向市场，这比单独地利用推式策略或拉式策略更为有效。

5. 市场因素

在众多市场因素中，市场规模与集中性、购买者类型、消费者心理与行为和竞争对手的促销攻势等因素对促销组合的影响较大：①市场规模与集中性。对于规模小且相对集中的市场，人员促销是重点；规模大、范围广且分散的市场，则应多采用广告、公共关系和营业推广等手段。②购买者类型。对个人家庭消费者，应以广告、公关促销为主，辅之以公共关系和广告；对中间商，则宜以人员促销为主，并配合销售促进。③消费者心理与行为。主要是分析消费者处于购买决策的哪一个阶段。广告与公共关系在认知阶段比营业推广和人员推销的作用大得多，应当作为促销组合的重点选择；理解阶段应主要以广告、公共关系和人员推销为重点；信服阶段，人员推销是重点；成交阶段应主要选择人员促销和营业推广的方式；再次购买应以营业推广和人员推销为主，辅以广告与公共关系。④竞争对手的促销攻势。根据自身与对手的实力进行分析和比较，选择“针锋相对”的促销方式或避其锋芒的促销组合。

6. 时机

任何商品都会面临销售时机和非销售时机。显然，在销售时机（如销售旺季、流行期、特别活动和节日期等）应当掀起促销商潮。一般要以广告、营业推广为重点；而在平时，则应以公共关系和人员推销为主。

7. 促销预算

对于促销活动的费用开支，企业应该做好预算。一般来说，根据总体的战略目标的不同，企业既应做好长期的费用预算，也应做好短期的费用预算。一年以上的促销预算称作长期预算，一年以内的促销预算称为短期预算。在实际工作中，安排促销费用预算的方法很多，如上年度销售额百分比法、竞争对比法、企业促销目标和市场竞争条件等。但促销费用的多少，终归要看产品属于生命周期的哪个阶段、顾客对商品的需求情况、企业对费用的负担程度以及竞争者的促销策略等。

二、广告

（一）广告的含义及发展历程

广告是为了某种特定的需要，通过一定形式的媒体，公开而广泛地向公众传递信息的宣传手段。广告有广义和狭义之分，广义广告包括非经济广告和经济广告。非经济广告指不以营利为目的的广告，又称效应广告，如政府部门、社会事业单位乃至个人的各种公告、启事、声明等，其主要目的是推广；狭义广告仅指经济广告，又称商业广告，是指广告主借助传播媒介进行的有偿的、非人员的一种向公众传播企业和商品信息的沟通活动。商业广告以盈利为目的，通常是商品生产者、经营者和消费者之间沟通信息的重要手段，或企业占领市场、推销产品、提供劳务的重要形式，其主要目的是扩大经济效益。

（二）广告目标

广告目标是指企业广告活动所要达到的目的。确定广告目标是广告计划中至关重要的起步性环节，是为整个广告活动定性的一个环节。广告之所以存在是有其特殊意义的，它可以传达出平面的信息、品牌、形象，从而吸引消费。广告主要包括以下几个方面。

1. 准确表达广告信息

有明确的目的性，准确传达广告信息是广告设计的首要任务。现代商业社会中，商品和服务信息绝大多数都是通过广告传递的，平面广告通过文字、色彩、图形将信息准确地表达出来，而二维广告则通过声音、动态效果表达信息。通过以上各种方式，商品和服务才能被消费者接受和认识。由于文化水平、个人经历、受教育程度、理解能力的不同，消费者对信息的感受和反应也会不一样，所以设计时需仔细把握。

2. 树立品牌形象

企业的形象和品牌决定了企业和产品在消费者心中的地位，这一地位通常靠企业的实力和广告战略在维护和塑造。在平面广告中，报纸广告、杂志广告由于受众广、发行量大，可信度高而具有很强的品牌塑造能力；而结合二维广告，则可以使塑造力大大增强。

3. 引导消费

平面广告一般可以直接打到消费者手中，且信息详细具体，因此如购物指南、房产广告、商品信息等都可以引导消费者去购买产品；二维广告则可以通过动态效果的影响，促使消费者消费。

4. 满足消费者

一幅色彩绚丽、形象生动的广告作品，能以其非同凡响的美感力量增强广告的感染力，使消费者沉浸在商品和服务形象给予的愉悦中，使其自觉接受广告的引导。因此广告设计时，可通过多种手法（如比喻、夸张等）对画面进行处理，使之符合人类的审美要求，这不仅可以激发消费者的审美能力，还可有效地引导其在物质文化和生活方式上的消费观念。

（三）制定要求

1. 符合企业整体营销的要求

广告不是一项独立的活动，而是企业整体营销活动中的一项具体工作。所以，广告目标必须在企业的整体营销计划的指导下做出。广告目标特别要反映出整体营销计划中的重点，如广告发挥影响的范围、时限、程度等，以便使广告运动配合整体营销活动。

2. 清楚明确，可以被测量

由于广告目标会成为广告主和广告公司之间相互协调的宗旨、一系列广告决策的准则以及最后对广告效果进行测定的依据，所以广告目标不能够含含糊糊、模棱两可。要求广告目标清楚明确，可能还是一个容易实现的要求。然而，要求广告目标可以被测量，就有一定的困难了。广告目标无法被测量，其最大的缺点就是无法准确地评价广告的效果。因此，广告主应尽可能在广告运动规划之前，将广告运动的目标具体化，使得人们可以以一套公认的标准对其进行测量。当然，可测量不一定是严格地要求广告目标定量化，可测量是要求广告目标具有可以明确进行比较的性质。上述介绍的广告目标，只是一系列广告目标的趋向，广告主在将其定为真正的广告目标时，一定还要对其加以限定和具体化，使得其可以被测量。

3. 切实可行，符合实际

广告目标虽然主要由广告主来确定，但是因广告活动是集团与个人相互协调的产物，故要求广告目标必须切实可行、符合实际。也只有切实可行、符合实际的广告目标，才能保证广告运动的顺利进行。

4. 能够被其他营销部门接受

广告活动只是整体营销中的一个部分，为了配合整体的营销活动，广告目标就一定要让其他营销部门能够接受，这样才可以让广告运动同其他营销活动相互协调起来。

5. 要有一定的弹性

广告目标必须明确，只有这样才能够起到指导整个广告运动的作用。然而，正因为广告目标要指导整个广告运动，所以必须考虑环境的种种变化对广告运动的影响。为了更好地配合整体营销的进行，广告运动可能会做出适当的调整。而这样的调整，又应该是广告目标所能够允许的。因此，广告目标还应该具有一定的弹性。

6. 能够被化为一系列具体广告活动的目标

因为广告运动是由一系列具体的广告活动组成的，而每一项具体的广告活动又都需要一个具体的目标来指导，所以广告目标若要发挥其指导整个广告运动的作用，就要能够分解成为一系列广告活动的具体目标。而这些具体的广告目标的一一实现，将能够逐步使得总的广告目标实现。

（四）广告媒体分类

广告媒体是用于向公众发布广告的传播载体，是指传播商品或劳务信息所运用的物质与技术手段。在日常生活中，我们从广播里听到各种广告，从电视里看到各种广告，从计算机、报纸、杂志等上阅读到各种广告，这些诸如广播、电视等介质就扮演了广告媒体的角色，它们为公众传达一定的广告信息。对广告媒体的分类主要有以下几种：

1. 按表现形式分：印刷媒体和电子媒体

印刷媒体是通过在纸张上印制一些广告而进行广告宣传的媒体，如报纸、杂志、说明书等。

电子媒体是以一定的电子手段，通过先进的电子信息技术来进行广告宣传的媒体。平常见到的电视、广播及计算机等属于这一类。目前，这类媒体发展得很快。

2. 按功能分：视觉媒体、听觉媒体及视听两用媒体

视觉媒体包括海报、传单、月历、报纸、杂志等。其主要通过对人的视觉器官的刺激

来进行信息传播。

听觉媒体包括无线电广播、有线广播，录音及电话等。其主要通过对人的听觉器官刺激来达到信息传播的目的。

视听两用媒体主要包括电影、电视等，它们主要通过对视觉、听觉器官进行宣传来达到宣传的目的。

3. 按性质来分

报纸媒体：各种日报、周报、晚报、中文报纸、外文报纸等。

杂志媒体：各种周刊、月刊、综合杂志、专业杂志、学术杂志等。

广播媒体：地方台、中央台、体育台等。

电视媒体：中央台、地方台、商业台等。

户外媒体：路牌、海报、传单等。

书刊媒体：日历、台历、挂历等。

交通媒体：公共汽车、火车、飞机等交通工具。

店铺媒体：店堂门面、柜台、货架。

除以上所列之外，还有包装媒体、录像媒体、邮递媒体等的分媒体，这一些都是广告媒体的组成部分。

案例 4-4-1

最少投入获得最大产出——如何选择广告媒体

一、选择合适的媒体投放广告

媒体产业的迅猛发展，产生各式各样的媒体，数量之多，令人目不暇接，结果其媒体被分割得越来越散。一些企业在投放广告时，不知“意定哪家”。比如一个地级市自办的电视台就有五六个台，报纸三四种，广播两三套，加上各省、市、中央的媒体介入，单单一个城市可供选择的电视频道就有三四十套。这就要求企业“慧眼识媒”认真考虑如何用最少的广告投入产生最大的效益，防止广告费打水漂。首先，企业必须清楚，不同的媒介有不同的说服能力。例如：食品酒类，在电视做广告效果要比报纸、广播强，电视从视、听觉方面所能给观众带来的冲击远大于报纸、广播。其次，成本费用的选择。不同的媒介成本也不一样。电视贵，报纸、广播较便宜。重要的不是绝对成本的差异，而是目标沟通对象的人数构成与成本之间的相对关系。最后，媒体本身的受众也是企业要关注的。比如酒类广告选择大众男性化的媒体为宜。反过来，化妆品之类，在女性受众中作广告就很合适。

二、组合式广告效果更佳

组合式广告将广播、电视、报纸、网络、户外等进行搭配，形成多元化的组合，以达到产品与媒体广告的最佳融合。一种是“主中次”式组合。在企业产品多、品牌多的情形下，一般把主要行销资源（60%）投放在主要媒体（如电视、报纸），用于主导产品的推广；其余资源（30%）投放在较为低廉实用的媒体（如广播、户外招牌），用于老品牌或成熟品牌的巩固；余下则投在更为实惠但影响不广的媒体上（如张贴画、墙体广告），用于弱势或已无潜力的品牌，以最大限度回收剩余价值。一种是“长宽高”立体式组合广告。此组合用于媒体难分优劣、各具特色的情形下，把行销资源基本均等投放于主流媒体（如电视、报刊、网络）。还有一种是策略式运用组合，即综合运用产品广告战略和形象广告战略。用形象广告策略来指导一组广告，以宣传本企业的商标形象和企业形象，且把这组广告保持在一定的规模上，持续不断地做下去。另一方面，用信息更为明确的产品广告策略指导各种广告去推销各种产品，这样做可能花费高些，但可以收到短期和远期、低层次和高层次的综合效果，比较理想。

三、选择投入市场时机

产品的生命周期分4个阶段：投入期、成长期、成熟期、衰退期。与此相对应，广告投放时机也有4个时期。广告投放时机策略的实质内容就是在产品4个周期中确定各个时期的广告投放比例。一般来说，投入期、成长期阶段，广告投入应最多。因为投入期产品知名度低，技术问题壁垒大，销售增长慢，需要大量广告促销来拉动；成长期虽然产品销量迅速提高，但竞争对手也纷纷进入抢占市场，亦需要广告大量跟进、以瓦解对手阵脚、巩固市场、塑立品牌。投入期广告策略是满足基本需求战略，成长期则是品牌形象广告策略。

（资料来源：熊高强，市场营销学，东北大学出版社，2018.01）

（五）广告决策的内容

广告决策制定过程包括广告目标确定、广告预算决策、广告信息决策、广告媒体决策和广告效果评价五项内容。

1. 确定广告目标

广告目标是企业目标的一部分。企业在确定广告目标时，要与企业目标相吻合。为达到这一目的，客观上要求从整体营销观念出发，寻求与企业营销组合战略、促销组合策略有效结合的企业广告目标。广告目标主要有以下几类。

（1）产品销售额目标

在某些情况下，企业可以根据产品的销售情况来确定广告目标。但这种方式的采用必须建立在广告是促进产品销售量增加的唯一因素或者至少是最主要因素的基础上。因此，以产品销售量作为广告目标往往只适合少数产品，对于大多数以普通方式销售的商品，这种方式并不适用。

（2）创造品牌目标

这类广告目标在于开发新产品和开拓新市场，它通过对产品的性能、特点和用途的宣传介绍，提高消费者对产品的认识程度。这类广告目标的具体内容有：向市场告知有关新产品情况；通知市场有关价格的变化情况；说明新产品如何使用；描述所提供的各种服务；纠正错误的印象；树立公司形象。

（3）保持广告目标

其目的在于巩固已有的产品市场，深入开发潜在市场和刺激购买需求，提高产品的市场占有率。主要方式是通过连续广告，加深消费者对已有商品的认识和印象，使显在消费者养成消费习惯，使潜在消费者产生兴趣，并促成其购买行为。广告的诉求重点是保持消费者对广告产品的好感、偏爱，增强其信心。这类广告的具体内容有建立品牌偏好、改变顾客对产品属性的知觉、保持最高的知名度。

（4）竞争性广告目标

其目的在于加强产品的宣传竞争，提高产品的市场竞争能力。广告的诉求重点是宣传本产品比之其他品牌产品的优越之处，使消费者认识到本产品的好处，以增强他们对广告的喜爱，指名购买，并争取使偏好其他产品的消费者转变偏好，转而购买本企业产品。

2. 广告预算决策

广告预算决策是企业广告决策的一项重要内容。在确定了广告目标后，企业可以着手为每一产品制定广告预算。广告预算是企业为从事广告活动而投入的预算。由于广告预算收益只能在市场占有率的增长或者利润率的提高上最终反映出来，因此，一般意义上的广告预算，是企业从事广告活动而支出的费用。

企业确定广告预算的主要方法有以下几种：

（1）销售百分比法

这是指以一定期限内的销售额的一定比率计算出广告费总额。由于执行的标准不一，又可细分为计划销售额百分比法、上年销售额百分比法和两者的综合折中百分比法以及计划销售增加额百分比法四种。

这种办法的优点是：暗示广告费用将随着企业所能提供的资金量的大小而变化，促使管理人员认识到费用支出的真正来源。可以促使企业管理人员根据单位广告成本、产品售价和销售利润之间的关系去考虑企业的经营管理问题。其计算方法简单。

这种方法的缺点是：把销售收入当成了广告支出的“因”而不是“果”，造成了因果倒置。由于广告预算随每年的销售波动而增减，从而与广告长期方案相抵触。这一办法取决于可用资金的多少，而不是市场机会的发现和利用，因而可能会失去一些有利的市场机会。它不是根据不同的产品或不同的地区确定不同的广告预算，而是所有的广告均按同一比率分配预算，从而造成不合理的平均主义。

（2）利润百分率法

这种方法在计算上较简便，同时，使广告费和利润直接挂钩，适合于不同产品间的广告费分配。但是，这一方法对新上市产品显然不适合，新产品上市需要做大量广告，广告开支比例自然就大。

（3）目标任务法

这是根据企业的战略目标确定广告目标，决定为达到这种目标而必须执行的工作任务，然后估算完成这些任务所需要的广告预算。这一方法较科学，尤其对新产品发动强力推销是很有益处的；这一方法可以灵活地根据市场营销的变化（如广告阶段不同、环境变化等）来调整费用。同时，也较易于检查广告效果。

目标任务法的缺点是没有从成本的观点出发来考虑某一广告目标是否值得追求。因此，如果企业能够先按成本来估计各目标的贡献额，然后再选择最有利的目标并付诸实践，则效果更佳。

（4）量力而行法

这种方法为不少企业所采用。即企业确定广告预算的依据是他们所能拿得出的资金数额，企业根据其财力情况来决定广告开支。当然，这一方法也有一定的片面性，因为广告是企业的一种促销手段，其目的是为了促进销售；当广告费投入不到位时，有可能影响目标的实现。

（5）竞争对抗法

这一方法是根据竞争对手的广告费开支来确定本企业的广告预算。在这里，广告主明确把广告当成了进行市场竞争的工具。其具体的计算方法又有两种：一是市场占有率法，二是增减百分比法。

市场占有率法的计算公式如下：

广告预算=（对手广告费额÷对手市场占有率）×企业预期市场占有率

增减百分比法的计算公式如下：

广告预算=（1+竞争者广告费增减率）×上年广告费

采用这种方法的前提条件：企业必须能获悉竞争者确定广告预算的可靠信息。各企业的广告信誉、资源、机会与目标大致相同。企业采取这种方法能代表集体的智慧，是科学的。显然，这些条件都具备是有一定难度的。

3. 广告信息决策

广告信息决策的核心问题是制定一个有效的广告信息。最理想的广告信息应能引起人们的注意，提起人们的兴趣，唤起人们的欲望，导致人们采取行动。有效的信息是实现企业广告活动目标，获取广告成功的关键。

4. 广告媒体决策

广告媒体是广告主为推销商品，以特定的广告表现，将自己的意图传达给消费者的工具或手段。不同的广告媒体具有不同的特点，它限制着广告主意图的表达和目的的实现。不同的广告媒体，它的传播范围、时间，所能采用的表现形式，接受的对象都是不同的。广告主在通过广告媒体将自己的意图在他们所希望的时间、地区传递给目标对象时，需要根据媒体所能传播的信息量的多少和媒体占用时间与空间的多少等情况来支付不同的费用。因此，广告媒体选择的核心在于寻求最佳的传送路线，使广告在目标市场影响范围内达到期望的展露数量，并拥有最佳的成本效益。

企业在选择媒体时要考虑如下因素：

（1）目标顾客的媒体习惯

人们在接收信息时，一般是根据自己的需要和喜好来选择媒体。比如，教育程度高的人，接收信息的来源往往偏重于网络和印刷媒体；老年人则有更多的闲暇时间用于看电视和听广播；在校大学生偏爱上网和听广播。分析目标顾客的媒体习惯，能够更有针对性地选择广告媒体，提高广告效果。

（2）媒体特点

不同媒体的市场覆盖面、市场反应程度、可信性等均有不同的特点。

（3）产品特性

不同产品在展示形象时对媒体有不同要求，如性能较为复杂的技术产品，需要一定的文字说明，较适合印刷媒体；服装之类的产品，最好通过有色彩的媒体做广告，如电视、杂志、网络等。

5. 广告效果评价

良好的广告计划和控制在很大程度上取决于对广告效果的测定。测定和评价广告效果，是完整的广告活动过程中不可缺少的内容，是企业上期广告活动结束和下期广告活动开始的标志。广告效果是通过广告媒体传播之后所产生的影响。这种影响可以分为两种：①对消费者的影响——广告沟通效果；②对企业经营的影响——广告销售效果。

（1）广告沟通效果评价。广告沟通效果的研究目的，在于分析广告活动是否有效地传播信息。测定广告本身效果的方法，主要有广告事前测定与广告事后测定。

广告事前测定，是指在广告作品尚未正式制作完成之前进行的各种测验，或邀请有关专家、消费者小组进行现场观摩，或在实验室采用专门仪器来测定人们的心理活动反应，从而对广告可能获得的成效进行评价。广告事前测定，能根据测定当中产生的问题，及时调整已定的广告策略，从而改进广告制作，提高广告的成功率。广告事前测定的具体方法主要有消费者评定法、组合测试法和实验室测试法。

广告的事后测定，主要用来评估广告出现于媒体后所产生的实际效果。广告事后测定的主要方法是回忆测定法与识别测定法。

（2）广告销售效果。把广告费用的增加与销售额的增加做比较，评估广告使销售额增加了多少。但这种评估很困难，因为销售额的增加，不仅取决于广告，还取决于其他许多因素，广告只是影响销售额的因素之一，因此还应该考虑沟通传播效果。

案例 4-4-2

香港的戒烟广告

香港的一则宣传戒烟广告，其画面为一支烟烧穿心脏，以此示意吸烟会破坏心脏功能。这个广告没有语言文字说明，图案简单明了，色彩以黑白两色为主，整个画面只用了三种不鲜艳的颜色——深黑、灰黑和白色。尽管如此，由于黑白反差效果使用得好，广告画面形象突出，给人以深刻的印象，是一个成功的广告。

启示：广告的制作，就是一门艺术，这个艺术运用得好，就会给人留下深刻的印象。

（资料来源：https：//max. book118. com/html/2018/0719/5311020313001302. shtm）

案例 4-4-3

世界上的经典广告语

- M&M 巧克力：不溶在手，只溶在口

这是著名广告大师伯恩巴克的灵感之作，堪称经典，流传至今。它既反映了 M&M 巧克力糖衣的特点，又暗示 M&M 巧克力口味好，以至于我们不愿意使巧克力在手上停留片刻。

- 百事可乐：新一代的选择

在与可口可乐的竞争中，百事可乐终于找到突破口，它从年轻人身上发现市场，把自己定位为新生代的可乐，邀请新生代喜欢的超级歌星作为品牌代言人，终于赢得青年人的青睐。一句广告语明确地传达了品牌的定位，创造了一个市场。

● 耐克：just do it

耐克通过以“just do it”为主题的系列广告和篮球明星乔丹的明星效应，迅速成为体育用品的第一品牌，而这句广告语正符合青少年一代的心态——要做就做，只要与众不同，只要行动起来。然而，随着乔丹的退役，随着“just do it”改为“l dream.”，耐克的影响力似乎也逐渐削弱了。

● 诺基亚：科技以人为本

“科技以人为本”似乎不是诺基亚最早提出的，但它却把这句话的内涵发挥得淋漓尽致。有一则广告是通过克林顿、叶利钦、布什、撒切尔夫人“四大人物”返璞归真的表演，阐释“以人为本”的理念，倡导每个人都应该拥有可贵的人性特点的主张，以其鲜明的、富有个性的形象，在同行中独树一帜。事实证明，诺基亚能够从一个小品牌一跃成为移动电话市场的第一品牌，正是尊崇了这一理念，从产品开发到人才管理，真正体现了以人为本的理念，因此，口号才喊得格外有力，因为言之有物。

● 戴比尔斯钻石：钻石恒久远，一颗永流传

经典的广告语是丰富的内涵和优美的语句的结合体，戴比尔斯钻石的这句广告语不仅道出了钻石的真正价值，而且也从另外一个层面把爱的价值提升到足够高度，使人们很容易把钻石与爱情联系起来，这的确是最美妙的感觉。

（资料来源：https://www.mofangge.xin/html/qDetail/01/g3/201206/tc4hg301145411.html）

案例 4-4-4

新《广告法》的解读

2015 年 4 月 24 日，全国人大常委会办公厅举办新闻发布会，通告《中华人民共和国广告法（修订草案）》经第十二届全国人民代表大会常务委员会第十四次会议表决通过，自 9 月 1 日起正式施行。

全国人大常委会法工委有关负责人表示，此次《广告法》修订是在现行法的基础上，从以下三个方面进一步加强了对消费者权益的保护：

一是加大对虚假广告的打击力度。

二是针对实践中比较突出、群众反映强烈的问题，有针对性地做出规范。

三是强化公众参与，加强社会监督。

据了解，修订后的新《广告法》主要有十大亮点：

一是充实和细化广告内容准则。修订完善或新增保健食品、药品、医疗、医疗器械、教育培训、招商投资、房地产、农作物种子等广告准则。

二是明确虚假广告的定义和典型形态。新《广告法》坚持问题导向，立足解决我国广告监管存在的主要问题。着重解决广大人民群众关注的虚假违法广告治理问题，明确规定广告内容虚假及内容引人误解均属虚假广告，同时列明构成虚假广告的具体情形，加大对虚假违法广告的惩治力度。

三是新增广告代言人的法律义务和责任规定，明确规定广告代言人不得为虚假广告代言，不得为未使用过的商品服务代言。

四是严控烟草广告发布。禁止烟草广告有利于遏制烟草消费，维护人民身体健康，根据我国履行《烟草控制框架公约》的需要，此次修法进一步规定禁止在大众传播媒介或者公共场所、公共交通工具、户外发布，同时明确禁止利用其他商品广告变相发布烟草广告。

五是新增关于未成年人广告管理的规定。新《广告法》中新增规定，如不得利用十周岁以下未成年人作为广告代言人；不得在中小学校、幼儿园内开展广告活动，不得利用中小学生和幼儿的教材、教辅材料等发布或者变相发布广告。

六是新增关于互联网广告的规定。针对广告扰民问题，新法规定未经当事人同意或请求，不得向其住宅、交通工具发送广告，也不得以电子信息方式发送广告。

七是强化了对大众传播媒介广告发布行为的监管力度。广播、电视、报刊等大众传播媒介是广告发布的重要渠道，新法对其广告发布活动进一步加强了管理，如新增规定电台、电视台发布广告应当遵守有关时长、方式的规定。大众传播媒介不得以介绍健康、养生知识等形式变相发布医药类广告。

八是增加公益广告，扩大广告法调整范围。新《广告法》增加规定国家鼓励、支持开展公益广告宣传活动，大众传播媒介有义务发布公益广告。

九是明确和强化工商机关及有关部门对广告市场监管的职责职权，明确以工商机关为主、各部门分工配合的管理体制，提高行政执法效能。

十是提高法律责任的威慑力。按照过罚相当原则，新法区分违法行为的社会危害程度和具体情节，对严重的广告违法，如发布虚假广告、利用广告推销禁止销售的商品或者提供的服务等，设定了较重的法律责任。增加了行政处罚种类，加大打击力度。

（资料来源：中国消费网，http：//www. ccn. com. cn/）

三、人员推销

有一个奇怪的领域，在这里，所谓的真实都不再让人迷醉；所谓的坚持都不再可贵，“见什么人说什么话，到什么山上唱什么歌”，反而是这里最基本的生存法则。这里的求生本能叫作“随机应变”，而这个奇怪的领域叫作“推销”。

案例 4-4-5

乔吉拉德的推销技巧

“1=250”

乔吉拉德总结出“1=250”的定律，即每位顾客的背后，大约站着250个人，这是与他关系比较亲近的人，如同事、邻居、亲戚、朋友，如果一个推销员在年初的一个星期见到50个人，其中只要有两个顾客对他的态度感到不愉快，到了年底，由于连锁反应，就可能有500个人不愿意和这个推销员打交道。由此，他总结出：在任何情况下，都不要得罪哪怕是一个顾客。

名片满天飞

每一个推销员都有名片，但许多推销员一年也用不完500张，而他一星期就能用完500张。如果让他指出拉生意的唯一办法是什么，那他很难决定。如果非要他做出这种几乎不可能的选择，那他可能会选择名片，但他说的名片不是经销商印的普通名片——销售员的名字被印在下面的角落里，或至少没有被突出。他的名片是他自己设计的，上面甚至有他的照片。

他还有个“癖好”，那就是他会在体育比赛高潮时刻，向人群抛撒大把的名片。在看橄榄球比赛时，当球员就要触地得分时，大家都会站起来，而他也会站起来和大家一起挥手欢呼。只不过他会带一大袋名片，并把名片一张张地抛向人群。他在体育场乱扔东西，但如果他扔出去的几百张名片中有一张落到了有心人（他想买车或认识一个想买车的朋友）的手上，那他挣到的佣金就足以让他那一天很有价值了。

你可能认为他这样做很古怪，但他可以肯定，这为他带来了若干生意。他还引起大家到他这里来买车的极大兴趣，因为抛撒是不寻常的举动，而人们是不会忘记这种事情的。关键一点是：有人的地方即有潜在的顾客，而一旦你告诉大家你的职业和工作地点，你就是在发展自己的业务。

情感营销

有一次，一位中年妇女走进乔吉拉德的展销厅，说她想在这儿看看车打发一会儿时间。闲谈中，她告诉吉拉德，她想买一辆白色的福特汽车，就像她表姐开的那辆，但对面福特车行的推销员让她过一小时后再去，所以她就来这儿看看。她还说，这是她送给自己的生日礼物：“今天是我55岁生日。”“生日快乐！夫人。”吉拉德一边说，一边请她进来随便看看，接着出去交代了一下。

吉拉德领着夫人从一辆辆新车面前慢慢走过，边看边介绍。在来到一辆雪佛兰车前时，他说：“夫人，您对白色情有独钟，瞧这辆双门式轿车，也是白色的。”

就在这时，助手走了进来，把一束玫瑰花交给了吉拉德。他把这束漂亮的花送给夫人，再次对她的生日表示祝贺。那位夫人感动得热泪盈眶，“已经很久没人给我送礼物了。”她说，“刚才那位福特推销员一定是看我开了部旧车，以为我买不起新车，我刚要看车，他却说要去收一笔款，于是我就上这儿来等他了。其实，我只是想要一辆白车而已，只不过表姐的车是福特，所以我也想买福特。现在想想，不买福特也一样。”

最后，她在吉拉德那儿买了一辆雪佛兰，并开了一张全额支票。其实从头到尾，吉拉德的语言中都没有劝她放弃福特而买雪佛兰的词句。只是因为她在这里感受到了重视，于是放弃了原来的打算，转而选择了吉拉德的产品。

（资料来源：http：//www. ruiwen. com/gushi/1095192. html）

（一）人员推销的含义与特点

1. 人员推销的含义

人员推销，是指企业通过派出销售人员与一个或一个以上可能成为购买者的人交谈，作口头陈述，以推销商品，促进和扩大销售。人员销售是销售人员帮助和说服购买者购买某种商品或劳务的过程。

有人认为，人员推销就是多磨嘴皮、多跑腿，把手里的商品卖出去而已，无须什么学问和技术。有人认为人员推销就是欺骗，推销技术就是骗术。这都是不同人员推销的一种表现。其实，人员推销是一项专业性很强的工作，是一种互惠互利的推销活动，它必须同时满足买卖双方的不同需求，解决各自不同的问题，而不能只注意片面的产品推销。尽管买卖双方的交易目的大不相同，但总可以达成一些双方都可以接受的协议。人员推销不仅是卖的过程，而且是买的过程，即帮助顾客购买的过程。推销员只有将推销工作理解为顾客的购买工作，才能使推销工作进行得卓有成效，达到双方满意的目的。为顾客服务，不仅是推销员的愿望和口号，而且也是人员推销本身的客观要求。换句话说，人员推销不是推销产品本身，而是推销产品的使用价值和实际利益。顾客不是购买产品实体本身，而是购买某种需要的满足；推销员不是推销单纯的产品，而是推销一种可以解决某些问题的答案。能否成功地将推销产品解释为顾客需要的满足，能否成功地将推销产品解释为解决顾客问题的答案，是保证推销效果的关键因素。因此，推销员应该说的是“推销品将使顾客的生活变得如何好”，而不是“推销品本身如何好”。

2. 人员推销的特点

优点：(1) 方法灵活，作业弹性大。人员推销由于与客户保持直接接触，可以根据各类客户的欲望、需求、动机和行为，有针对性地采取必要的协调行动。同时也便于观察客户反应，及时调整推销计划和内容，顾客有什么意见或问题也可以及时得到回答和解决。

(2) 推销效率高，容易达成交易。人员推销可以对未来可能的顾客先做一番研究和选择，通过电话或传真的预约并确定推销对象，以便实地推销时，目标明确，容易获得推销成果，同时也可将不必要的经费和时间浪费降低到最低限度。

(3) 可兼任其他营销功能。推销人员除了担任多项产品（服务）的推销工作外，还可以兼做信息咨询服务，收集客户情报、市场调研、开发网点，帮助顾客解决商业性事项等工作。

缺点：当市场广阔而又分散时，推销成本较高；人员过多时难以管理；同时，理想的推销人员并非易得。因此，除了致力于推销人员的挑选与培训外，其他推销方式也是有效的补充。

（二）人员推销的工作程序

1. 寻找潜在顾客

很多情况下，销售人员必须能鉴别潜在的顾客，潜在顾客是指有购买可能或者愿望的顾客。这些潜在顾客必须同时具备三个基本条件：一是愿意购买；二是有支付能力；三是有购买决策权。

推销员发现潜在顾客的基本途径，一是随时随地寻找利用一切可以利用的场合和机会；二是利用人际关系介绍。如血缘、地缘、亲缘及各种团体，发现潜在顾客；三是寻找突破口。利用连带关系，发现潜在顾客。

发现潜在顾客的主要技巧包括：

（1）直接访问。即挨家挨户访问，或利用电话访问。

（2）老顾客介绍。利用老顾客的关系，介绍潜在顾客。

（3）同事协助。利用本企业其他业务人员介绍潜在顾客。

（4）产品展示。通过展出产品或新颖的 POP 广告吸引顾客驻足了解。

（5）利用各种名册。如电话本、工商名录、黄页、社团名录，也可以在新兴的互联网络上寻找客户信息。

（6）交换名单。不同行业的推销员相互交换顾客名单。

案例 4-4-6

小王曾经是某外贸公司的办公室文员，由于公司生意不景气，他辞掉了公职，加盟某化妆品公司，做了一名职业推销员。加入一个新的行业，一切都必须从头开始，小王为自己没有客户而发愁，不得不每天挎着一个大背包，里面装满了各种眉笔、唇膏、粉饼等化妆品，一家家地敲着陌生人的大门。可是能开门见她的人很少，一连几个月虽然她的收入有所提高，但仍不足以维持温饱，这深深刺痛了她那颗骄傲的心，她不相信在别人干得有声有色的行业中，自己只是一个“脓包”，一定有办法开创自己的新天地。

小王先向她的同学、亲友介绍化妆品，先请她们试用，并借机向她们推销产品，很快业绩有了上升，之后又请她们把她介绍给她们的同事，但是当用这些常规方法发展到近 50 人时，她的业务又出现了停滞。接下来小王决定在自己的小区里展开推销活动，她写了几百封信：“××号的李女士，您好！我是您的邻居王小丽，在某某公司工作，我很希望与您交个朋友。能在晚上 6 至 8 点钟之间给我打个电话吗？我的电话是 87654321。”并附上一些化妆品的说明书，然后把信件塞进了各户的信箱。以后几天晚上陆续接到了 5 个电话。卖出了 3 只口红、4 个保湿粉底和 1 瓶收缩水。就这样做了几个月，小王的推销成绩又有了很大进步，但她仍觉得销售增长的速度慢。

怎样才能提高效率呢？她苦思冥想了很长时间也不得要领。后来在儿子的家长会上她偶然得知有一个孩子的妈妈是某单位的工会主席，姓王，突然有主意了，决定试一试。机会来了，有一天下着大雨，工会主席还没来，看着孩子们一个个被家长接走了，她的孩子很着急，小王就主动上前安慰他，告诉他说：“阿姨可以送你回家。你先给妈妈打个电话，告诉她不要着急，康明（小王的儿子）的妈妈送你回家。”小家伙照办了。小王把他送到家，记住了她家的地址。她们成了好朋友，小王给她做了全套护肤美容和化妆，边做边讲解，并针对她的肤质特点提出建议，工会主席发现化妆后比平时漂亮多了。大家的赞美使她很高兴，自然成了小王的顾客，她也帮助小王介绍了一些同事，在她的影响下，她们单位不少女同事也都开始使用雅芳化妆品了，小王的顾客数量也达到了 300 人，收入大有增长。王主席后来又帮小王与另外几个大企业的工会主席取得了联系，建立了友谊。通过这种方法，小王发展了几个公司的大量顾客。她们中有的人买全套化妆品，有的人只买单件，不论怎样，她对她们一视同仁，周到服务，大家对她非常满意。因此，她的顾客量越来越大，销售量直线上升，收入也有了极大提高。

（资料来源：https：//www. shangxueba. com/ask/6587657. html）

2. 访前准备

一般来说，接触前的准备是指销售工作流程正式接触前的所有活动，销售人员应对他们的行业、公司产品或劳务、竞争对手和顾客等都非常熟悉，尤其是潜在顾客的个人和商业信息活动。销售人员准备得越充分，成功的可能性必然就越大。

3. 接近并与客户建立良好的关系

初次会晤是销售人员与潜在顾客的首次真正接触，许多专家称它是销售过程中最重要的 30 秒。在初次见面中，销售人员必须与潜在的客户建立良好的关系，销售人员必须吸引顾客的注意力，否则销售人员以后的行动可能会不起作用。

销售工作流程到这一阶段时，销售人员要进行大量的提问和倾听。提问有助于吸引顾客的注意力，销售人员聆听顾客的回答，可以在双方之间建立起一种互相信任的关系；在倾听的过程中，一旦发现问题，销售人员就可以向潜在顾客介绍解决问题的方法。在介绍方法时，应富有创造性，并努力创造一个轻松愉快的氛围。销售人员提出的每一个问题，都暗含着对潜在顾客的关心与兴趣。销售人员越多地倾听潜在顾客的谈话，顾客就会越喜欢并信任销售人员。由此，销售人员可以和潜在顾客建立良好的客户关系。

4. 了解客户的需求

销售工作流程中了解客户的需求是市场销售的第一块基石。对客户的需求了解得越细致准确，销售的结果就越能有效地满足客户的需求。在这一阶段中，销售人员能从客户的谈话中了解客户所面临的问题及客户希望获取的信息等，进而达到销售的目的。

5. 描述产品

销售工作流程到了明确顾客存在的问题之后，销售人员就要准备解释并生动地描述相关产品的特征和优点。销售人员在描述产品的过程中，比较困难的一项任务是使顾客准确地领会自己的意图。信息的传递和接收者之间的交流沟通中很容易产生误解，接收者不太可能像传递者所希望的那样准确无误地理解信息。因此，在描述产品的过程中，销售人员要与顾客不断地进行交流，描述要针对客户的需求，一定要让顾客知道为什么要听你讲、利益是什么以及对他们有什么好处。

6. 异议的处理

销售人员必须学会把异议视为销售工作流程过程中的正常部分。当没有异议时，销售人员反而更应该感到焦虑，因为有异议正表明顾客对产品是感兴趣的。销售人员要解决有关顾客购买的一切问题。

（1）排除客户异议障碍。若发现客户欲言又止，自己应主动少说话，直截了当地请对方充分发表意见，以自由问答的方式真诚地与客户交换意见。对于一时难以纠正的偏见，可将话题转移。对恶意的反对意见，可以“装聋作哑”。

（2）排除价格障碍。当客户认为价格偏高时，应充分介绍和展示产品、服务的特色和价值，使客户感到“一分钱一分货”；对低价的看法，应介绍定价低的原因，让客户感到物美价廉。

（3）排除习惯势力障碍。实事求是地介绍客户不熟悉的产品或服务，并将其与他们已熟悉的产品或服务相比较，让客户乐于接受新的消费观念。

7. 成交与感谢

销售人员在顾客满意的情况下完成销售，此时应对客户的合作表示感谢，谢意的表达必须是真诚的，应让客户感受到交易的达成是值得庆贺的，他们随时都会受到认真的热情接待。

（三）人员推销的策略与技巧

1. 推销策略

（1）试探性策略，又称“刺激—反应”策略，是指推销人员利用刺激性较强的方法引起顾客购买行为的一种推销策略。

（2）针对性策略，又称“配合—成交”策略。这种策略的特点，是事先已基本了解客户在某些方面的需要，然后有针对性地进行“说服”，当讲到“点子”上引起客户共鸣时，就有可能促成交易。

（3）诱导性策略，也称“诱发—满足”策略。这是一种创造性推销，即首先设法引起客户需要，再说明所推销的这种服务产品能较好地满足这种需要。这种策略要求推销人员有较高的推销技术，在“不知不觉”中成交。采用这种策略，推销人员要有较高的推销技术，能设身处地为顾客着想，并能做到恰如其分地介绍产品，真正起到诱导作用。

2. 人员推销的技巧

推销是一项技巧性很强的工作，工作平庸的推销员和成功的推销员之间的主要区别在于后者能够掌握推销的真谛，将各种推销技巧熟记于心并运用自如，在面对各种各样的客户时做到胸有成竹，攻无不克。

（1）上门推销技巧

①找好上门对象。可以通过商业性资料手册或公共广告媒体寻找重要线索，也可以到商场、门市部等商业网点寻找客户名称、地址、电话、产品和商标。

②做好上门推销前的准备工作，尤其要对产品、服务的内容和研发状况有十分地了解、熟悉并牢记，以便推销时做到有问必答；同时对客户的基本情况和要求应有一定的了解。

③掌握“开门”的方法，即要选好上门时间，以免吃“闭门羹”。可以采用电话、传真、电子邮件等手段事先交谈或传送文字资料给对方并预约面谈的时间、地点。也可以采用请熟人引见、名片开道、与对方有关人员交朋友等策略，赢得客户的欢迎。

④把握适当的成交时机。应善于体察顾客的情绪，在给客户留下好感和信任时，抓住时机发起“进攻”，争取签约成交。

⑤学会推销的谈话艺术。

（2）洽谈艺术

首先注意自己的仪表和服饰打扮，给客户一个良好的印象；同时，言行举止要文明、懂礼貌、有修养，做到稳重而不呆板、活泼而不轻浮、谦逊而不自卑、直率而不鲁莽、敏捷而不冒失。

在开始洽谈时，推销人员应巧妙地把谈话转入正题，做到自然、轻松、适时。可采取以关心、赞誉、请教、炫耀、探讨等方式入题，顺利地提出洽谈的内容，以引起客户的注意和兴趣。在洽谈过程中，推销人员应谦虚谨言，注意让客户多说话，认真倾听，表示关注与兴趣，并做出积极的反应。

遇到障碍时，要细心分析，耐心说服，排除疑虑，争取推销成功。在交谈中，语言要客观、全面，既要说明优点所在，也要如实反映缺点，切忌高谈阔论。

洽谈成功后，推销人员切忌匆忙离去，这样做，会让对方误以为上当受骗了，从而使客户反悔违约。应该用友好的态度和巧妙的方法祝贺客户做了笔好生意，并指导对方领会好合约中的重要细节和其他一些注意事项。

提问在销售过程中尤其是在大生意的销售过程中起着越来越重要的作用，但提问不是万能的，正确的提问才能实现更多的销售。

（四）推销人员素质要求

推销人员既是公司形象的代表，更是顾客的顾问。因此，推销人员必须在服务精神、工作作风、业务知识和推销技巧等方面具备良好的素质和条件。

1. 品质素质

对客户要诚恳、热情、谦恭有礼。具备全心全意为顾客服务的精神，要有高度的责任感，绝对不允许有损害企业形象的行为发生。遵纪守法，不假公济私，不铺张浪费。

2. 心理素质

一个优秀的推销人员必须具备良好的心理素质，主要包括：第一，性格外向。推销人员宜由性格外向的人担任，有利于人与人之间的沟通接触。第二，有容忍度。推销人员必须有一定的容忍度和耐心，才能胜任这项工作。因为被客户拒之门外的现象是屡见不鲜的。第三，有坚强的毅力和上进心。只有那些具有坚强毅力和坚韧不拔精神的人，才能克服困难，更好地完成推销任务。第四，富有幽默感。幽默能使人打破僵局，摆脱困境，增加影响力，从而缩短谈判双方之间的距离。

3. 业务素质

敏锐的洞察力。即对市场行情有高度的职业敏感性，具备科学的预测能力。

丰富的知识。应当知识面广，学识渊博。要具备市场知识、顾客知识、产品知识和企业知识等。

高超的社交能力。要学会说服，善于倾听，能够与各种性格的人友好相处。

4. 身体素质

必须具有健壮的体格和健全、灵活的大脑，从而保持旺盛的精力。

案例 4-4-7

两家小店

有两家卖粥的小店。左边这个和右边那个每天的顾客相差不多，都是川流不息，人进人出的。然而晚上结算的时候，左边这个总是比右边那个多出了百十元来。天天如此。

于是，我走进了右边那个粥店。服务小姐微笑着把我迎进去，给我盛好一碗粥。问我：加不加鸡蛋?”我说加。于是她给我加了一个鸡蛋。每进来一个顾客，服务员都要问一句：“加不加鸡蛋?”也有说加的，也有说不加的，大概各占一半。

我又走进左边那个小店。服务小姐同样微笑着把我迎进去，给我盛好一碗粥。问我：“加一个鸡蛋，还是加两个鸡蛋?”我笑了，说：“加一个。”再进来一个顾客，服务员又问一句：加一个鸡蛋还是加两个鸡蛋?”爱吃鸡蛋的就要求加两个，不爱吃的就要求加一个。也有要求不加的，但是很少。一天下来，左边这个小店就要比右边那个多卖出很多个鸡蛋。

给别人留有余地，更要为自己争取尽可能大的领地。只有这样，才会于不声不响中获胜。销售不仅仅是方法问题，更多的是对消费心理的理解。

(资料来源：销售技巧：17 个经典营销案例)

四、营业推广

(一) 营业推广概念

营业推广，也称为销售促进，英文为 sales promotion (简称 SP)，是通过推出“看得见”的利益，销售企业产品或服务的促销活动。按照美国市场营销学会 (AMA) 的定义，销售促进指“人员推销、广告和公共关系以外的，用以增进消费者购买和交易效益的那些促销活动，诸如陈列、展览会、展示会等不规则的、非周期发生的销售努力”。

(二) 营业推广的作用

1. 可以吸引消费者购买

这是营业推广的首要目的，尤其是在推出新产品或吸引新顾客方面，由于营业推广的刺激比较强，较易吸引顾客的注意力，使顾客在了解产品的基础上采取购买行为，也可能使顾客追求某些方面的优惠而使用产品。

2. 可以奖励品牌忠实者

因为营业推广的很多手段，譬如销售奖励、赠券等通常都附带价格上的让步，其直接受惠者大多是经常使用本品牌产品的顾客，从而使他们更乐于购买和使用本企业产品，以巩固企业的市场占有率。

3. 可以实现企业的营销目标

这是企业的最终目的。营业推广实际上是企业让利于购买者，它可以使广告宣传的效果得到有力的增强，破坏消费者对其他企业产品的品牌忠实度，从而达到实现本企业产品销售的目的。

(三) 营业推广的特点

1. 营业推广是非常规、非经常性的行为

与人员推销、广告等经常性促销手段相比，营业推广不能经常使用，只是用于解决一

些短期的、具体的促销任务。

2. 适合营业推广的品种有限

在大多数情况下，品牌声誉不高的产品采用营业推广方式的较多，而名牌产品则主要依靠品牌形象取胜，过多地使用销售促进可能降低其品牌声誉。同时，销售促进实质上表现为经济利益的让渡，所以对于价格弹性较大的产品比较适用，而价格弹性小、品质要求高的产品则不宜过多使用销售促进手段。

3. 销售促进手段多样

4. 短期效应明显

人员推销和广告一般需要一个较长周期才能显示出效应，而营业推广只要选择得当，其效益能很快地体现出来。

（四）营业推广的方式

营业推广的对象主要面向三个方面（见表 4–4–3）。

表 4–4–3　营业推广的方式

营业推广对象	营业推广形式
顾客	赠送样品、赠品、包装促销、折扣券、现场示范、奖励促销、价格折扣、免费品尝
中间商	批发回扣、推广津贴、价格折扣、折让、赠品、陈列品、销售竞赛、广告协助、业务会议
推销人员	销售竞赛、免费培训、技术指导、奖金、产品宣传资料

1. 面向顾客的营业推广方式

（1）赠送样品。向消费者赠送样品或试用品，赠送样品是介绍新产品最有效的方法之一，其缺点是费用高。样品可以选择在商店或闹市区发放，或在其他产品中附送，也可以公开广告赠送，或入户派送。

（2）赠品。制造商为加强与消费者的感情，免费赠送附有厂名的赠品，以此作为购买特定商品的刺激。赠品有三种主要形式：随附赠品、免费邮寄赠品、低价赠品。

（3）包装促销。在保证产品质量不变的前提下，使用简单包装或改用大包装而适当降低销售价格的方式来吸引顾客；或是将两个或两个以上的相关产品以组合包装和搭配包装的方式，让顾客感受到比单独购买更优惠的价格。这是长期受顾客欢迎的方式，但是在新产品上市时不宜采用。

（4）折扣券、折价券。在购买某种商品时，持券可以免付一定的金额。折价券可以通过广告或直邮的方式发送。在节假日的商场促销活动中，常看到的类似“买 200 送 100”“买 100 省 40”等广告条幅，即是这种形式的应用。

（5）现场示范。企业派促销员在销售现场演示本企业的产品，向消费者介绍产品的特点、用途和使用方法等。再加上促销员热情劝说试用、鼓励免费品尝，潜在顾客更容易被说动。

（6）购买次数计划。顾客在购买一定数量或金额的产品后，可以获得企业按条件发放的奖励。如 VIP 享有的特殊优惠服务。

（7）有奖销售。消费者在购买商品后有机会获得现金、商品或其他奖励。奖励方式推陈出新，最常见的是幸运抽奖，顾客只要符合抽奖条件，即可从企业获得一个抽奖机会，多买多得，或当场开奖，或按规定日期开奖。

（8）利益承诺。这也是吸引顾客的一种手段，通过对购物后的利益保障来取得消费者的信任，如保证一定期限内无条件退换货品和承诺保修范围等。例如，某公司新推出一种清洁剂，声称可以去掉地毯上最顽固的污渍，那么，一个“如不满意可以退款”的保证就可以给买主在购买此产品时增加信心。

（9）以旧换新。顾客在购物时，将旧产品交出，购买同一品牌的新产品时，可享受一定价格折扣的优惠。这种形式对巩固原有市场和更新产品有很好效果，尤其是对那些有固定使用期限的产品，其效果更加明显。

2. 面向中间商的营业推广方式

面向中间商的营业推广方式有：

（1）批发回扣。企业为争取批发商或零售商多购进自己的产品，在某一时期内给经销本企业产品的批发商或零售商加大回扣比例。

（2）推广津贴。企业为促使中间商购进企业产品并帮助企业推销产品，可以支付给中间商一定的推广津贴。

（3）销售竞赛。根据各个中间商销售本企业产品的实绩，分别给优胜者以不同的奖励，如现金奖、实物奖、免费旅游、度假奖等，以起到激励的作用。

（4）提供协助。生产商对零售商专柜的装潢予以资助，提供 POP 广告，以强化零售网络，促使销售额增加；可派遣厂方信息员或代培销售人员。生产商这样做的目的是提高中间商推销本企业产品的积极性和能力。

（5）业务会议。常见的形式有交易会、展销会、博览会等。通过业务会议，企业能够加强与中间商的联系，当然也能够结识新的中间商，扩大产品的销量和销售范围。

3. 面向推销人员的营业推广方式

主要是针对企业内部的销售人员，鼓励他们热情推销产品或处理某些老产品，或促使他们积极开拓新市场。如对业绩优秀的推销员给予奖金鼓励、组织推销人员开展销售竞赛并给予奖励、免费提供人员培训等。

（五）营业推广设计

1. 确定推广目标

营业推广目标的确定，就是要明确推广的对象是谁，要达到的目的是什么。只有知道推广的对象是谁，才能有针对性地制定具体的推广方案，例如是为了培育忠诚度还是为了鼓励大批量购买。

2. 选择推广工具

营业推广的方式方法有很多，但如果使用不当，则适得其反。因此，选择合适的推广工具是取得营业推广效果的关键。企业一般要根据目标对象的接受习惯和产品特点、状况等来综合分析和选择推广工具。

3. 推广的配合安排

营业推广要与营销沟通等方式（如广告、人员销售等）整合起来，相互配合，共同使用，从而形成营销推广期间的更大声势，以取得单项推广活动达不到的效果。

4. 确定推广时机

营业推广的市场时机选择很重要，如季节性产品、节日、礼仪产品，必须在季前节前做营业推广，否则就会错过了时机。例如，某饮料生产企业在开拓某地市场时，10 月份才开始做广告促销和大量的营业推广活动，这就是在时机选择上的失误，因为 10 月份开始进入饮料销售淡季。它应该在每年销售旺季到来之前及旺季中的 4—9 月开展营业推广活动，这样效果才会显著。

5. 确定推广期限

即营业推广活动持续时间的长短。推广时间要恰当。推广时间过长时，消费者会失去新鲜感，产生不信任感；推广时间过短，一些消费者还来不及接受营业推广的实惠，收不到最佳的促销效果。

五、公共关系

（一）公共关系的含义

根据菲利普·科特勒的定义，公共关系是指争取对企业有利的宣传报道，协助企业与有关的各界公众建立和保持良好的关系，建立和保持良好的企业形象以及消除和处理对企业不利的谣言和事件。良好的企业形象是企业的无形财富，能发挥难以估量的作用。

（二）公共关系的促销方式

1. 借助新闻媒体宣传报道

公共关系部门可以编写有关企业、产品和员工的新闻，或举行活动，创造机会吸引新闻界和公众，扩大影响，提高知名度。比如企业为希望工程举行赞助义演活动或者参加全国性的大型活动。

案例 4-4-8

脑白金的软文策略

脑白金的软文策略不能不说是脑白金营销策划上的一个亮点。软文的优点是投入少，收效大，消费者易于接受。脑白金面世初期，投放市场的是新闻炒作类软文，如《人类可以长生不老?》《两颗生物原子弹》等。一篇紧接着另一篇，持续轰炸，形成一轮又一轮脑白金冲击波。这种文章的权威性、真实性不容置疑。虽然没有直接的商品宣传，但脑白金的神秘色彩却被凸显出来。人们不禁要问："脑白金究竟是什么?"消费者的猜测和彼此之间的交流使"脑白金"的概念在大街小巷迅速流传开来，人们对脑白金产生了一种好奇心理，想要一探究竟。

紧接着跟进的是系列功效类软文，如《一天不大便等于抽三根烟》《人体内有只

“钟”》《夏天贪睡的张学良》《宇航员如何睡觉》等。这些文章主要从睡眠不足和肠道不好两方面来阐述其对人体的危害，并指导人们克服这种危害，且将对脑白金功效的宣传巧妙地融入软文中。读者读起来轻松，并且不由得你不信，每一篇都在谈科普，没有做广告之嫌，仅投入两个月就获得了意想不到的效果。

（资料来源：https：//www.doc88.com/p-709224708831.html）

2. 参与和赞助各种社会公益事业

赞助活动是企业最常采用的方式之一，企业赞助活动主要包括体育运动、文化娱乐活动、教育事业、社会慈善和福利事业、有特殊意义的电视片、纪录电影等。

案例 4-4-9

让奥运金牌托起孩子的希望

在奥运期间，海尔正式启动了“一枚金牌，一所希望小学”计划，即在北京奥运会上，中国运动员每获得一枚金牌，海尔就将为贫困地区的孩子捐建一所希望小学。

为期 17 天的北京奥运会已经圆满闭幕，通过健儿们的奋力拼搏，中国体育代表团以 51 枚金牌的成绩傲居金牌榜第一，并在女子体操、射箭、击剑、赛艇、蹦床、拳击等多个项目上取得历史性突破。

相应地，海尔“一枚金牌，一所希望小学”计划也遍地开花——共捐建希望小学 51 所，遍布全国 25 个省。其中就包括四川北川地震灾区的 15 所，3 万多名贫困地区的孩子也因此收获了“希望”，有了新的学校。

让金牌托起希望——海尔的这项计划不仅完美地诠释了奥运精神，更使金牌增值——承载了更为深刻的社会意义。海尔集团新闻发言人张铁燕表示，海尔一直积极支持希望工程，将反哺社会、致力公益视为企业的使命，而北京奥运会是中国的盛世，所以海尔“一枚金牌，一所希望小学”计划就是为了让更多贫困地区的孩子也能感受到奥运的喜庆气氛，分享奥运带来的“希望”。

（资料来源：http：//www.haier.net/cn/about_haier/news/shzr/201106/t20110601_51122.shtml）

3. 举办有影响力的活动

借助活动的覆盖面引起公众对企业的关注，从而间接达到建立公共关系的目的。企业举办有影响的活动的方式有很多，如演讲比赛、合办晚会、参与体育活动等。

4. 展览会或展销会

这是一种典型的综合运用多种传播方式的手段，主要通过实物、文字、图表来展现企业的成效、风貌和特征。展览会和展销会是一种直观、形象和生动的传播方式，它综合了多种传播媒介的优点，能以讲解、交谈、宣传手册、介绍材料、照片、录像、幻灯片、广播等不同形式吸引观众，达到与公众的双向沟通。

5. 特殊纪念活动

每个企业都有一些值得特殊纪念的活动，如开业典礼、周年纪念日、产品获奖、新产品试制成功等。利用特殊纪念日制造新闻，是影响公众的极好机会。

6. 建立企业形象识别系统（CIS）

比如，编制企业年度报告、业务通信和期刊、宣传册，建设企业网站、光盘、视频材料等，内容可以包括企业历史、产品特色、营销策略、优秀职工展示等，这些材料在不同程度上可以影响目标市场。

（三）公共关系活动的决策

公关活动决策应注意以下四个方面的内容。

1. 确定公关活动的目标

企业的公关决策，首先是确定公关目标。企业在进行调查研究、对企业及产品的形象进行评估的基础上，根据企业的经营目标，分析社会公众对企业的印象和评价，从而确定公共关系所要达到的目标。常见的公共关系目标有：提高品牌的知名度、加深大众对企业服务于公众利益的理解、建立信息网络、消除公众误解、提高企业的声誉、降低企业的促销成本等。

2. 确定公关活动的对象

公关活动的对象包括以下几个方面：

一是顾客。为了与顾客间建立良好的关系，企业应始终坚持为顾客提供满意服务的观念，与顾客进行有效的沟通，特别是注意处理与顾客的纠纷。

二是经销商。企业应及时迅速地给经销商提供品质优良、价格合理、设计新颖的适销对路商品，为经销商提供各种优惠、便利和服务。

三是供应商。与供应商保持良好的关系，以取得充足的原材料、零部件、工具、能源供应。

四是社区。企业应与所在地的工厂、机关、学校、医院、公益事业单位和居民，共建物质与精神文明，获取社区的谅解与支持。

五是政府。企业必须经常与政府有关部门进行沟通，及时了解有关的政策、法规和计划，创造企业发展的良好政策环境。

六是新闻媒体。新闻传播媒体是公共关系的重要因素，它控制着最重要的公共沟通渠道，对公关有着极其重要的作用。新闻宣传是一把双刃剑，它既可以把你捧上天堂，也可以把你打入地狱。因此，公关人员必须努力与新闻媒体建立良好的关系，保持与新闻界的联系。

此外，企业还应处理好与竞争对手的关系。在某些方面，企业可与竞争对手合作，以解决共同关心的行业困难和问题，共同开拓市场。

3. 制定公关活动的行动方案

公共关系活动是一项整体活动，它本身是由一系列活动项目组成的。具体的公关项目是为了实现公关活动的目标，而采取的一系列有组织的行动，其中包括记者招待会、展览会、赞助活动等。在制定公关决策时，还要充分考虑预算开支、所需人力和技术上的可行性以及各种可控或不可控的因素。

4. 公关活动的实施

一般情况下，公关活动都可以按方案按部就班地进行下去，但是也要求具备应对一些突发事件的能力，比如一些意想不到的困难时有发生，像报纸、杂志拒绝刊登公关稿件等。因此，需要公关人员与有关单位和相关人员建立良好的关系，以保证公关方案的顺利实施。

复习思考题

1. 产品整体概念的营销意义是什么？
2. 企业应如何根据市场需求的变化，灵活地调整企业的产品组合？
3. 以身边某种熟悉的产品为例（如电视、手机、轿车等），讨论其产品生命周期的变化及企业的营销对策。
4. 影响企业产品定价的因素有哪些？
5. 简述成本导向定价法、需求导向定价法、竞争导向定价法的概念。
6. 新产品定价策略有哪些？
7. 心理定价策略有哪些？
8. 产品组合定价策略有哪些？
9. 企业价格调整的策略有哪些？
10. 什么是分销渠道？分销渠道的类型有哪些？
11. 促销组合的方式有哪些？
12. 广告媒体分类有哪几种？每种分别是什么形式？
13. 人员推销的程序分为哪几个步骤？
14. 举出 8 种针对消费者的营业推广的方式。

案例分析一

罗林罗克——美国啤酒业的小不点儿，无论从产量和资金规模上都不能与百威、米勒相提并论。最初罗林罗克上市时，仅有 1500 万美元的营销预算（相对照的是，百威一年仅用于电视广告的费用就达一亿美元，米勒为 5000 万~6000 万美元）。预算的不足，迫使营销人员在包装上大做文章。罗林罗克设计了一种独特的绿色长颈瓶，并涂上显眼的艺术装饰，使其包装在众多啤酒品牌中独树一帜。消费者通常会认为瓶子上的图案是手绘的，样子独特有趣，并且愿意把它摆在桌子上。为了突出罗林罗克长颈瓶，以及啤酒是用山泉酿造的这一事实，公司重新设计了包装箱，在包装箱上印有放在山泉中的绿色长颈瓶，图案色彩鲜艳、清晰，令消费者在 10 米外也能认出罗林罗克啤酒。

问题：罗林罗克为何要在包装方面花费如此大的心血？

（资料来源：http：//www. docin. com/p-1577285174. html）

案例分析二

乡下来的销售员

一个乡下来的小伙子去应聘城里百货公司的销售员。老板问他："你以前做过销售员吗?"他回答说："我以前是村里挨家挨户推销的小贩子。"老板喜欢他的机灵："你明天可以来上班了。等下班的时候，我会来看下。"

一天的时间很快就过去了，该下班时老板来了，问他说："你今天做了几单买卖?""一单。"年轻人回答说。"只有一单?"老板很吃惊地说："我们这儿的销售员一天基本上可以完成 20 到 30 单生意呢。你卖了多少钱?""300 000 美元。"年轻人回答道。

"你怎么卖到那么多钱的?"目瞪口呆，半晌才回过神儿来的老板问道。

"是这样的，"乡下来的年轻人说，"一个男士进来买东西，我先卖给他一个小号的鱼钩，然后是中号的鱼钩，最后是大号的鱼钩。接着，我卖给他小号的渔线、中号的渔线、最后是大号的渔线。我问它上哪儿钓鱼，他说海边。我建议他买条船，然后我带他到卖船的专柜，卖给他一艘帆船。但他说，他的大众牌汽车可能拖不动这么大的船。于是我又带他到汽车销售区，卖给他一辆丰田新款豪华型'巡洋舰'。"

老板后退两步，几乎难以置信地问道："一个顾客仅仅来买个鱼钩，你就能卖给他这么多的东西?"

"不是的，"乡下来的年轻售货员回答道，"他的妻子出差了，他是来给他的孩子买尿布的。我就告诉他，'你的周末算是毁了，干吗不带着孩子钓鱼去呢?'"

案例中，销售人员的销售方法给你什么启示?

（资料来源：https：//www. renrendoc. com/p-11640736. html）

案例分析三

麦当劳与肯德基大打降价战

记者日前经过麦当劳餐厅时，竟然发现餐厅排出了一条长队。大热天排长队，什么事情这么有魅力?原来，"麦当劳"近日把其畅销产品"圆筒雪糕"的价格由 2 元降低至 1 元。不到两天，又听闻"肯德基"宣布把"脆皮甜筒"的价格降低一半，也卖 1 元。看来一场"麦肯大战"又开火了。

"麦当劳"去年以来凭借其价格仅为 2 元的"圆筒雪糕"，在快餐行业销售中一直压倒"肯德基"，处于领先地位。每日的雪糕销售热潮在为"麦当劳"带来丰厚的利润之余，也带动了整个餐厅销售额的大幅增长。针对这种状况，其主要竞争对手"肯德基"于今年推出了模仿意味甚浓的"脆皮甜筒"，并定出与"麦当劳"相当的价格，这一招与"麦当劳"去年推出"麦辣鸡翅"时运用的策略如出一辙，并取得了满意的销售成绩。

就在"肯德基"刚刚站稳阵脚之际，"麦当劳"突然再度大幅度降低"圆筒雪糕"的价格，完全出乎"肯德基"、其他竞争对手及消费者意料，在各地引起轰动，"圆筒雪糕"的销量一时告急，麦当劳公司有关负责人在接受记者专访时表示，自"圆筒雪糕"推出

1元的推广价以后，该产品的销售十分火爆，一些餐厅甚至出现了排队排到餐厅之外的景象。7月10日，醒目的广告出现在广州、深圳等地的报纸上，“肯德基”的“脆皮甜筒”也把价格猛降至1元，正面迎击“麦当劳”，同时推出鸡翅产品的“买二送一”的活动，抗击“麦当劳”的买鸡类产品送鸡翅活动。

业内人士认为“麦当劳”大幅度降低雪糕价格是“项庄舞剑，意在沛公”，为的是拉拢顾客消费其餐厅内的其他利润率较高的产品，聚集人气，并对“肯德基”造成巨大竞争压力，其销售策略应该说是比较成功的。“肯德基”快速做出反应，跟进“麦当劳”的降价，可以扰乱对手的策略，起到分流“麦当劳”顾客群的作用，也是明智的选择。两家相争，竞相压价，得益的最终是消费者。

思考：请结合所学过的知识，谈谈企业应该如何有效地运用价格策略？

（资料来源：http：//www. doc88. com/p-9455199753489. html）

案例分析四

写广告词的诀窍

第一种：我能干什么？

当消费者接触一个从未见过的新产品，自然会问“这个东西能帮助我干什么？”这个问题的时候，就需要说清楚“我能干什么”。例如：

“去头屑，海飞丝”

“要购物，先淘宝”

“要旅游，找途牛”

第二种：我是什么？

如果消费者已经知道你能干什么，此时广告应该如何做？你只要把“我是什么”讲清楚就可以了。此类广告可以演绎为“你要××（某类产品），就选××（品牌）的形式。”

例如“苦荞茶，选三匠”

“果冻，我要喜之郎”

“老坛酸菜，就要统一”

第三类：我卖得好！

当市场上已经有很多同类产品时，广告应该如何做？

说出你在热销，说出你的领先，让消费者觉得，“别人都在买，我买来肯定错不了”，以吸引越来越多的消费者参与进来。如：

“香飘飘奶茶，一年卖出7亿杯”；

“江中小儿健胃消食片，一天卖出71万盒”；

“张鸭子，一年卖出百万只，三代祖传更好吃”。

思考：

1. 当消费者接触一个从未见过的新产品时，广告应该如何做？

2. 当市场上已有很多同类产品时，广告应该如何做？

（资料来源：https://wenku. baidu. com/view/25a8828832687e21af45b307e87101f69f31 fbe6.html)

实训操作一

【实训任务】

学生结合某企业实际情况（或利用某个案例），在了解相关情况的基础上，分析该企业现有产品的整体概念，产品组合情况、产品所处的生命周期、新产品开发过程，为该企业设计一个产品市场推广方案。(1500 字左右)

【实训目标】通过具体操作了解产品知识，加深对书本知识的理解，并且能够运用各种产品策略解决实际问题，提高学生分析问题和解决问题的能力。

【实训组织】学生每 6 人分为一组，选择不同的企业。

【实训要求】结合所学内容设计方案，认真做好实训前准备工作，定好实训计划，包括出行时路线、搜集的资料、携带的材料、欲取得的效果。分组实训要听从组长安排，组员要分工、合作、配合，共同完成整体实训。接受教师指导，按实训步骤进行，又要创造性、灵活性地完成实训，完成实训作业，撰写实训报告。

【成果检测】各组展示，教师讲评。

实训操作二

【实训任务】家电产品的分销渠道设计。

假如你是某家电产品的市场营销人员，面对目前众多企业重新调整渠道或进行渠道整合的情况，企业不得不重新审视自己的渠道策略。请你认真分析经营同类产品企业渠道策略的运用情况，并对你管理的产品进行渠道设计或提出渠道调整的建议。

【实训目标】通过实地调查，能够草拟一份渠道设计或调查方案。

【实训组织】在本地选择一个电器城进行调查，了解此家电产品和竞争对手的渠道选择情况及策略。

【实训提示】教师对调查的家电产品及相关情况进行指导。

【实训成果】每位同学完成一份不少于 1000 字的设计报告。

实训操作三

【实训任务】模拟人员推销练习。

【实训目标】通过实训掌握人员推销的技巧，锻炼在推销过程中的策划能力、应变能力、沟通能力及情绪的控制能力。

【实训组织】学生每 3~5 人分为一组，分别扮演顾客和推销员，尽量推销同学们熟悉的产品，推销地点和形式由小组自己决定。

【实训提示】教师提出活动前的准备及注意事项，同时随队指导。

【实训成果】各组推销演示，教师讲评。

主要参考文献

[1] (美) 菲利普·科特勒. 营销管理[M]. 卢泰宏等，译. 北京：中国人民大学出版社，2009.

[2] (美) 佩罗特·麦卡锡. 营销学基础[M]. 梅清豪，译. 北京：中国财政经济出版社，2004.

[3] 章金萍，方志坚. 营销策划[M]. 北京：高等教育出版社，2016.

[4] 任会福，李娜，彭莉. 市场营销实务[M]. 北京：人民邮电出版社，2015.

[5] 黄丽华. 市场营销实务[M]. 北京：中国商业出版社，2017.

[6] 张晋光，黄国辉. 市场营销[M]. 北京：机械工业出版社，2016.

[7] 李阳. 市场营销策划理论与实务[M]. 北京：北京理工大学出版社，2018.

[8] 杨俊玲. 市场营销理论与实务[M]. 北京：电子工业出版社，2014.

[9] 谢宗云. 现代市场营销实务[M]. 南京：南京大学出版社，2007.

[10] 夏德森. 市场营销学[M]. 北京：北京理工大学出版社，2016.

[11] 刘延隆. 市场营销理论与实务[M]. 上海：上海交通大学出版社，2012.

[12] 张晓. 市场营销[M]. 长沙：湖南师范大学出版社，2011.

[13] 符莎莉. 市场营销实务[M]. 北京：电子工业出版社，2010.

[14] 林小兰. 市场营销基础与实务[M]. 北京：电子工业出版社，2011.

[15] James L Burrow. 市场营销[M]. 北京：电子工业出版社，2009.

[16] 倪杰. 现代市场营销学[M]. 北京：清华大学出版社，2009.

[17] 黄彪虎. 市场营销原理与操作[M]. 北京：北京交通大学出版社，2008.

[18] 杨群祥. 市场营销概论[M]. 北京：高等教育出版社，2011.

[19] (美) 菲利普·科特勒. 营销管理[M]. 梅汝和等，译. 上海：上海人民出版社，2002.

[20] 中国营销网，http：//www. b770. com/.

[21] 成功营销网，http：//www. tem. com. cn/.

[22] 营销管理网，http：//www. yxgl. com/.

[23] 现代企业管理网——营销案例，http：//timeceo. cn/market/al/.